中國學術思想 研究輯刊

二 五 編

林 慶 彰 主編

第 1 冊

《二五編》總目

編 輯 部 編

臺灣地區1999至2015年《詩經》學研究探論

李 名 媛 著

花木蘭文化出版社

國家圖書館出版品預行編目資料

臺灣地區 1999 至 2015 年《詩經》學研究探論／李名媛 著 —
初版 — 新北市：花木蘭文化出版社，2017〔民 106〕
目 4+202 面：19×26 公分
（中國學術思想研究輯刊 二五編：第 1 冊）
ISBN 978-986-404-912-7（精裝）
1. 詩經 2. 研究考訂
030.8   106000978

ISBN-978-986-404-912-7

9 789864 049127

中國學術思想研究輯刊
二五編 第一冊   ISBN：978-986-404-912-7

臺灣地區1999 至 2015 年《詩經》學研究探論

作　　者	李名媛
主　　編	林慶彰
總 編 輯	杜潔祥
副總編輯	楊嘉樂
編　　輯	許郁翎、王筑　美術編輯　陳逸婷
出　　版	花木蘭文化出版社
社　　長	高小娟
聯絡地址	235 新北市中和區中安街七二號十三樓
	電話：02-2923-1455／傳真：02-2923-1452
網　　址	http://www.huamulan.tw 信箱 hml810518@gmail.com
印　　刷	普羅文化出版廣告事業
封面設計	劉開工作室
初　　版	2017 年 3 月
全書字數	173954 字
定　　價	二五編 20 冊（精裝）新台幣 38,000 元

《二五編》總目

編輯部　編

《中國學術思想研究輯刊》二五編 書目

《中國學術思想研究輯刊》二五編
各書作者簡介・提要・目次

第一冊　臺灣地區1999至2015年《詩經》學研究探論

作者簡介

　　李名媛，1988 年 12 月生，現爲國立彰化師範大學國文學系兼任講師、博士班研究生。2014 年 6 月畢業於國立彰化師範大學臺灣文學研究所，碩士論文爲《臺灣地區 1999 至 2012 年《詩經》學研究探論》。近年撰有期刊論文：〈史傳與地方戲的關涉——談河洛歌子戲《秋風辭》的寫作資糧〉、〈從精緻歌子戲角度論河洛《天鵝宴》對閩劇原著的繼承與開新〉、〈1993 至 2008 年臺灣霹靂布袋戲儒教人物定場詩初探〉、〈從貞烈節孝到多元並舉——臺中新舊方志之女性入傳書寫現象探析〉、〈臺灣傳統文人林玉書之詞作探析〉、〈彰化地域型媽祖信仰的存續與轉變——以埤頭合興宮爲例〉等篇；會議論文：〈清代民間對玄帝接受觀之異同初探——以道典與寶卷爲討論範圍〉（與李建德、柯奕銓合撰）、〈胡樸安《詩經學》析論〉等篇；專書論文：〈戰後初期的北臺灣王爺鸞經及其儒家認同析論〉（與柯奕銓合撰），收入王琛發主編：《靈顯與傳播：閩臺與南洋的王爺信仰》、〈倚聲填詞豈害道乎——論朱子之詞作及其特色〉，收入鄒倩等編：《思辨集》16 集、〈日治時期臺灣漢詩對甘蔗之運用析論〉收入：《第 18 屆白沙文學獎得獎文集》等篇。本書爲個人碩論再補入近三年（2013-2015）《詩經》學研究之作。

提　要

　　本編共分五章，係以 1999 至 2015 年爲斷限，探討此時期的臺灣地區學者對於《詩經》學研究之範疇。第一章爲緒論，先說明研究動機、界定研究範圍，再依次說明研究步驟及章節綱要。第二章爲對周秦至明代的《詩經》學著述加以分析之論述，對於周秦時期的討論，主要爲儒家詩教與史事比較；以漢代爲探討對象者，則以〈詩序〉、六義、美刺說《詩》與經學家等面向分別進行論述；六朝以降，大多針對經學家及其著述來個別進行分析、比較。第三章則除針對清代《詩經》學來論述外，尚透過跨代《詩經》學比較及《詩經》學的發展進行探討。第四章爲臺灣地區學者在此斷限內對民國以來《詩經》學論述，包含學者提出的《詩經》學新說、對現代《詩經》學研究者的評介等，並以東亞、西方地區等地對於《詩經》之研究及論述與名物詁訓等層面加以探討。

　　歸納第二章至第四章的內容，於第五章作結，並提出後續可進行之研究，或針對林慶彰教授主編之《民國時期經學叢書》所收之《詩經》學著作進行研究；或以《詩經》文學方面的論述進行分析；或探討臺灣學者與中國學者在《詩經》研究進路上的異同，進而討論華人地區、域外《詩經》研究的特色。

目　次

第二冊　詩教與人道──王夫之《詩經》學中的詩教思想研究

作者簡介

　　朱衛平，女，漢族，1982 年生，湖南邵陽人。北京大學哲學系博士畢業，現爲北京大學高等人文研究院博士後，青海省委政策研究室幹部。專業是中國哲學，研究方向是中國思想史，宋明理學。在《道德與文明》、《孔子研究》、《湖南大學學報》、《湘潭大學學報》等期刊上發表論文十餘篇，其學術研究注重將思想材料和生命體知結合起來，對研究主題有自己眞切的理解，所出成果具有一定的代表性。

提　要

　　本文以「詩教與人道」爲主線，以《詩廣傳》、《詩經稗疏》等王夫之詩學著作爲主要文本，以其四書學著作和其它注經著作爲理論背景，對王夫之的詩教思想進行系統的研究。

　　挺立人道是王夫之詩教思想的主旨，詩教的主要功能就是循情定性、餘情向道、養氣治情，並最終指向引性情以入微的境界。作者即目抒寫現情、現景，用眼前所察之景烘託、表達內心隱微之情，使它們如其所是的表現出來，呈現在讀者面前。讀者則一方面在吟詠諷誦詩歌時，經由聽覺的傳輸，達到心靈的覺知，形成情感的共鳴，進而與作品的節奏、韻律同調共振，最終與天化流行的平和節奏、韻律同調共振，達到氣和神舒的心理狀態。另一方面，讀者通過與作者的情思進行感遇，學習並思考詩歌所蘊藏的道和理，從而由有形的、具體的「器」世界際入無形的、幽微的「道」世界，與「道」的世界氣應、神通，從而對於幾微便具有了敏銳的審查和把握能力，誠之者與誠者同流共化，道德境界和審美境界融合爲一。道德境界和審美境界都是盡人道的題中應有之意，爲己之學、道德實踐確實是艱苦卓絕的事業，需要百折不回的意志、需要克制欲望的剛毅，但它終究不是縈損肺腸的酷業，也不是乾枯的行爲規範訓練，太過於苛刻的修身，也許能保證道德的清正，不過也容易失去精神世界的豐富和豐腴，失去雍容的氣度、寬裕的心態，造

成行爲的偏頗。可惜的是，後者往往容易被忽略掉，「游於藝」的陶養被擠出了道德修身的訓練系統，風乎舞雩的氣象也僅僅淪爲遙遠的理想，道德成了說教和教條，變成限制人自由的枷鎖，束縛人的緊箍咒。現代社會國學熱興起，儒學思想又漸漸進入了人們的視野，在這個儒學復興的過程中，對於爲己之學的研究和強調，不能再忽略了詩教、樂教的維度，忽略爲己之學中審美的內涵。在這方面，王夫之的詩教思想提供了極爲豐富的成果，呈現出重要的理論意義和時代價值。

目 次

第三冊　日本江戶時代《詩經》學研究

作者簡介

　　張小敏，男，1982 年生，山西壺關人。文學博士，現任山西大學國學研究所副教授，碩士生導師。主要研究日本詩經學及東亞經學。出版著作《日本藏先秦兩漢文獻研究漢籍書目》（合著，太原：三晉出版社，2012 年），在《湖南大學學報》、《中國經學》等期刊發表相關論文十餘篇。

提　要

　　日本是海外漢籍保存與漢學研究最豐富的國家。就《詩經》而言，在日本有著長達一千五百餘年的傳播與接收史，產生了大量《詩經》文獻研究漢

籍書目。然長期以來，因種種原因，並未得到與其價值相匹配的研究投入。本書截取日本江戶時代（1603～1867）這段歷史時期，首次對日本詩經學史作斷代研究。

　　江戶時代是日本詩經學史上最輝煌的歷史時期。短短 260 餘年間，產生《詩經》著述近 500 種，不亞於同期的中國。伴隨社會主流文化思潮的變遷，江戶時代詩經學分別經歷了朱子「詩」學的獨尊、日本詩學特質的形成及《詩經》漢學的全面復興三次變遷，從中不僅能看到日本詩學更迭中的中國印記，而且能感受到《詩經》在江戶時代的文化建構中所扮演的重要角色。

目　次

第四冊　跨文化經典闡釋：理雅各《詩經》譯介研究

作者簡介

　　沈嵐，文學博士，研究方向爲比較文化學與比較文明學。世界漢語教學學會會員。曾在上海復旦大學國際文化交流學院任教四年，爲對外漢語講師，後留學英國獲教育學碩士。回國後在北京大學出版社漢語及語言學編輯部工作，獲副編審。編輯的《初級漢語口語》（第二版）（1、2 及提高篇）2006 年9 月獲第 7 屆全國高校出版社優秀暢銷書二等獎。編輯的《實用對外漢語教學法》獲 2015 年上海普通高校優秀教材獎。現爲北京語言大學出版社教師發展編輯室主任。

提　要

　　本書比較全面地考察了英國漢學家理雅各的三種《詩經》英譯本，研究了理雅各如何從思想、文化、文學諸方面對《詩經》進行跨文化闡釋，進而形成一種獨特的「譯介闡釋」。理雅各的《詩經》英譯本成爲東西兩大異質文化之間的跨文化經典譯本之一，在中華經典闡釋史和跨文化交流史上都具有重要意義。

　　全書包括緒論、正文和結語部份。正文分爲六章：第一章概括介紹理雅各《詩經》譯介與中西經典闡釋傳統。第二至五章是對理雅各《詩經》英譯本的本體研究，研究對象包括理雅各的三種英譯本即 1871 年散譯本、1876 年韻譯本和 1879 年東方聖書版。第二章是理雅各《詩經》譯介的思想闡釋。從政治美刺詩與愛情詩、政治怨刺詩與抒情詩兩方面闡釋理雅各《詩經》譯介的怨與刺的原則；第三章是理雅各《詩經》譯介的文化闡釋。第四章是理雅各《詩經》譯介的文學闡釋。第五章爲理雅各《詩經》譯介的意象闡釋。第六章是探討理雅各及其《詩經》英譯的影響。

　　理雅各作爲跨文化學者的知識結構是譯介中華經典的首要條件，他尊重源語文化，能在很大程度上擺脫「西方文化中心論」的樊籬，使中華經典譯介成爲一種跨文化交際；理雅各的《詩經》譯介對解釋源語和譯語之間純語言差距之外的文化和思維差異提供了一種獨特的跨文化經典譯介範式，在《詩

經》西播史上有里程碑的意義，樹立了英譯漢詩的典範。

目　次

第五冊　認知秩序的重整與建構：清初《古文尚書》考辨思潮研究

作者簡介

趙銘豐。1976。臺灣臺南人。臺灣華梵大學文學碩士，輔仁大學文學博士。任教洛陽師範學院文學院。期以具體的經典實踐，專致測度思想史研究綰合考據學方法的學理探索。

提　要

本論文主要探討清初《古文尚書》考辨課題加乘學術思想史後的學理意義。論述重點有三。第一：藉由程廷祚處理閻若璩與毛奇齡考辨《古文尚書》的成績，說明程氏作法看似別於辨僞派惠棟的唯閻是取與棄毛勿議，然而何以兩人最終的價值關懷，竟都不約而同的趨向後考辨典範時期的殊途同歸？第二：整合清代《古文尚書》考辨學者對於漢學與宋學的繼承與發揮，據此分析朱熹情結的認知生成，何以竟能糾葛清代《古文尚書》考辨學史近三百年？第三：通過清代《古文尚書》考辨課題具體的經典實踐，定位個別學者的學術性格與知識背景對於自身治學立場的支配，以及確證學術性格與知識背景複合後，所產生的治學立場與《古文尚書》考辨譜系編列往復循環的雙向制約。

目 次

第六冊　禮圖考略

作者簡介

　　周聰俊，1939 年生，台灣台北人。台灣師範大學國文系畢業（1965）、並

獲得國文研究所碩士（1975）、博士（1988）學位。主要學術研究領域爲文字、先秦禮學以及三禮器物。曾任台灣科技大學、清雲科技大學教授。著有《說文一日研究》、《饗禮考辨》、《裸禮考辨》、《三禮禮器論叢》、《禮圖考略》等書。

提　要

　　納蘭成德序聶氏《三禮圖》云：「九經，禮居其三，其文繁，其制度古今殊，學者求其辭不得，必爲圖以象之，而其義始顯，即書以求之，不若索象于圖之易也」，禮圖之爲注釋三禮之一支，而與文字之注疏相輔相成者，蓋亦有以也。宮室、車旗、服飾、器用，非圖無以示隱頤之形，明古今之制，委曲繁複之節文，若不佐之以圖，則進退之度，揖讓之節，升降周旋之儀，勢必迷失其方。是故自古圖書並重，相資爲用。凡書所不能言者，非圖無以彰其形，圖所不能畫者，亦非書無以盡其意，書之與圖，譬諸經緯，不可偏廢。

　　考禮之有圖，前儒多謂始自鄭玄。其後阮諶、夏侯伏朗、梁正、張鎰繼作。宋初聶崇義博採三禮舊圖，參考六本，而爲《三禮圖集註》，乃現存禮圖最早之作。自茲以降，禮圖撰述，日益繁富，非但宮室、儀節、服飾、器用等各有專編，而附諸禮學著述者，尤能兼圖名物器用與行禮之節次。清初朱彝尊撰《經義考》，輯錄自鄭玄、阮諶以下，所列禮圖（譜），即近百種，而清儒之作，固多非朱氏所及見者。惟前儒著述，或存或佚，或爲專書，或附諸禮學專著，或分著於他編之中，而未見有作系統之紹述。爰不揣寡陋，竊願裒集昔賢碩儒之餘緒，董理歷來禮圖之書目，俾使學者可以按目求書，以作進一步之探索。

　　本書凡分三章：一曰禮圖之緣起與價值：論述禮圖興起之緣由及其價值。二曰禮圖之發展：綜述禮圖肇始於東漢，奠基於兩宋，式微於元明，復興於清代四期之發展。三曰禮圖之著述：詳列鄭玄以降，以迄清末，有關禮圖書目，卷數，作者及其存佚情形。其可考見者，則悉撮其旨要，使一目而知其內容。藉此以見歷代禮圖著述之梗概，俾便有志研治禮學者之索覽云耳。

目　次

第七冊　虛無之理與有物之境——孔穎達《周易正義》道論研究

作者簡介

何函栴，台灣台南人。主要的研究領域集中在王弼與孔穎達的易學上，兼研翻譯寫作。著有〈《周易》圖式的黑與白——從來氏易圖探討其時間觀內涵〉、〈「士不遇」的內涵——從陶淵明〈感士不遇賦〉看陶、屈「不遇」之真意〉、〈《詩經》休閑思想發微〉等學術論文。

提　要

以經典注疏的方式進行哲學概念或者哲學體系的建構，在王弼（公元226年～249年）之時已然開啟，他在「以無為本」的核心思想下，詮解《周易》時，明顯地提出「執一統眾」、「得意忘象」、「卦主」、「復本」等說來建立他個人的哲學體系，使人能藉由他的思想體系而對其所注解的《周易》得到整體的理解與把握。孔穎達（公元574年～648年）宗本王弼，身為王注的詮釋者，他到底提出甚麼樣的理論，才能從疏不破注的框架中，開展出屬於自己的易學概念與哲學思維呢？

從對《周易正義》的詮解精神與思想特質來看，要把握孔疏最具代表性的議題，本論文以爲「道論」是全書的支點，所有的虛無之理與有物之境、無心的非對性，聖人的無心而有跡以及對後世的影響，幾乎都是依循這個致思的理路而來。《周易正義》最核心的思想是「易理備包有無」，亦即道本身包含兩個面向，一個是對本體、本源的探尋，一個是對現實生活世界的關切。孔疏主張「虛無之理，必因於有物之境」，認爲宇宙間不存在著空理，凡所有的理都同時具存於「實象」當中，此實象並不是意指具體的實物，而是指一切可以感知的事物。

因此，強調虛無之理是在有物之境的情況下方得以展開，於是，在「兼賅有無」的道論中，孔疏更堅持易理唯在於「有」，作《易》者是爲了垂教而來，處處在仁功的顯發中豁開道體的實存，表明「道」是「有之道」，「器」是「有之器」，與王弼一樣出入儒、道，也主張體不離用，但孔疏重視的不是攝用歸體；反之，道體皆是爲了人倫政教的合理化而存在，故在借自然之象以明人事之理的路徑下，《周易正義》邁往了儒家的倫理向度，表達極爲深切的人文關懷。

目　次

第八、九冊　胡安國《春秋傳》的王道思想

作者簡介

　　戴金波：男，出生於 1978 年 10 月，湖南汨羅人，本科畢業於湖南師範大學歷史系，研究生畢業於湖南大學嶽麓書院，師從朱漢民先生，研究中國思想文化史，獲歷史學博士學位，參與 2 項國家社科基金重大項目，在《中國哲學史》、《齊魯學刊》、《湖南大學學報》（哲社版）、《西北大學學報》等期

刊發表學術論文多篇，並有論文被人大複印資料全文轉載。

提　要

　　「尊王」是《春秋》學的傳統，胡安國闡發了「《春秋》尊君抑臣」、「尊天子抑制諸侯」的經義。《胡傳》的「尊王大義」既是對傳統的繼承，又有新的發展。《胡傳》尊王之義的背後，是宋儒重建「禮樂征伐自天子出」的「大一統」秩序的願望。宋代有一套得到士大夫階層認同的「祖宗之法」。胡安國《春秋傳》對「祖宗之法」的闡釋主要集中在三個方面：主張「兵權不可假人」；要求防範宗室、外戚、後宮干政亂政；提倡人臣崇尚「忠義氣節」。

　　胡安國闡揚「尊王大義」，但並不主張「絕對君權」。他希冀君主秉持「天地之性」，成為「聖王合一」式的理想統治者。胡安國的「崇道」思想是對傳統天命論、災異論的「揚棄」，董仲舒天人感應論和啖趙學派「舉王綱、正君則」大義也對《胡傳》產生影響。胡安國提出了「聖人以天自處」說，認為聖人「是天理之所在」，有資格貶黜天子。

　　宋儒的王道理想在《胡傳》中得到全面反映。胡安國王道理想的終極依據是與「天理」同一的「元」，其價值取向體現在王霸義利之辨，而王道的「實現途徑」則在於「天下為公」。《春秋傳》發展了傳統的「君臣一體」論，認為「卿大夫」是「國君之陪貳」，提出人臣與天子「共天位治天職」，體現了宋代「與士大夫共治天下」政治文化。

目　次

上　冊

第十冊　北宋《老子》六家注義理研究

作者簡介

　　林裕學，男，臺灣屏東縣人，1980 年生。國立屏東師範學院語文教育學系、國立屏東教育大學中國語文學系碩士班、國立高雄師範大學國文學系博士班畢業。目前爲國立屏東大學兼任助理教授。專長爲《老子》學、道家思

想、宋明理學。曾發表〈蘇轍《老子解》心性思想研究〉、〈王安石《老子注》道論思想研究〉、〈白玉蟾《道德寶章》義理思想研究〉等單篇論文。

提　要

　　北宋《老子》注承魏晉王弼《老子注》與隋唐成玄英、李榮注《老》之義理成就，進一步發展心性思想、體用架構與會通儒道，形成北宋《老子》注之重要特徵。陳景元、王安石、司馬光、呂惠卿、蘇轍與王雱爲北宋重要注《老》者。本文以此六家《老子》注爲研究基礎，分三類以論各家《老子》注義理內容，歸納北宋《老子》注義理成就。進而闡明北宋注家於詮釋《老子》過程中，深化《老子》思想，賦予《老子》時代性意義，豐富《老子》內涵。在多元視域融合下，使《老子》一書能屹立千年而不衰。

目　次

第十一冊　晚清解《莊》思想的淵源及其流變

作者簡介

陳琪薇，臺灣省彰化縣人，國立臺灣大學中國文學系學士、國立暨南國際大學中國語文學系碩士、世新大學中國文學研究所博士。現任北市內湖高工國文科教師、兼任世新大學中國文學系助理教授。學術專長：清代學術思想、《莊子》學。

提　要

一八四○年中英鴉片戰爭爆發，清廷敗北，自此門戶洞開，西風大肆襲捲中國。時局遽變，晚清學者展開積極因應，試圖從政治、經濟、社會、文化等層面著手轉型改革。本論文欲藉探討晚清學者評注《莊子》的思想淵源、發展及其流變，以窺中國學術如何由傳統步入近現代；如何繼承傳統注疏而開啟新的詮釋方法。尤為要者，彼時知識份子如何以傳統學術勇敢接納西方知識，以創立自己的近代化。

本論文分采「以儒解《莊》」、「以佛解《莊》」與「以西學解《莊》」三進路作為晚清解《莊》思想發展的開展面向。提出研判準據，以歸類相從，兼及時代背景予以會觀，庶能確切掌握晚清解《莊》思想的學術淵源、流變及其時代意義。要旨有三：

其一、先秦子學研究在晚清以拯救世弊之姿大量興起。注《莊》為子學復興之一支，學者注《莊》乃為傳統學術挹注新泉源，以因應西學之衝擊。采取的詮釋方法有「以儒解《莊》」、「以佛解《莊》」與「以西學解《莊》」三面向。

其二、晚清「以儒解《莊》」，局限甚大，難以突破困境；「以佛解《莊》」與「以西學解《莊》」，援引外來資源，方為《莊》學開出創造性的詮釋；「以西學解《莊》」，更搭起《莊》學通往近現代思維之橋樑，使中國傳統學術得以挺立面迎西學。

其三、清代學者並非終日埋首於考據、名物、訓詁，漠視國計民生，乃藉整理國故，保存文化，以待時機。是以晚清學者注《莊》，從傳統注疏發軔，

透過自家學問，竭盡所能，多方援引、窮究，亟力爲傳統文化尋覓新出路，爲時代開創新契機，以此展現濟世經邦之理想。

目 次

第十二冊　港臺新儒家之道家觀研究——以唐君毅、牟宗三、徐復觀爲中心

作者簡介

　　汪頻高（1969～），男，湖北崇陽人，早年修習金融，供職於中國建設銀行；工作近十年後，難忘學生時代理想主義情懷，厭倦銀行工作生活方式，毅然去職向學，負笈西北，入蘭州大學攻讀哲學碩士學位，研究方向爲中西哲學比較；2003 年返回武漢，應聘入職江漢大學，得一枝之棲。後又考取武漢大學，攻讀哲學博士學位，研究方向爲道家哲學；目前以中國哲學博士的身份供職於《江漢學術》編輯部。

提　要

　　本書對唐君毅、牟宗三、徐復觀這三位港臺新儒家代表人物各自的道家觀進行了較爲全面、系統的研究。如對於唐君毅，從他論老子言道之六義及其貫釋，論道家思想之流變，到晚年心通九境論對道家思想的涵攝，都做了比較充分的探討；對於牟宗三，從他以主觀的、實踐的、境界形態的形上學來簡別道家之道，到他《才性與玄理》對先秦道家玄理的弘揚，從他對人物品鑒包括名士氣、英雄氣、聖賢氣象、水滸漢子氣的深入研究即所謂從品鑒之人學到全幅人性了悟之學問，到晚年共法說的提出及其意義，都有比較系統的討論；對於徐復觀，則從其《中國人性論史》之論老、莊，到《中國藝術精神》中的莊子觀及其儒道會通觀，都有比較全面的研究。

　　在對唐、牟、徐三人分別研究的基礎上，本書對三人的道家觀也做了比較研究，除了分別以「求心之善」、「求理之眞」、「求生之美」來簡別和表徵

三人爲人爲學之不同的風格外，本書還對唐、牟、徐三人作爲港臺新儒家體現出來的一些群體性特徵做了分析和總結。

最後，在上述研究的基礎上，本文嘗試對道家精神的現代意義做了一些探討，並對唐、牟、徐之道家觀的貢獻及歷史局限性做了一些反思。

目　次

第十三冊　從「教化爲學」到「適性爲學」──兩漢以迄嵇康論學思想之重要轉折

作者簡介

　　陳俊榮，1988 年生。國立中山大學中文系、國立臺灣大學中國文學所碩士班畢業，現任職於國立臺灣大學出版中心編輯。研究範圍主要在儒學與漢晉思想，對於學術史的演變以及知識分子的人生理想有相當濃厚之興趣。

提　要

　　對漢晉之際思想的研究，多著力於漢代以天人關係、元氣論爲主的思想，如何轉變爲魏晉玄學。相較於這些以核心概念爲主的研究取徑，本文選擇由士大夫論學思想這一視角

切入，觀察整體學術發展的脈絡，尋繹此一轉變的內在理路。

漢代論學思想的基調，基本上由董仲舒所奠定。董仲舒將太學教育的目的，定位在「教化」與「養賢」兩大功能，並由此啟示「學」所蘊含的「教化」與「覺悟」之義。往後的論學思想發展，便循著這兩條主線，形成重視群體教化，和重視個體覺悟兩種論述。前者即為漢代主流的「教化為學」，而後者在漢代雖依附於「教化為學」的脈絡，但已為嵇康所提倡的「適性為學」埋下伏流。因此，由「教化為學」到「適性為學」的發展，並非一般論述中斷裂性的典範轉移。

從董仲舒到嵇康，本文透過三條主要脈絡的梳理：一、漢代經學本身的發展；二、士大夫「以學為本」認知下，對於論學思想的推展，包括其中所彰顯的知性論學，以及在「學」與「情性」的關係上，更為深刻的論述；三、漢末清議興起後，論辯技巧、思辨方式，都有了新的發展，特別在道家思想的勃興下，士大夫的思想中注入了新的活力，凡此都影響了當時論學思想的發展，並可觀察到其中的轉變。

經由這三條脈絡的梳理，最終聚焦於嵇康與張叔遼辯論「自然好不好學論」的議題。從中可以觀察到，嵇康檢討漢代經學的權威性，繼承士大夫「以學為本」的認知，進一步推展漢末以來「情性」、「知性」、「才性」、言意之辨等議題，著眼於個體殊異之情性，進而提出「適性為學」的新思想。

本文欲透過「論學思想」此一研究視角，呈顯漢晉之際士大夫所認知的「學」、「性」、「知性」、「欲」、「情」等概念的變化如何反應在學術發展上，並希望為漢晉學術史的研究，提供另一種可能的途徑。

目　次

第十四冊　審美與倫理之間的「自然」——朝向「和域」的嵇康思想

作者簡介

李雨鍾，福建福州人。現就讀於國立政治大學中文系博士班，研究領域爲先秦儒學、魏晉思想以及法國哲學。發表有〈生存處境與山水意識——從郭象《莊子注》看兩晉士人的轉變問題〉、〈倫理學如何克服曖昧性：論列維納斯思想中"il y a"之惡的威脅〉、〈爲承認而制禮：重審荀子思想定位的當代可能性〉、〈「空」、「氣」之爭及其背後的道德實踐問題：熊十力思想中的儒佛之辯新探〉、〈「仁」之作爲非對稱的相互性：從列維納斯與呂格爾之爭到孔子思想中的人己關係〉等單篇論文。

提　要

魏晉士人往往給人們留下兩種主要印象，一爲玄遠之清談，二爲瀟灑之賞美，然而前者雖常究天人之際，卻似無所拯救於國土之敗亡、江左之偏安，後者雖常引得後世追慕稱羨，卻似無所建樹於人倫之日用、心靈之安放。本論文則嘗試以嵇康作爲一個綜合性的切入點，對以上兩種印象的偏頗之處予以撥正，進而揭示出魏晉士人在「自然」之沃土上的某種深層次耕耘；由此我們將看到，傳統上已關注頗多的審美精神之興起背後，更蘊含著魏晉士人之於倫理處境的抉擇與重構。由於以往的思想史研究只側重嵇康的「任自然」面向，將其在「自然」領域的貢獻僅僅框限在傳統道家的精神修養範疇，這在很大程度上導致思想史上的「自然」與文學史上的「自然」之間相互錯過，而當我們將目光轉向嵇康身上透顯出的另一面向——「自然之和域」，則將峰迴路轉，「美」「善」交濟。

因此本論文的研究進路主要呈現爲從「任自然」到「自然之和域」的過程，前者代表傳統道家的主體修養境界，後者代表嵇康所獨創的審美與倫理的交織之域。而在這兩者之間又穿插著「嵇康之死」與「自然之和」這兩個環節：起初正是通過嵇康之死與「任自然」的矛盾衝突，啓引出朝向「自然之和域」的曲折路徑，末尾又正是通過再度引入嵇康之死這一線索，而激發出「自然之和域」的昇華意義；「自然之和」則一方面承接、對治著「任自然」理路的內部困境，另方面則爲「自然之和域」的最終顯現奠定了基礎條件與形式性徵。

　　「自然之和域」雖然在嵇康生前未能真正實現，僅在其死亡的一刻被激發出內蘊的倫理意義與政治力量，但在其身後卻逐漸演進成形，引發了自然山水的「自然化」與「域化」過程。這「自然化」與「域化」的過程，最終將「自然」奠定爲永久存續於後世士人之間的一塊生存空間。

目　次

第十五、十六冊　朱子聖人觀念考述

作者簡介

　　劉炳瑞，河北人，廣東廣雅中學教師，北京師範大學碩士研究生學歷，主要研究領域爲儒家典籍與文化傳統，曾獲全國高校古籍整理研究工作委員會設立的第十屆「中國古文獻學」獎。

提　要

　　《朱子聖人觀念考述》是在宋代文化的大背景之下對朱子聖人觀念的綜合考述：第一章討論宋代對「內聖外王」觀念的發展，這是朱子提出其聖人觀念的時代因素。宋儒在「繼韓」和「闢佛」兩大使命的推動之下，爲推崇治道而在北宋中期形成追跡三代的風潮。范仲淹、王安石政治改革的失敗不但沒有澆滅追跡三代的信念，反而激勵道學家另闢蹊徑，重新喚醒了儒者對「內聖」之學的關注。第二章圍繞朱子的「聖人」觀念進行展開。從「周孔」到「孔孟」的變化是在宋代完成的，那麼，周公在此間爲何要退出歷史前台而被孟子所取代，孟子被推上歷史前台又遭遇了怎樣的質疑，朱子又做出了怎樣的回應。要解答一系列緊密相連的大問題，就要釐清朱子視域之中的「仁且智」的聖人具有怎樣的特性以及如何成爲聖人等問題。本章嘗試回應這些問題。第三章主要探討儒家經典從「五經」到「四書」的變化過程。晚唐興起的「疑經惑傳」之風對漢唐經學形成強大的衝擊，重新詮釋和擇取儒家的新經典都顯得尤爲重要。從以王安石《三經新義》爲代表的王學獨行天下到朱子對集道學大成的《四書章句集注》經典地位確立，其間有非常清晰的脈絡可尋，本章將梳理這個過程。第四章是考察朱子所列的道統譜系。宋代很多學者受韓愈《原道》啓發而建立了各自的傳道者譜系，朱子所列的道統譜系與這些譜系存有很明顯的差異，此章則探討朱子道統譜系所列傳道者的去取依據。第五章主要探討朱子對佛教的借鑒與超越。朱子的「闢佛」與其說是儒釋互相鬪爭的過程，不如說是對佛教借鑒與超越的過程。朱子正是執持著這樣的理念，「修其本以勝之」，完成了儒學的復興。第六章是將孔門八位有名的學生置於朱子聖人觀念之中進行考察。孔門弟子是最有可能繼孔子成

爲聖人的群體，他們沒有成爲聖人的原因能在一定程度上說明朱子聖人觀念以及成聖之方法的基本特性。第七章考察朱子對其聖人觀念的實踐情況。朱子幼時讀到《孟子》論及聖人的章節時興奮得手舞足蹈，他入仕之後，不論是立朝還是外任，他的行政施措都能體現他對「內聖外王」之學的理解。因而，本章選取朱子從政生涯之中最具代表性的經界之法、恢復中原的策略以及他做帝師時的「格君心之非」這三件事來考察朱子聖人觀念在實際政治中的遭遇和困境。第八章是對朱子聖人觀念的綜合述評，也是全書的收束部份，主要討論朱子聖人觀念的積極影響和存在問題。概言之，朱子借助「仁且智」的聖人理念，既開拓了儒學的新領域，也爲儒學的後續發展留下很大空間。

目　次

上　冊

第十七冊　重探韓愈的精神世界——從清末民初的韓愈批評談起

作者簡介

　　王詩涵，台中大雅人，臺大中文系學士、碩士。著有碩士論文《重探韓愈的精神世界—— 從清末民初的韓愈批評談起》。

提　要

　　本文旨在認識清末民初之際「抑韓」現象，並且由「抑韓」諸面向來探索韓愈內在的心路。研究過程著重資料的蒐集、統整與分析，期能掌握清末民初時期的韓愈形象；亦重回歸文本的解讀，期能釐清前者與文本中的韓愈形象的異同。韓愈評價在清末民初的低落，反映的是社會人心對「道」的認知產生了變化。當民主成為新的政治理想，西學成為新的學術追求，「韓愈」遂成清末民初人們用來析辨古今之異同、取捨中西之本末的論述符碼。本文首先大幅探索清末民初政治社會文學教化人心之情勢，接著以議題為核心的方式呈現韓愈批評的重要細節，最後站在回應批評的角度重探韓愈的個性情感之心路歷程。韓愈的爭議性即是人的複雜性，故他招致批評之處，也往往是他多情真率的地方。故歷來無論尊韓或抑韓，終不可動搖其歷史地位。

目　次

第十八、十九冊　國學史研究

作者簡介

謝桃坊，一九三五年生，四川成都人。一九六〇年畢業於西南師範學院

中國語文系，一九八一年到四川省社會科學院文學研究所從事中國古代文學專業研究工作，現爲研究員。著有《柳永》、《蘇軾詩研究》、《宋詞概論》、《中國詞學史》、《宋詞辨》、《詞學辨》、《宋詞論集》、《唐宋詞譜校正》、《詩詞格律教程》、《中國市民文學史》、《敦煌文化尋繹》、《四川國學小史》、《國學論集》等。

提　要

　　本集收錄作者近十年來之論文二十二篇，可分爲論國學性質、國學史和新儒學三大部份。關於國學的性質，在對國學運動的歷史考察之後，認爲新傾向是國學運動的主流，國學研究是純學術性質，它以科學考證方法研究中國文獻與歷史存在的狹小學術問題，並重新闡釋了國學運動新傾向的意義。關於國學史，著重探討了嚴復、章太炎、王國維、梁啓超、胡適、顧頡剛、傅斯年和郭沫若的國學研究成就和他們在國學運動中的作用，尤其是論證古史辨派和歷史語言學派爲國學運動新傾向的兩個重要流派。關於北宋以來之新儒學，試從文獻的歷史的視角探討了新儒學家發現的儒家之道、新儒學的基本特徵、南宋以來之治道與理學思想的關係，評論了「文以載道」的觀念，論述了黃宗羲建構之理學史體系；此外辨析了儒家是否宗教的問題。

目　次

上　冊

第二十冊　極體利用之道——李道純道學思想研究

作者簡介

　　王彤江，蘇州大學哲學博士，山東大學歷史學碩士，主要研究方向為道家與道教文化。目前在中國道教協會道教文化研究所從事研究工作。同時，兼任老子道學文化研究會常務理事兼副秘書長、丹道與養生文化研究會副秘書長等職務。

　　在學術方面，以道教哲學和養生學作為自己的主要研究領域。曾經參與國家社會科學重點項目《中國道教科學技術史》南北朝隋唐卷（科學出版社2010 年出版）養生部份的寫作，並正在參與宋元明清卷內丹部份的寫作。在《中國宗教》、《中國道教》等期刊上發表論文多篇。除此以外，以弘揚中華優秀傳統文化為己任，從事過一系列的弘道工作。

提　要

　　李道純生活在宋元之際的社會大變動時期。他對於南宋滅亡的教訓有著深切體會，其「致中和」學說中貫穿著「極體利用」的價值訴求。「極體利用」實際上是針對南宋後期相當一部份深受理學浸潤的士大夫只知尋微於「體」而不知廣施於「用」的實際情況而提出的，旨在克服這個時代的主流思想中

重「體」輕「用」的理論偏頗和價值偏失。作為一名道教思想家，李道純的「極體利用」思想是對中國哲學體用思想的重要發展。作為一名內丹學家，李道純還兼採內丹學南北二宗之理，創立了內丹學中派的理論與實踐方法，以為實現「極體利用」的最高目標而服務。李道純所開創的內丹理論與實踐方法，深深影響了元代以後內丹學的發展。對李道純中派丹法的研究，也是內丹學研究中非常重要的組成部份。

本文的主體內容由引言（緒論）與正文（共六章）兩大部份構成。

緒論部份主要是點明本文題旨，在概括和總結以往研究成果的基礎上指明本文的創意所在，尤其指出，本文的獨創性思想集中體現在：綜合已有研究成果並經過獨立思考，將李道純道學的核心思想概括為「極體利用」。正文是圍繞這一獨創性概括來論述李道純思想的。

第一章是鑒於以往研究中對李道純生平與學術缺乏細緻考察和對其思想產生的歷史背景缺乏說明的情況而設立。本章雖以較多篇幅用於考釋其生平及學術活動中所尚存的疑問之處，然其思想重心實在借助於古今學者的有關思想成果，審視李道純所處的時代，尤其是審視其思想的歷史文化背景，旨在說明，李道純是有感於南宋士人重「內聖」而輕「外王」、重「體」而輕「用」的弊端，才提出了他的「體用兼」的思想，其「致中和」學說則是表達這一思想的理論模型。這是依據古今學者的思想成果所做出的一種邏輯推斷。

第二章是通過對「致中和」學說與道家、道教「守中」學說發展過程的梳理，旨在說明，李道純的這一學說主要是為表達他的「極體利用」思想服務的，它在理論形式上借助於「體用」範疇來思考和辯說「中和」，其以「中」為「體」、以「和」為「用」的「致中和」思想，對道家和道教的「守中」思想既有所繼承更有所發展，其價值乃是導向於「應變」。

第三章是順著內在於李道純「致中和」學說中的「應變」價值導向來考察和論述其常變觀。其「常」「變」範疇實是其「體」「用」範疇的理論展開形式。從其對《老》《易》的闡發可見，李道純非常重視「常」「變」的對立統一：其《老》學以論常為特色，《易》學以論變為特色。這體現出其老學和易學對《老子》《周易》思想的有機整合之功，既以《易》之「變」補《老》之「常」，又以《老》之「常」補《易》之「變」。

第四章是接著上章更加具體地考察李道純心性學的「動」「靜」範疇。按李道純思想的內在邏輯，形而上之「常」與「變」的具體意義即落實於形而

下之「動」與「靜」，其心性學即以對「動」「靜」關係的探討爲理論特色。其「本心」概念是表示與「道」相合的虛靜無爲之心境。在李道純看來，虛靜是心的本來狀態，是謂「道心」。人心與道心的區別在於動靜的不同，而心之動靜又是可以相互轉化和涵攝的，由人心向道心的回歸需要以致虛守靜的工夫作爲基礎。

第五章是進一步考察李道純「致中和」思想在其「三教」關係觀中的具體表現，指出了李道純是以「中」來統一儒、釋、道三教之義，即認爲「中」是「三教」的一貫之道，這是其「三教合一」思想的理論特徵。

第六章是考察李道純「極體利用」觀念在其內丹修煉理論中的具體表現，認爲其修煉理論是以「有爲與無爲交替爲用」爲思想特點的，並指出：在李道純的內丹學體系中，有爲與無爲是交替運用的，有爲可以「了命」，這是「利用」向度的體現；而無爲可以「了性」，這是「極體」向度的體現。在李道純最具特色的玄關理論中，「玄關」是體用、動靜、內外轉換的通道，可以統攝未發、已發，從而合體用而爲一，這其實也是其「體用」思想的體現。

本文最後以後人對於李道純的幾則經典評價作爲結語。

目　次

臺灣地區1999 至 2015 年《詩經》學研究探論

李名媛 著

作者簡介

李名媛，1988 年 12 月生，現爲國立彰化師範大學國文學系兼任講師、博士班研究生。2014 年 6 月畢業於國立彰化師範大學臺灣文學研究所，碩士論文爲《臺灣地區 1999 至 2012 年《詩經》學研究探論》。近年撰有期刊論文：〈史傳與地方戲的關涉——談河洛歌子戲《秋風辭》的寫作資糧〉、〈從精緻歌子戲角度論河洛《天鵝宴》對閩劇原著的繼承與開新〉、〈1993 至 2008 年臺灣霹靂布袋戲儒教人物定場詩初探〉、〈從貞烈節孝到多元並舉——臺中新舊方志之女性入傳書寫現象探析〉、〈臺灣傳統文人林玉書之詞作探析〉、〈彰化地域型媽祖信仰的存續與轉變——以埤頭合興宮爲例〉等篇；會議論文：〈清代民間對玄帝接受觀之異同初探——以道典與寶卷爲討論範圍〉（與李建德、柯奕銓合撰）、〈胡樸安《詩經學》析論〉等篇；專書論文：〈戰後初期的北臺灣王爺鸞經及其儒家認同析論〉（與柯奕銓合撰），收入王琛發主編：《靈顯與傳播：閩臺與南洋的王爺信仰》、〈倚聲塡詞豈害道乎——論朱子之詞作及其特色〉，收入鄒倩等編：《思辨集》16 集、〈日治時期臺灣漢詩對甘蔗之運用析論〉收入：《第 18 屆白沙文學獎得獎文集》等篇。本書爲個人碩論再補入近三年（2013-2015）《詩經》學研究之作。

提　要

　　本編共分五章，係以 1999 至 2015 年爲斷限，探討此時期的臺灣地區學者對於《詩經》學研究之範疇。第一章爲緒論，先說明研究動機、界定研究範圍，再依次說明研究步驟及章節綱要。第二章爲對周秦至明代的《詩經》學著述加以分析之論述，對於周秦時期的討論，主要爲儒家詩教與史事比較；以漢代爲探討對象者，則以〈詩序〉、六義、美刺說《詩》與經學家等面向分別進行論述；六朝以降，大多針對經學家及其著述來個別進行分析、比較。第三章則除針對清代《詩經》學來論述外，尚透過跨代《詩經》學比較及《詩經》學的發展進行探討。第四章爲臺灣地區學者在此斷限內對民國以來《詩經》學論述，包含學者提出的《詩經》學新說、對現代《詩經》學研究者的評介等，並以東亞、西方地區等地對於《詩經》之研究及論述與名物詁訓等層面加以探討。

　　歸納第二章至第四章的內容，於第五章作結，並提出後續可進行之研究，或針對林慶彰教授主編之《民國時期經學叢書》所收之《詩經》學著作進行研究；或以《詩經》文學方面的論述進行分析；或探討臺灣學者與中國學者在《詩經》研究進路上的異同，進而討論華人地區、域外《詩經》研究的特色。

第一章 緒 論

　　本編以《臺灣地區 1999 至 2015 年《詩經》學研究探論》作為研究主軸，在對此斷限的《詩經》研究成果進行分析論述之前，筆者先對撰作本論文的研究動機進行說明，並回顧國內、外學界與此課題相關之研究成果，進而臚列本研究的目的與研究方法，對於以下各章節的探討，才能更有系統性地進行論述。

第一節　研究動機

　　《詩經》是中國現存最早的詩歌總集，也是中國文學之祖，其內容呈現了某些周代貴族及人民生活的部分面貌。經過孔子加以整理之後，〔註1〕成為孔門的教科書。而自漢代將《詩經》立為學官〔註2〕迄今，歷來有為數眾多的儒者、文人對《詩經》展開熱烈討論。或針對孔子刪《詩》與否，或爭論尊〈序〉反〈序〉、或辯證〈國風〉作者等問題。民國以來，「新文化運動」人物如胡適（1891～1962）、傅斯年（1896～1950）及其後認同此「西化」派的

〔註1〕孔子在教學時，認為《詩》有調節情緒、增廣見聞與社會政教等多種實用功能。如《論語・季氏》：「子曰：「不學《詩》，無以言。」、〈子路〉：「誦《詩》三百，授之以政，不達；使於四方，不能專對；雖多，亦奚以為」；〈陽貨〉：「小子！何莫學夫《詩》？《詩》可以興，可以觀，可以群，可以怨。邇之事父，遠之事君。多識於鳥獸草木之名。」參〔宋〕朱熹：《四書章句集注》（北京：中華書局，1983 年 10 月），頁 173、143、178。

〔註2〕李威熊教授在〈兩漢經術獨尊與經學諸問題的探討〉統計漢代治《詩經》學而任博士官的清單，見氏撰：《中國經學發展史論（上冊）》（臺北：文史哲出版社，1988 年 12 月），頁 123。

學者如周予同（1898～1981）等，均曾針對《詩經》多方面問題提出意見，或以《詩經》與其他史料比對；或從事《詩經》小學方面的研究，故而針對《詩經》的相關著述，無疑極為豐富。

　　臺灣自鄭氏治臺（明永曆十五年〔1662〕～清康熙二十二年〔1683〕）以來，受到《詩經》濡染、薰陶的臺灣仕宦及傳統文人不勝枚舉。筆者昔日從事橫跨清領、日治、國府三時期的傳統文人詩詞作品分析時，即窺見作者及其詩友大量援引《詩經》語彙，從事創作的情形。〔註3〕因而引發筆者對臺灣地區《詩經》學發展史的研究興趣，開始搜集關於臺灣地區《詩經》學發展的相關文獻及前行研究。針對臺灣地區《詩經》學發展史的相關論述，目前臺灣已有林慶彰、楊晉龍、馮曉庭、陳文采與林偉雄等學者，分別撰文討論或編輯著述目錄；中國大陸則有夏傳才、張啓成、趙沛霖、寇淑慧等多位學者進行相關討論。然而，這些前行研究所分析的文本起迄年代或早或晚，距今最近的一種，對於臺灣地區《詩經》學發展史全貌的回顧，已有十餘年的間隔，且在這十餘年間，據筆者所蒐集之資料顯示，以《詩經》的經學或文學取向做為學位論文的資料有 194 筆；期刊論文達 422 篇；專書及專書論文計有 148 筆，總計 764 筆資料。筆者雖希望能夠接續前人論述之後，將 1999年至 2015 年臺灣地區從事《詩經》的經學方面或文學方面研究之著述，進行分析。然而，吾人明瞭《詩經》自古至今的解釋角度相當多元，可用經學角度詮解，或可用文學角度闡發，甚至有以《詩經》文本觀察先秦時期的歷史發展，由於這些針對《詩經》的研究到近年來益發多元、廣泛，為求聚焦，筆者擬針對此一斷限期間的臺灣地區學者及研究者以「經學」面向從事《詩經》研究之論述成果，進行分析、統計，並透過量化分析法，將這些數據製成圖表。以為相關研究之助焉。

第二節　前賢研究成果之回顧

　　探討臺灣《詩經》學發展史與述評的前賢研究，截至目前，計有專書著作、期刊論文、學位論文三概，筆者在撰寫本論文之前，先將前賢之成果以出版年份先後分述於次。

〔註 3〕見拙撰：〈臺灣傳統文人林玉書之詞作探析〉，《興大人文學報》第 50 期（2013 年 3 月），頁 187。

一、今人專書

（一）張學波：〈六十年來之詩學〉〔註4〕

　　張文討論自民國建國（1912 年）以來，至集結出版的 1972 年，共計六十年間的《詩經》學研究成果。首先，張氏輯錄民國以來研治《詩經》的著述，〔註5〕共計分為注釋類 12 筆、詩韻類 6 筆、虛字類 2 筆、專著類 28 筆、引得（即目錄 index 之舊譯）類 2 筆。刊載於各類文集、雜誌的《詩經》學論文，通論類有 90 篇、注釋類 30 篇、詩韻 20 篇、國風類 61 篇、雅頌類 26 篇、〈詩序〉《詩譜》類 20 篇、三家《詩》4 篇，共計七類。接著張氏再引胡樸安（1878～1947）、吳闓生（1878～1949）、胡適、屈萬里（1907～1979）、傅斯年、王靜芝（1916～2002）等學者，對〈關雎〉、〈甘棠〉、〈采葛〉、〈將仲子〉、〈女曰雞鳴〉、〈狡童〉、〈子衿〉、〈溱洧〉、〈蒹葭〉、〈蜉蝣〉、〈鼓鐘〉、〈瞻彼洛矣〉、〈菀柳〉、〈白華〉等十四篇詩旨之新解加以評論；又引用胡適、于省吾（1896～1964）、王國維（1877～1927）、顧頡剛（1893～1980）、汪中（1925～2010）等學者，透過考據、比較歸納等方式，提出字句訓詁新解，與舊說相互比較，凸顯民國以降《詩經》學的不同表現。張氏為文之際，資料蒐集較之今日相對不易，張氏蒐集之資料又遍及《詩經》著述及各類文集、雜誌，更加困難，張氏之舉，可做為後來研究者的目標，唯張氏在收錄各類作品時，未進行繫年的工作，因此，僅能確知這些作品、論文與新說係 1912 年至 1972 年間提出，無法更進一步了解確切時間。

（二）林慶彰：〈《詩經》學史研究的回顧與前瞻〉〔註6〕

　　該文探討 1952 至 1992 年臺灣《詩經》學研究之概況，全文共分為七節，自第二節起，先就朝代次第討論，起於先秦，迄於民國。第四節起，討論〈詩序〉作者、朝代，並評價其內容；第五節則列舉部分臺灣四十年來《詩經》學研究成果，林教授以糜文開（1908～1983）、裴普賢、程元敏為例，分別陳

〔註4〕 張學波：〈六十年來之詩學〉，收入程發軔主編：《六十年來之國學（一）》（臺北：正中書局，1975 年 2 月，臺二版），頁 305～361。

〔註5〕 由於 1949 年政府來臺之後，受限於留在中國大陸的資料因中國與臺灣兩地的政治因素而不易取得，因此，張氏將六十年間的《詩經》學著述限縮在 1949 年來臺之後，仍能蒐集到的資料。

〔註6〕 林慶彰：〈《詩經》學史研究的回顧與前瞻〉收入鍾彩鈞主編：《中國文哲研究的回顧與展望論文集》（臺北：中央研究院中國文哲研究所，1992 年 5 月），頁 349～382。

述三位教授對《詩經》學的鑽研成果。在第七節則針對近四十年來的研究者、研究方法、研究方向提出建議、檢討及期望。

（三）林慶彰主編：《經學研究論著目錄》〔註7〕

林教授主編之《經學研究論著目錄》以1912年至1987年、1988年至1992年、1993年至1997年與1998年至2002年等四個階段為分期，收集中國大陸、臺灣、香港、新加坡、日本、韓國、歐美等地，以中文撰寫之經學研究論著，雖然為目錄學範疇的工具書籍，對研究者卻有事半功倍之效。漢學研究中心因之將該目錄製成「經學研究論著目錄資料庫」〔註8〕，供研究者查詢。

（四）夏傳才：《二十世紀《詩經》學》〔註9〕

該書由清末民初的傳統《詩經》學衰頹寫起，分別討論現代《詩經》學的創始、建設、深化及拓展等時期，並陳述孔子刪《詩》、尊《序》反《序》、〈商頌〉時代、〈國風〉作者等重要研究問題的意見。在談論臺灣的《詩經》學研究時，提出臺灣學者較為重視出土文獻、文物，並對古籍文獻整理煞費苦心，對明代、清末民初的《詩經》學史也撰文加以研究。然而作者此書為一全面性綜述，且為身居中國大陸的學者，故而僅用一節綜合討論臺灣、香港的《詩經》研究，僅提及部分學者，資料相當不足，缺乏全面性的了解。

（五）馬輝洪、寇淑慧編著：《中國香港、臺灣地區詩經研究文獻目錄（1950～2010）》〔註10〕

該目錄由馬、寇二氏共同編著，馬氏編錄中國香港地區自1950年至2010年的《詩經》學著述作品；寇氏則負責輯錄臺灣自1950年至2000年間的《詩經》學著述作品，企圖藉此反映《詩經》在香港與臺灣二地的研究與發展概況。

〔註7〕林慶彰主編：《經學研究論著目錄（1912～1987）》（臺北：漢學研究中心，1994年4月，再版）；《經學研究論著目錄（1988～1992）》（臺北：漢學研究中心，1995年6月）；《經學研究論著目錄（1993～1997）》（臺北：漢學研究中心，2002年4月）；《經學研究論著目錄（1998～2002）》（臺北：漢學研究中心，2013年11月）。

〔註8〕漢學研究中心有「經學研究論著目錄資料庫」（網址：http://ccs.ncl.edu.tw/expertDB2.aspx，最後查詢日期：2016年6月14日。）該資料庫收入1912年至2002年間臺灣、大陸及日本學者經學研究相關論著，共計86290筆資料，可供研究者查詢。

〔註9〕夏傳才：《二十世紀詩經學》（北京：學苑出版社，2005年7月）。

〔註10〕馬輝洪、寇淑慧編著：《中國香港、臺灣地區《詩經》研究文獻目錄（1950～2010）》（北京：學苑出版社，2012年10月）。

　　唯該書舛誤之處頗多，名為香港、臺灣的《詩經》學研究文獻目錄，卻一併收錄發表於新加坡的十餘篇期刊論文及部分學位論文，體例不純。該目錄在臺灣所收文獻的編選方面，透過綜論、基本理論、語言文學研究、文化風貌、闡釋學史、出土文獻與分類分篇等七個面向為分類標準。指稱其編選年份為 1950 年至 2000 年，〔註11〕卻收錄有數十筆 2000 年後發表的論文。再者該書體例言明先題書名及篇名、再言作者，卻有部分資料無書名、篇名而有作者〔註12〕的情形，在編輯、校對體例等等方面，仍有許多待加強之處。

（六）楊晉龍：〈《詩經》學研究概述〉〔註13〕

　　楊文整理 1949 年至 1998 年，臺灣學者發表的《詩經》學論文，首先，引用李威熊、程元敏、林慶彰、岑溢成等學者對經學的觀點以定義經學，其次，提出影響臺灣學術發展的外在因素係：政治、教育與經濟。接著統計、分析 1949 年至 1998 年《詩經》學的研究成果。楊氏提出在這五十年間，臺灣《詩經》學研究的發展有四點：即參與研究者的層面寬、研究涉及的內容廣、資料蒐集認真確實、研究內容漸趨精細；然而，楊教授卻也提出了近五十年間，《詩經》研究者專業精神較為不足、研究方向相對較偏以及蒐集資料方面尚需加強與研究方法仍待商榷等問題，供後來研究者加以參考。

（七）楊晉龍：〈臺灣《詩經》研究的反思：淵源與議題析論〉〔註14〕

　　楊文係以〈臺灣近五十年（1949～1998）《詩經》學研究概述〉之續作。先對臺灣《詩經》學進行溯源，楊氏提出臺灣《詩經》學思想淵源自民國《詩經》學，並列舉自 1949 年至 1955 年間，曾發表《詩經》學相關文章的臺灣學者，超過半數均是由中國大陸遷徙來臺的學者。民國《詩經》學以新文化

〔註11〕馬輝洪、寇淑慧編著：《中國香港、臺灣地區《詩經》研究文獻目錄（1950～2010）》，頁 1、25。

〔註12〕馬輝洪、寇淑慧編著：《中國香港、臺灣地區《詩經》研究文獻目錄（1950～2010）》，頁 166、190。

〔註13〕楊晉龍：〈《詩經》學研究概述〉，收入林慶彰主編：《五十年來的經學研究》（臺北：臺灣學生書局，2003 年 5 月），頁 91～159。該文原以〈臺灣近五十年《詩經》學研究概述（一九四九～一九九八）〉為題，發表於《漢學研究通訊》20 卷 3 期（2001 年 8 月），頁 28～50。

〔註14〕楊晉龍：〈臺灣《詩經》研究的反思：淵源與議題析論〉，收入吳文璋主編：《儒學與社會實踐：第三屆臺灣儒學研究國際學術研討會論文集》（臺南：國立成功大學中國文學系，2003 年 2 月），頁 473～514。

運動與「反傳統」思潮為主流，且受到西方進化論的影響，重視西方傳入的現代知識，產生「重現代科學知識」，而「輕傳統道德教化」的思想態度。因此，特別強調《詩經》的人民性、文學性與史料性，否認《詩經》的教化觀，甚至因西方科學知識而具相當程度的自信，認為自己的結論即為《詩經》之正解。楊氏認為，雖然臺灣《詩經》學界在傳統教化觀與西洋文化兩派的衝擊下，仍有值得驕傲的學術成績。然而，卻又提出臺灣《詩經》學的研究，普遍存在選題過度集中、研究方法過於固定與缺乏開發新議題與論點的現象，供研究者進行檢討與反思。

二、期刊論文

（一）林慶彰：〈近十五年經學史的研究〉（上）、（下）〔註15〕

林文討論民國 61 年至 75 年（1972 年至 1986 年）之臺灣、香港、新加坡等地的經學發展，以專書、期刊論文、學位論文與會議論文等項目排列，上篇收錄對經學通論、《易經》及《尚書》等之分析，與本論文相對無涉；下篇收錄對《詩經》、《春秋》三傳、四書、《禮記》、《孝經》等討論。其中涉及《詩經》者共有 55 筆論述，皆屬臺灣學者之作，包含歷朝《詩經》學史、三家《詩》之研究、《左傳》、《國語》引《詩》研究、專家《詩經》學、尊〈序〉、反〈序〉等。林教授以兩頁左右的篇幅，概述了 1972 年至 1986 年間的《詩經》研究概況，使後來研究者在搜尋資料時，能有某些概略性的認識，則為此文貢獻所在。

（二）林慶彰：〈近四十年臺灣《詩經》學研究概況〉〔註16〕

本文與前揭《《詩經》學史研究的回顧與前瞻》同樣為近四十年的臺灣《詩經》學的相關討論，差距不大，然而，本文因為刊載於中國大陸的期刊，且因研究條目眾多，囿於篇幅，並未將研究條目一一列出。在研究成果方面，則臚列出以討論《詩經》注釋、基本問題（《詩經》作者、采詩、刪詩、六義、四始等相關問題）研究、字詞考釋與思想及技巧的相關論述。

〔註15〕林慶彰：〈近十五年經學史的研究（上）〉《漢學研究通訊》6 卷 3 期（1987 年 9 月），頁 139～14；林慶彰：〈近十五年經學史的研究（下）〉《漢學研究通訊》6 卷 4 期（1987 年 12 月），頁 185～189。

〔註16〕林慶彰：〈近四十年臺灣詩經學研究概況〉，《文學遺產》1994 年第 4 期，頁 119～125。

（三）張啟成：〈海外與臺灣《詩經》研究〉〔註17〕

張文探討了歐洲及美國、俄羅斯、日本、韓國、新加坡與臺灣等國家的《詩經》學研究概況。在臺灣部分，張教授先就屈萬里、王靜芝與李辰冬（1907～1983）等早期學者，針對其著述加以討論；其次，談到《詩經》賞析時，則舉糜文開、裴普賢伉儷合撰的《詩經欣賞與研究》爲例；接著，再論及林慶彰主編的《詩經研究論集》，並介紹該論文集的編排方式。張氏於文末提出《詩經》研究方法與視角多樣化是未來研究的必然趨勢。

（四）楊晉龍：〈臺灣近五十年《詩經》學研究概述：一九四九～　　　一九九八〉〔註18〕

本文與前揭〈《詩經》學研究概述〉相近，但兩篇文章對於處在按圖索驥階段的初學者而言，具有引導探索的功能，或爲該文價值所在。

（五）馮曉庭：〈臺灣研究宋代經學概況〉〔註19〕

馮文整理臺灣自 1960 年代起以宋代爲名的經學研究概況，先由經學總論談起，涉及宋人疑經改經的問題、治經內蘊的轉變、並討論宋代經學家的治經特色。其次，分別討論十三經的研究概況，《詩經》的研究於該文第五節呈現，馮氏先談論臺灣在宋代《詩經》研究的整體研究，再討論宋代《詩經》學的特定議題，並分述研究個別經學家的論文梗概。

（六）趙沛霖：〈海外《詩經》研究對我們的啟示〉〔註20〕

趙文係參與 1993 年至 2001 年間舉辦之「《詩經》國際學術研討會」所觀察的心得，藉此反映當時中國學者與海外學者的差異。並提出必須建立起《詩經》研究的世界觀；重視歷代對《詩序》與「詩教」的詮釋；倡導《詩經》在當代的教化意義，且必須注重學術研究的規範，掌握住前賢研究成果，才能站在前人的肩膀上，關注更爲廣泛、深入的議題。

〔註17〕 張啓成：〈海外與臺灣《詩經》研究〉，《貴州大學學報》1995 年第 2 期，頁49～53。
〔註18〕 楊晉龍：〈臺灣近五十年《詩經》學研究概述：一九四九～一九九八〉，頁 28～50。
〔註19〕 馮曉庭：〈臺灣研究宋代經學概況〉，《中國文哲研究通訊》12 卷 3 期（2002 年 9 月），頁 7～46。
〔註20〕 趙沛霖：〈海外《詩經》研究對我們的啓示〉，《學術研究》2006 年第 10 期，頁 138～142。

（七）林偉雄：〈近四十年（一九六九～二○○七）臺灣詩經學博碩士學位論文研究概述〉〔註21〕

林文係整理自「臺灣博碩士論文知識加值系統」，以 1969 年至 2007 年為分期，統整臺灣在這四十年間以《詩經》為題的博、碩士論文，並以圖表方式呈現以方便讀者了解。以圖表呈現為該文的主要貢獻。然而，該文多次引用林慶彰、楊晉龍兩位教授的論點做為其論文的主要陳述文句，較少提出自己的新論。同時在其文中亦常誤植引用篇章的篇名，使讀者難以覆覈，其文中又多白字，影響讀者認知，未免可惜。

三、學位論文

目前以近代《詩經》學史為學位論文者，僅有陳文采一位。陳文采的《清末民初《詩經》學史論》〔註22〕

陳氏認為相較於《詩經》學二千年的研究，清末民初這一斷代較少人論及，該論文因而由此方面著手，自康有為（1858～1927）至傅斯年，共討論 55 位學者在 1888 至 1938 年間完成的一百三十餘種《詩經》研究著作，並梳理清末民初《詩經》學的淵源、主要成績和影響。透過該論文的整理、探討，使後來研究者能夠更為清晰《詩經》學史在清末民初的脈絡。

本節透過前賢研究成果的呈現，將臺灣《詩經》學發展概況做一簡略陳述，前諸研究者或編輯《詩經》著述目錄；或討論 1912 年至 1972 年的《詩經》學著述；或談及 1972 年至 1986 年的經學發展；或分析 1949 年至 1998 年的《詩經》學著述；或以 1969 年至 2007 年為期，討論該階段以《詩經》為題的學位論文；或分別就臺灣學者與中國大陸學者兩方的觀點來看臺灣的《詩經》學研究成果，並提出檢討與反思。中國大陸學者在兩岸交流較不頻繁的時期，或因資料搜尋較有難度，撰文提及臺灣《詩經》學研究者時，所提到的僅相同的幾位，較缺乏整體群像。

〔註21〕林偉雄：〈近四十年（一九六九～二○○七）臺灣詩經學博碩士學位論文研究概述〉，《孔孟月刊》49 卷 1、2 期（2010 年 10 月），頁 36～47。

〔註22〕陳文采：《清末民初《詩經》學史論》（臺北：東吳大學中國文學博士論文，2003 年 10 月），陳氏博論修訂後於 2007 年委由花木蘭出版社出版。見氏撰：《清末民初《詩經》學史論》（臺北縣永和市：花木蘭文化出版社，2007 年 9 月）。

第三節　研究方法與步驟

　　論文寫作是一項謹嚴縝密的學術研究行為，為了有效保證論文書寫的進度與論文的品質，以及讓讀者能比較清楚了解論文研究的實際狀況，因此有必要將研究之際使用的方法，進行研究的步驟等相關之內容，較為詳細的表述清楚。以下將分別就論文的研究範圍、研究主要文獻與輔助文獻及其蒐集、研究使用的方法、研究進行的步驟、章節的安排及其內容梗概等等，進行必要的陳述。

一、研究範圍之界定

　　研究範圍指論文寫作時預定的研究對象之界限，就一般研究論文的狀況而論，大致可以分成：研究的學科與文獻範圍、研究的身分屬性範圍、研究文獻取得的方式、研究的時間範圍、研究的空間範圍等幾個部分，以下即分別論之。

　　就研究的學科與文獻範圍而論，本論文係以研究《十三經》的「經學研究」成果為對象，並且特別將研究討論的焦點，固定在《詩經》的單一範圍內，故而本論文研究之際使用的文獻，乃限定在《詩經》學的學術研究論文中，以「經學」為探討論述焦點者的學術研究成果為範圍，不包括那類非學術性的心得或感言，例如發表在傳播媒體或網際網路，那類純粹為教學或因學習、閱讀之際，個人一時感觸而發表的一般性討論文章。

　　就研究的空間範圍而論，本論文規定以中華民國政府有效管轄的「臺灣地區」為限，本論文所謂「臺灣地區」包括有：臺灣本島，以及澎湖群島、蘭嶼、綠島等等離島，還有在行政區域劃分上歸屬於福建省的「金門」和「馬祖」等，這也就是稱「臺灣地區」不稱「臺灣」之故。

　　就研究的時間範圍而論，本論文以 1999 年到 2015 年公開發表與出版的《詩經》學學術研究論著為探討分析的對象。〔註23〕

　　就研究對象的身分屬性而論，本論文規定以「臺灣學者」的研究成果為

〔註23〕研究的範圍包含探討臺灣學者在《詩經》學方面的專書、專書論文、期刊論文與學位論文等，討論前三者時，筆者以西元年作為斷限，討論學位論文部分時，則以「臺灣博碩士論文知識加值系統」（網址：http://ndltd.ncl.edu.tw/cgi-bin/gs32/gsweb.cgi/login?o=dwebmge，最後查詢日期：2016 年 6 月 14 日）所載之學年度加以參酌，避免產生誤差情形。

限，所謂「臺灣學者」指的是「臺灣出生且在臺灣受教育」與「非臺灣出生
但在臺灣受教育」等兩大類的學者，臺灣《詩經》學研究者楊晉龍曾對「臺
灣學者」做過比較詳細的說明，其言曰：

> 或出生在臺灣且在臺灣長期從事學術活動者、或長期居住臺灣且學
> 術活動主要在臺灣地區進行者（包括退休後歸化為外國人者）、或非
> 出生與長期居住，而在臺灣接受高等教育之際發表論文者、或身居
> 域外而未歸化為當地人，且在臺灣地區發表論文者、或出國後又回
> 臺任教，而在臺灣發表論文者。〔註24〕

這五種分類頗能概括本論文預定研究對象的身分屬性，故本論文藉以論說之
根據。然筆者以為出生臺灣地區的學者也有到境外留學或參加會議發表的論
文，依理說也應該納入分析探討的範圍，因此本論文界定的「臺灣學者」固
然以楊氏歸納的五類為依歸，但在資料的選用上則增加了「臺灣地區學者在
境外發表的論文」一項。另外為了更明確五種身分屬性分類的狀況，因此乃
繪製「臺灣地區學者定義圖」如下：

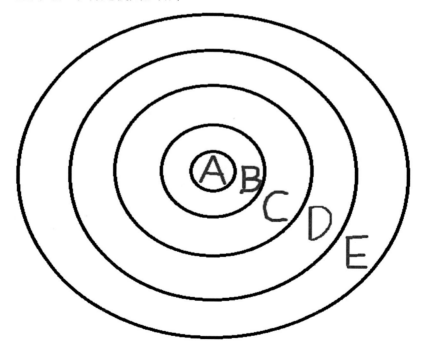

圖1－1：臺灣地區學者定義圖

〔註24〕楊晉龍：〈臺灣近五十年詩經學研究概述：1949～1998〉，頁29。

　　根據上圖所繪，A 代表出生在臺灣且在臺灣長期從事學術活動者；B 表示長期居住臺灣且學術活動主要在臺灣進行者；C 則爲非出生與長期居住而在臺灣接受高等教育之際發表論文者；D 代表身居域外而未歸化爲當地人且在臺灣地區發表論文者；E 則爲出國後又回臺任教而在臺灣發表論文者。唯其中「出國後又回臺任教而在臺灣發表論文者」一類，大致都已歸化爲外國人，因此與臺灣的關係並不密切，將之納入臺灣地區的學者或不免有牽強之虞，本論文因此排除這類學者的討論，將焦點集中在其他四類學者，以這四類學者的論著爲研究探討的內容。

　　就研究文獻取得的方式而言，本論文依據前述時間、空間與身分屬性的界定爲範圍，除了進入各大學與研究機構搜尋專任人員介紹中的「論著目錄」外，同時還分別以「經學」、「詩經」、「毛傳」、「鄭箋」、「詩」、「二南」、「三頌」等爲「關鍵詞」，進入下列資料庫搜尋：臺灣地區的「臺灣博碩士論文知識加值系統」、「師範校院聯合博碩士論文系統」〔註25〕、「中央研究院圖書資源整合查詢系統」〔註26〕、「HyRead 臺灣全文資料庫」〔註27〕、「臺灣期刊論文索引系統」〔註28〕、「全國圖書書目資訊網」〔註29〕、「學術會議論文摘要資料庫」〔註30〕、「臺灣人文及社會科學引文索引資料庫」〔註31〕，以及臺灣之外的日本「東洋學文獻類目檢索」〔註32〕、香港「港澳期刊網」〔註 33〕、

〔註25〕　「師範校院聯合博碩士論文系統」（網址：http://140.122.127.247/cgi-bin/gs/gsweb.cgi?o=d1，最後查詢日期：2016 年 6 月 14 日）

〔註26〕　「中央研究院圖書資源整合查詢系統」（網址：http://sinica.summon.serialssolutions.com/zh-CN/search/advanced?advanced=true，最後查詢日期：2016 年 6 月 14 日）

〔註27〕　「HyRead 臺灣全文資料庫」（網址：http://www.hyread.com.tw/hypage.cgi?hyqstr=aihggjoibkdjhgerhrlfekgpkkdwjlmkgkjkmigrexmogximmkhrewmnhjipilhmhxmognfvjhdpfrjhdofjjjdjfjjkdmfijgdrfm，最後查詢日期：2016 年 6 月 14 日）

〔註28〕　臺灣期刊論文索引系統（網址：http://readopac.ncl.edu.tw/nclJournal/index.htm，最後查詢日期：2016 年 6 月 14 日）

〔註29〕　全國圖書書目資訊網（網址：http://nbinet.ncl.edu.tw/，最後查詢日期：2016 年 6 月 14 日）

〔註30〕　學術會議論文摘要資料庫（網址：http://sticnet.stpi.narl.org.tw/sticloc/ttsweb?@0:0:1:meetill_2004@@0.6468198934115614，最後查詢日期：2016 年 6 月 14 日）

〔註31〕　臺灣人文及社會科學引文索引資料庫（網址：http://192.83.186.15/cgi-bin/gs32/gsweb.cgi/ccd=zm1KRQ/tcisearcharea?opt=1&mode=basic，最後查詢日期：2016 年 6 月 13 日）

〔註32〕　東洋學文獻類目（網址：http://ruimoku.zinbun.kyoto-u.ac.jp/ruimoku/和 http://ruimoku.zinbun.kyoto-u.ac.jp/ruimoku6/index.html.ja，最後查詢日期：2016 年 6 月 14 日）

香港中文大學「大學圖書館系統」〔註 34〕、中國大陸「CNKI 中國知網」〔註 35〕等，篩選 1999 年至 2015 年間的學術專書、學位論文、學術期刊論文、學術論文集論文、學術會議論文等研究《詩經》的相關論著。不過資料庫固然方便搜尋，但既然是人為設計之物，不免有疏漏之處，另外，尚須考慮部分作者拒絕提供網路閱讀之限制，筆者因此遂安排時間親往幾個收錄圖書文獻較為齊全的圖書館查詢蒐集，筆者前往各圖書館查詢的時間與獲得資料的實況如下表：

表 1－1：親往圖書館之日期及蒐集文獻之內容

日　期	地　點	內　容
2013 年 7 月 22 日	國立彰化師範大學	領取館際合作影印資料。
2013 年 7 月 25 日	國立彰化師範大學	領取館際合作影印資料。
2013 年 8 月 13 日	靜宜大學	影印期刊論文。（《中國語文》、《國文天地》內《詩經》相關研究篇目）
2013 年 8 月 15 日	靜宜大學	影印期刊論文、學位論文（此斷限間，靜宜大學僅蔡雅芬一名撰寫《詩經》相關學位論文）。
2013 年 8 月 27 日	玄奘大學	影印學位論文（柯岳君、陳秀英、張曉華、陳金花、姜淑敏、易瑩嫻、江寶滿、羅崑林、陳文珍、王珮翎、楊明哲、邱靜子、萬金蓮、孫玉蘭、顏淑婉等十五位撰寫《詩經》相關主題）。
2013 年 8 月 27 日	國立清華大學	影印學位論文（王韻筑、黃筠茜等二位）。
2013 年 9 月 23 日	國立政治大學	影印學位論文、專書論文。
2013 年 9 月 23 日	國立臺北教育大學	影印學位論文（此斷限間，該校僅蘇鈺閔一位撰寫與《詩經》相關主題）。

〔註 33〕「港澳期刊網」（網址：http://hkmpnpub.lib.cuhk.edu.hk/search.jsp，最後查詢日期：2016 年 6 月 7 日）

〔註 34〕香港中文大學「大學圖書館系統」（網址：http://www.lib.cuhk.edu.hk/Common/Reader/Channel/ShowCalendar.jsp?Cid=763&Pid=46&Version=0&Charset=big5_hkscs，最後查詢日期：2016 年 6 月 12 日）

〔註 35〕「CNKI 中國知網」（網址：http://big5.oversea.cnki.net/kns55/，最後查詢日期：2016 年 6 月 12 日）

日　期	地　點	內　容
2013 年 9 月 24 日	國家圖書館	影印學位論文、期刊論文、專書論文。
2014 年 1 月 13 日	國立彰化師範大學	借閱相關書籍。
2014 年 1 月 23 日	靜宜大學	影印專書論文、期刊論文。
2014 年 1 月 28 日	國立彰化師範大學	影印專書論文、學位論文、借閱相關書籍。
2014 年 2 月 10 日	靜宜大學	影印專書論文、借閱相關書籍。
2014 年 5 月 20 日	國立公共資訊圖書館	影印林慶彰等主編：《經學研究論著目錄（1998～2002）》目錄及《詩經》部分。
2014 年 6 月 3 日	國立彰化師範大學	影印《張以仁先生七秩壽慶論文集》《詩經》部分。
2014 年 6 月 11 日	靜宜大學	影印第五屆、第六屆《詩經國際學術研討會論文集》臺灣作者部分。
2016 年 4 月 30 日	靜宜大學	影印《國文天地》、《中國語文》、《新生學報》、《孔孟月刊》等期刊於 2013 至 2015 年與《詩經》相關篇章。
2016 年 5 月 1 日	國立中興大學	影印《儒學研究論叢》第一至六輯與《詩經》相關之篇章。
2016 年 5 月 3 日	國立彰化師範大學	影印王嘉慧：《沈守正《詩經說通》研究》部分篇章。
2016 年 5 月 5 日	國立彰化師範大學	領取館際合作影印資料及書籍。
2016 年 5 月 17 日	國立彰化師範大學	搜尋、影印《詩經》相關書籍。
2016 年 5 月 29 日	國家圖書館	調閱、影印《詩經》相關論文、書籍。

　　希望經由這樣實際的翻閱查詢與確實的查對，可以減低訛誤或疏漏的程度，因而獲得較為齊全完整而可信的研究資料。

　　以上即本論文寫作之際，自我界定的研究範圍。在範圍界定之後，以下即進行研究方法、研究步驟與章節安排的說明。

二、研究方法及步驟

　　由於本論文屬於《詩經》學發展史方面的研究，因此，筆者在撰寫本論文時，將採取文獻研究法與量化分析法二種進行。

（一）文獻研究法

　　筆者透過「臺灣博碩士論文知識加值系統」、「臺灣期刊論文索引系統」、「全國圖書書目資訊網」、「學術會議論文摘要資料庫」及「臺灣人文及社會科學引文索引資料庫」等資料庫，輸入「詩經」、「經學」、「毛傳」、「鄭箋」、「詩」、「二南」、「三頌」等關鍵詞，搜尋 1999 年至 2015 年間與《詩經》學相關的博、碩士論文〔註36〕、專書著作、期刊論文等。

（二）量化分析法

　　由於筆者蒐集到在 1999 年至 2015 年間，透過經學或文學爲討論面向，研治臺灣《詩經》學的期刊論文共 422 篇、學位論文共 194 筆、專書及專書論文計有 148 筆，〔註37〕因此，先將這 764 筆的資料作一分類統計，以茲參考。筆者運用量化分析法，將統計後之數據製成圖表一一呈現。詳見下圖：「1999 至 2015 年臺灣地區《詩經》學在經學或文學方面之研究示意圖」。

〔註36〕筆者將研究主題訂爲 1999 年至 2015 年，然而因部分博、碩士論文作者在提交其學位論文時，會註明希望國家圖書館在數年後才公開或不公開其論文之電子全文；部分學位論文僅該作者畢業學校存之，國家圖書館尚未公開或因作者要求而不公開。甚至，部分作者因另有計畫，除向國家圖書館提出暫不開放的申請外，也向其畢業學校之圖書館提出相同要求。是以，在蒐集前二類別之資料時，筆者須前往國家圖書館與各大學圖書館影印紙本論文，以茲參考並撰寫，至於作者在「臺灣博碩士論文知識加值系統」不公開電子全文，並要求國家圖書館及校內圖書館不公開紙本論文者，筆者僅能就「臺灣博碩士論文知識加值系統」所提供之摘要及目次編排加以分析。

〔註37〕此處的專書筆數，係筆者於「全國圖書書目資訊網」，輸入「詩經」、「經學」等關鍵詞，再以出版年爲「1999 年之後」及「2016 年以前」、藏書地「國家圖書館」等限制，得出數據後，再透過『臺灣』學者該《詩經》學著作『首次』出版」作爲存除之要件。此外，部分研究論集未以「詩經」、「經學」爲其書名（如會後論文集、賀壽論文集等），有《詩經》相關論文發表或收錄在其中者，筆者則透過前往大學圖書館查詢文獻時，搜尋該文獻索書號鄰近區域之《詩經》相關出版品並加以增補，期能補足以資料庫查詢關鍵詞的未盡之處。

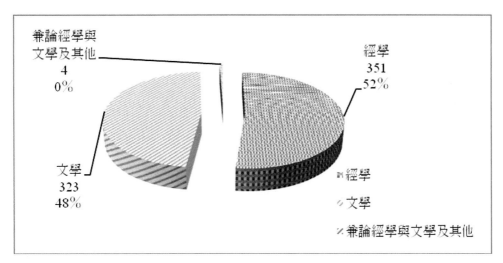

圖 1－2：1999 至 2015 年臺灣地區《詩經》學在經學或文學方面之
　　　　研究示意圖

資料來源：筆者統計並繪製。

　　由上圖可以得知，1999 至 2015 年之間，臺灣學者從事的《詩經》學研究，
就數量而言，在經學與文學兩方面的差距甚小，約莫各占總數的一半，可見
此一斷限中的臺灣學者在從事《詩經》學相關研究時，不偏廢任何一方。筆
者欲先以在此一斷限中，從事經學論述的《詩經》研究加以探討，依筆者所
蒐集之文獻，以經學面向為論述主軸的文獻，在專書及專書論文部分有 96 筆；
在期刊論文部分有 191 筆；在學位論文部分有 64 筆，總計達 351 筆。〔註38〕

（三）章節概要

　　本論文分為五章，以下，茲針對本論文各章節之標題及次序，進行概要
式的介紹內容編排與處理方法。

1. 第一章：緒論

　　本章先說明為何欲從事「臺灣地區 1999 至 2015 年《詩經》學研究探論」
此一研究課題之動機，並對論述此一議題的相關專書、期刊論文、學位論文

〔註38〕此處與前方統計數據略有落差，有以下因素：一、在 1999 至 2015 年此一斷
　　　　限中，部分學位論文未經大幅度修改，即已再度出版為專書，此處筆者將這
　　　　種類型的合併計算為一筆；二、部分期刊因受限於篇幅刊載長度，常有分為
　　　　二期或三期刊載同一位作者、主題相同的論文，筆者在計算時，將之視為一
　　　　篇。

之研究成果，進行摘要式的評介。進而說明本論文之範圍界定與研究方法，並說明各章之論述重點所在，期能窺見臺灣《詩經》學研究的近期發展概況。

2. 第二章：對周秦到明代《詩》說的詮釋

《詩經》學從周秦到現當代，一直持續發展，傳統對《詩經》進行詮釋的論述中，又可分為崇尚名物詁訓、美刺說《詩》的漢唐儒解經法；崇尚義理、主張涵泳玩味的宋明儒解經法；以及漢宋兼採、獨立治《詩》的清儒解經法。由於歷來的臺灣地區《詩經》學研究者，常對古代經學家及其著述加以分析，因此，本章透過針對臺灣學者以傳統《詩經》學著述進行研究的資料加以討論。本章之次序以時代為分期，首節先以周秦、漢代至唐代為分野的《詩經》說加以評析；次節則討論宋、元、明三代的《詩經》學論述。

3. 第三章：對清代《詩》說之詮釋及跨代《詩》學比較

本章分析在 1999 至 2015 年間，臺灣學者針對清代經學家及其《詩經》學論述的再闡釋，筆者參酌歷來學者的研究論述，將此一斷限中，清代經學家的治《詩》態度分為五項，並陳述在此一斷限間臺灣學者對於跨代《詩經》學比對的成果及《詩經》學在近現代中的相關呈現。

4. 第四章：民國以來學者提出新《詩》說及評價

臺灣地區的《詩經》學研究者，除對傳統《詩經》相關論著提出詮解外，亦常針對民國以來學者自身體察所得加以析論；或後學對前賢的《詩經》學研究歷程加以述評。本章透過側重於民國以來學者的詮釋與針對今人對現代《詩經》學者的評價，加以闡釋。其次，由於《詩經》的教化觀及其文學性影響東亞地區由來已久，在日本、韓國等地均有學者從事《詩經》研究，本章透過一節討論臺灣學者從事日、韓等地《詩經》學研究的成果。此外，在《詩經》的字、詞詁訓方面，亦有為數頗豐的探討論述，筆者亦於此章加以分類、陳述。

5. 第五章：結論

本章針對第二至第四章論述內容之重點進行回顧，並反省本論文不夠完備之處。進而提出在本論文完成之後的基礎上，未來能持續深入研究之議題與其空間。

第二章　對周秦到明代《詩》說的詮釋

　　由於《詩經》學從周秦到現當代，仍然持續蓬勃發展，以傳統對《詩經》進行詮釋的論述中，又可分為崇尚名物詁訓、美刺說《詩》的漢唐儒解經法；崇尚義理、主張涵泳玩味的宋明儒解經法，以及漢宋兼採、獨立治《詩》的清儒解經法。由於歷來的臺灣《詩經》學研究者，常對傳統經學家及其著述加以分析，因此，本章透過臺灣學者以傳統《詩經》學著述進行研究的資料加以討論。本章之次序以時代為分期，先說明 1999 至 2015 年此一斷限間，臺灣《詩經》學者對傳統《詩》說詮釋的研究概況，其次，以周秦至唐代為分野的《詩經》說加以評析；再者討論針對宋、元、明三代的《詩經》學論述。

第一節　對傳統《詩》說詮釋的研究概況

　　臺灣地區學者在 1999 至 2015 年間，針對《詩經》傳統著述的詮釋，計有 288 筆資料，佔此一斷限臺灣學者以經學或文學為論述主體來討論之《詩經》研究總數 764 筆的 38%、佔透過經學論述總數 437 筆的 65%，筆者將其繪製為《詩經》研究的分布圖，詳見下圖：「1999 至 2015 年臺灣地區《詩經》研究分項比率示意圖」。

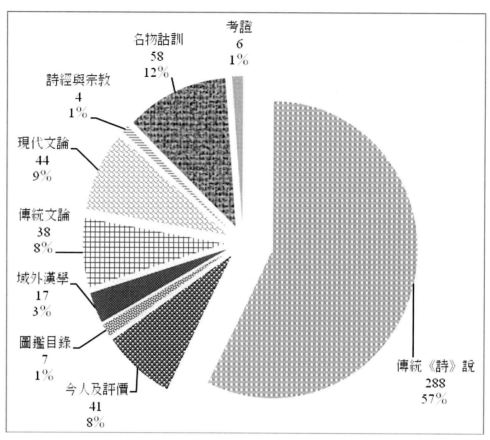

圖 2－1：1999 至 2015 年臺灣地區《詩經》研究分項比率示意圖

資料來源：筆者統計並繪製。

　　根據上圖所示，在 1999 至 2015 年間，臺灣學者從事《詩經》的經學或文學方面的研究成果，可概分為：傳統《詩》說（288 筆；57%）、名物詁訓（58 筆；12%）、今人評價（41 筆；8%）、域外漢學（17 筆；3%）、圖鑑目錄（7 筆；1%）、傳統文論（38 筆；8%）、篇章考證（6 筆；1%）、《詩經》與宗教（4 筆；1%）與現代文論（44 筆；9%），可以看出在此一斷限中，臺灣學者較多以傳統《詩》說為探討核心的著作呈現，此亦為本章所要討論的目標。

　　至於此一斷限間的臺灣《詩經》學經學方面的研究成果，則可從下圖二中看出其研究概況。詳見下圖：「1999 至 2015 年臺灣地區《詩經》學經學方面研究成果」。

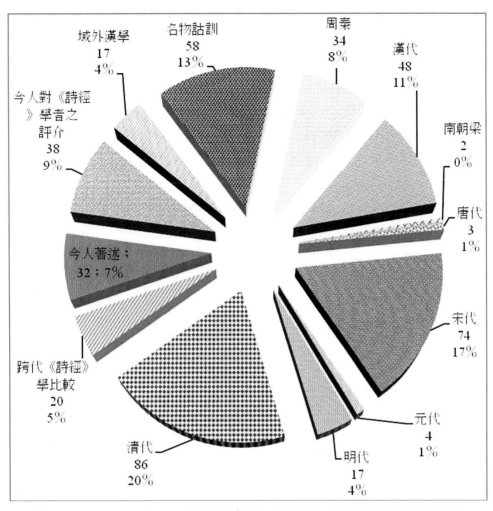

圖 2－2：1999 至 2015 年臺灣地區《詩經》學經學方面研究成果

資料來源：筆者統計並繪製。

　　由上圖的數據可以看出，在 1999 至 2015 年間，臺灣學者從事《詩經》的經學方面研究者，可概分為：周秦（34 筆；8%）、漢代（48 筆；11%）、南朝梁（2 筆；0.6%）、唐代（3 筆；1%）、宋代（74 筆；17%）、元代（4 筆；1%）、明代（17 筆；4%）、清代（86 筆；20%）、跨代《詩經》學比較（20 筆；4%）、今人著述（32 筆；7%）、今人對近代《詩經》學者的評介（38 筆；9%）、域外漢學（17 筆；4%）及名物詁訓（58 筆；13%）等方面。由此可見，在此一斷限中，重視美、刺說《詩》的漢代、主張涵詠玩味的宋代與漢宋兼採的清代解《詩》仍是較多研究者投入的範疇，此三類的研究數量佔經

學方面研究總數的 73%，至於字句訓詁與今人《詩經》學成就的陳述方面，其所佔之比率則在此三朝代的相關研究之後。以下，筆者先分別就臺灣學者在此一斷限間對周秦至唐代、宋代至明代的《詩經》學論述進行分析。

第二節　對周秦至唐代《詩》說的詮釋

一、周秦

　　在 1999 至 2015 年之斷限中，筆者所蒐集針對周秦的《詩經》學的相關討論，主要是以儒家詩教的觀點來探討。江乾益（1956～2016）在〈詩經雅俗之辨〉中，引《論語·學而》及〈八佾〉二篇，子貢、子夏與孔子（552B.C.～479B.C.）間的言談，進而提出：

> 孔門論《詩》，並非是為欣賞文學，而是為賦予《詩》三百篇以義理思想，以達到修身之目的。……孔子之後之儒家後學，如孟子（372B.C.～289B.C.）、荀子（313B.C.～238B.C.），說《詩》皆循此模式。
> 〔註1〕

由上述引文可知在周秦儒者論《詩》時，是以《詩》作為教學之用，以達到增進自我學養的能力。

　　簡良如在《詩經論稿》中亦提及：

> 先秦《詩》說以儒家為代表，影響最大。如孔子對《詩三百》本質的總結──「思無邪」（《論語·為政》），對其功能、特性的列舉：「可以興，可以觀，可以群，可以怨。邇之事父，遠之事君，多事於草木鳥獸之名。」（《論語·陽貨》），以及將《詩》視為禮樂本源的說法：「興於《詩》，立於禮，成於樂。」（《論語·泰伯》），都影響後世甚深，甚至成為傳統《詩經》學的主要研究方向。〔註2〕

由以上二段引文可得知，周秦的《詩經》學相關論述以「儒家詩教」為普遍走向，筆者將所蒐集之資料，列舉說明於次。

〔註1〕江乾益：〈《詩經》雅俗之辨〉，收入氏撰：《《詩經》之經義與文學述論》（臺北：文史哲出版社，2004 年 2 月），頁 32。

〔註2〕簡良如：《《詩經》論稿》（新北：Airiti Press 華藝數位股份有限公司，2011 年 2 月），頁 84～85。

（一）對孔子《詩》說的詮釋

關於此部分的研究，就筆者所見共計 10 筆，以下依發表時間先後論之，依序為林耀潾、陳智賢、蔡信發、曾守正、文幸福、江衍良、劉月珠、謝春聘、何佳薇及黃師忠慎。

林耀潾針對孔子、孟子與荀子三家的詩教觀加以析論，先將周秦儒者的詩教用途分為禮樂用途與義理用途，「禮樂用途之詩教，即為典禮歌詩之節也；此周公制禮作樂之深旨；義理用途之詩教，即以詩義為道德、教育之用也。」林耀潾認為孔、孟、荀三家的詩教觀，係義理用途之詩教，且西漢以後之《詩經》學重道德教化亦承襲自儒家詩教。〔註3〕

陳智賢以「鄭聲淫」的問題加以析論，由《論語》中《詩》、樂之區分，討論〈鄭風〉與鄭聲的關係；〔註4〕蔡信發亦針對「鄭聲」非〈鄭風〉的問題加以分析〔註5〕；曾氏以孔、孟說詩時的詩教觀加以討論，分析周秦以降「詩言志」與六朝「詩緣情」二者的關係；〔註6〕文幸福討論孔子以《詩》教授弟子之因，並透過《論語》相關篇章闡釋，提出今人多重視「以意逆志」而忽略「知人論世」〔註7〕；江衍良以《論語》中提及《詩經》之篇章加以析論，發現《論語》中計 19 章以宏觀或微觀的角度討論《詩經》，其次討論《論語》引《詩》的目的及其與禮樂的關聯〔註8〕；劉月珠與謝春聘則分別針對《論語》中提及《詩經》的篇章來分析《詩經》對於孔子及其詩教觀的重要性；〔註9〕何佳薇對於《詩經》在采詩、獻詩等編纂過程與孔子整理《詩經》的說法進

〔註3〕 林耀潾：《先秦儒家詩教研究》（臺北縣永和市：花木蘭文化出版社，2008 年9 月），係國立高雄師範大學國文學系 1984 年之碩士論文。

〔註4〕 陳智賢：〈「鄭聲淫」析論〉，《文藻學報》第 13 期（1999 年 3 月），頁 15～24。

〔註5〕 蔡信發：〈「鄭聲淫」之商兌〉，《訓詁論叢》第 4 期（1999 年 9 月），頁 203～216。

〔註6〕 曾守正：〈孔孟說詩活動的言志思想〉，《鵝湖月刊》第 25 卷第 6 期（1999 年12 月），頁 5～20。

〔註7〕 文幸福：〈孔子詩義精神闡微〉，收入紀念陳伯元教授榮譽退休學術研討會論文集編輯委員會編：《紀念陳伯元教授榮譽退休學術研討會論文集》（臺北：洪葉文化，2000 年 7 月），頁 1～21。

〔註8〕 江衍良：〈孔子論《詩經》——以《論語》十九章為例〉，《長庚科技學刊》第8 期（2008 年 6 月），頁 1～10。

〔註9〕 劉月珠：〈《詩經》在《論語》中的重要性〉，《孔孟月刊》第 50 卷第 3、4 期（2011 年 12 月），頁 12～16、53；謝春聘：〈《論語》一書引《詩》論《詩》之探討〉，《國防大學通識教育學報》第 2 期（2012 年 6 月），頁 62～81。

行統整；〔註 10〕黃師忠慎則對於孔子、孟子與荀子在《詩經》學史上的貢獻加以分析。〔註 11〕

（二）詩教與倫理

在儒家詩教中，五倫亦爲著重的一環，朱子（1130～1200）《四書章句集注》云「天下之達道五，所以行之者三：曰君臣也，父子也，夫婦也，昆弟也，朋友之交也：五者天下之達道也。」〔註 12〕因此也有部分討論倫理觀念的研究出現，關於此範疇的討論就筆者所見，計 13 筆，分別爲王淑麗、王玲月、王珮翎、林素英、林佳蓉、吳如梅、許美珠、張淑湍、鄭岳和與劉月珠等。

王淑麗與張淑湍係針對《詩經》中的五倫關係加以析論，王淑麗以爲在父子與兄弟間，因爲有血緣關係的連結，子女對於父母皆能善盡孝道，且藉由追祀祖先表達孝思；兄弟則團結互助、親愛和睦；朋友間則誠心相待、相戒輔仁，與可體現「詩可以群」的觀念，然而在夫婦間，婦女常成爲婚姻變異下的犧牲品，『怨而不怒』的棄婦之情，則是『溫柔敦厚』詩教的體現；君臣間確實體現了「遠之事君」、「主文譎諫」的功能，然而詩教的論述中，卻擴大了臣對君的匡惡功能。〔註 13〕張淑湍則以《詩經》各篇章提及的夫婦、父子、兄弟與君臣等加以分類，除五倫之外，也一併討論《詩經》的社教功能。〔註 14〕

王玲月則專以《詩經》中的孝道思想加以分析，先討論〈小雅‧蓼莪〉，再以歸納法分類《詩經》中與孝道類型相關者，王玲月並將其文本分爲「父母恩德」、「倫理次序」、「不材失怙」、「不得終養」及「後代祭祀」等五類。〔註 15〕

〔註 10〕何佳薇：《肅雝顯相──從《詩經》編纂問題論其文本特性》（新竹：國立清華大學中國文學系碩士論文，2012 年 7 月）

〔註 11〕黃師忠慎：〈理解、運用與解釋：析論孔孟荀在《詩經》學史上的貢獻與意義〉，《東吳中文學報》第 25 期（2013 年 5 月），頁 1～29。

〔註 12〕〔宋〕朱熹：《四書章句集注》（北京：中華書局，1983 年 10 月），頁 28。

〔註 13〕王淑麗：《《詩經》中倫理關係與詩教之研究》（臺北：國立臺灣師範大學國文學系碩士論文，2005 年 6 月）

〔註 14〕張淑湍：《論《詩經》中的品德教育思想》（雲林縣斗六市：國立雲林科技大學漢學資料整理研究所碩士論文，2011 年 1 月）

〔註 15〕王玲月：〈《詩經》孝道思想研究〉，《嶺東通識教育研究學刊》第 1 卷第 3 期（2006 年 2 月），頁 168～179。

　　林素英則分別就〈王風〉十首與〈衛風〉史事詩加以分析，以禮教與禮俗觀念討論其詩教思想與禮教意義。〔註16〕劉月珠則針對禮樂觀及內涵分析，劉月珠先就《詩經》以前音樂淵源的傳承及音樂性加以析論，並討論《詩經》中反映的類型及其呈現意義，劉氏將其分爲「夫婦親屬的和諧歡樂」、「君臣宴飲的齊心共治」與「祭祖迎神的莊嚴肅穆」等三類，認爲將音樂運用的相關篇章中，能具有舉國上下齊心的意義。〔註17〕王珮翎則以《詩經》中所呈現的祖先祭拜活動展現，輔以三《禮》相關敘述，探討商周祭祖禮制與儀式在制度與文化意涵上的呈現。〔註18〕林佳蓉以《詩經》二〈雅〉、三〈頌〉中之德治思想在周文化中之意義與價值，進而觀察其與先秦儒家德治思想之遞嬗關係。〔註19〕鄭岳和則分析〈周南〉十一篇詩篇，透過〈周南〉來闡釋周人對生命的體驗與其理想。〔註20〕

　　除了五倫觀念與禮樂觀之外，尚有希望導正倫理觀念與討論環境倫理的論文，吳如梅針對《詩經》對中學生的美感價值觀加以分析，然而，其論文僅以賦、比、興三種寫作手法加以分析，通篇僅舉八首爲例、全無註腳，文末也以「預期成果」取代結論。閱讀該篇論文時，實覺文中所呈現的內容與其題目相差甚遠。〔註21〕許美珠則以環境倫理加以分類析論，許氏先就《詩經》中的自然價值，如生活中的衣食住行、抒情言志、祭祀活

〔註16〕　林素英：〈論〈衛風〉史事詩的禮教思想〉，收入龐君豪總編輯：《臺灣學術新視野：經學之部》（臺北：五南圖書出版股份有限公司，2007 年 6 月），頁 83～105；林素英：〈論〈王風〉詩中的禮教思想〉，《經學研究集刊》第 6 期（2009 年 5 月），頁 191～206。

〔註17〕　劉月珠：〈「詩經」中禮樂觀之探討〉，《孔孟月刊》第 43 卷第 4 期（2004 年 12 月），頁 8～14；劉月珠：〈「詩經」中禮樂內涵之探討〉，《崇右學報》第 11 期（2005 年 2 月），頁 179～196。

〔註18〕　王珮翎：《《詩經》祖先崇拜研究》（新竹：玄奘大學中國語文學系碩士論文，2008 年 6 月），收入林慶彰主編：《中國學術思想研究輯刊》（新北：花木蘭文化出版社，2015 年 3 月）第二十編第六冊。

〔註19〕　林佳蓉：《《詩經》雅頌中德治思想研究》（臺北縣永和市：花木蘭文化出版社，2013 年 3 月，《中國學術思想研究輯刊》第十五編第一冊），係國立臺灣師範大學國文學系 1988 年之碩士論文。

〔註20〕　鄭岳和：《《詩經·周南》詩篇研究——對人的肯定與祝福》（臺北縣永和市：花木蘭文化出版社，2010 年 9 月，《中國學術思想研究輯刊》第九編，第十三冊），係東海大學哲學系 2003 年之碩士論文。

〔註21〕　吳如梅：〈詩經對中學生美感價值觀影響之研究〉，《塈商學報》第 11 期（2003 年 5 月），頁 13～24。

動等分析，其次透過《詩經》中可見的環境倫理與其現代意義加以討論，提出在《詩經》時代，順應萬物、取之有時、用之有節、尊重生命及與大自然彼此協調等生活方式，以之與人們對現代生態的態度加以比對，並提出檢討。〔註22〕

（三）周秦諸子引《詩》之研究

除孔子之外，周秦諸子亦曾對《詩經》加以分析討論，就筆者所見，此一斷限間有 5 筆資料討論相關問題。盧景商以墨子、道家、法家與《呂氏春秋》對《詩經》的評價加以討論；〔註23〕鄭靖暄針對《左傳》、《國語》、《論語》、《孟子》、《荀子》、《墨子》、《莊子》、《韓非子》及《呂氏春秋》引《詩》內容加以探討，並輔以新出土文獻比對內容。〔註24〕簡澤峰則透過《荀子》引《詩》用《詩》的問題統計分析，並以荀子與孟子在引《詩》、用《詩》方面的差異處，即是「孟子注重『仁德』、『興發』的詩教觀，而荀子更注重《詩》對國家政治、社會風化的影響。」〔註25〕此外，尚有討論采詩、獻詩與孔子刪《詩》與否的相關研究；〔註26〕

（四）關於史事比較之討論

《詩經》除了經學與文學的價值外，亦蘊藏豐富而寶貴的史料。關於以《詩經》與史傳的探討，就筆者所見，共計 10 篇。潘秀玲對於《詩經》與《史記》皆有記載的史事加以比對，分為《詩經》略而《史記》詳者、《詩經》本文可佐證《史記》者、《詩經》可與《史記》相對照者，透過比對二書，可將史事之外的周代社會面貌釐清，顯現出較為完整的古史輪廓；〔註27〕江雅茹

〔註22〕 許美珠：《借鏡《詩經》——探究古今環境倫理思想》（雲林縣斗六市：國立雲林科技大學文化資產維護系碩士論文，2004 年 6 月）。

〔註23〕 盧景商：〈戰國諸子對《詩經》的評價〉，《醒吾學報》第 23 期（2000 年 8 月），頁 79～100。

〔註24〕 鄭靖暄：《先秦稱詩及其詩經詮釋之研究》（臺北：國立臺灣大學中國文學研究所碩士論文，2004 年 7 月）。

〔註25〕 簡澤峰：〈《荀子》引《詩》用《詩》及其相關問題〉，《興大中文學報》第 19 期（2006 年 6 月），頁 265～292。

〔註26〕 何佳薇：《肅離顯相——從《詩經》編纂問題論其文本特性》（新竹：國立清華大學中國文學系碩士論文，2012 年 7 月）。

〔註27〕 潘秀玲：《《詩經》存古史考辨——《詩經》與《史記》所載史事之比較》（臺北縣永和市：花木蘭文化出版社，2006 年 9 月），係國立政治大學中國文學系 1989 年碩士論文。

對《詩經》、《左傳》中所記載的三良事件〔註28〕加以比對、分析，詩人與史家反映出不同層面的歷史觀照；〔註29〕姜龍翔則以《左傳》對魯僖公（生卒年不詳，659B.C.～627B.C.在位）的相關記載，討論〈魯頌·閟宮〉中「閟宮有侐，實實枚枚」的閟宮所在位置、祭祀之人；「新廟奕奕，奚斯所作」的新廟祭祀何人、奚斯所作所指稱的物品為何？〔註30〕劉逸文針對《詩經·國風》幾篇詩篇的詩旨與《春秋》相關歷史進行討論；〔註31〕彭美玲針對〈豳風〉與周公形象加以分析；〔註32〕羅崑林對於〈大雅〉裡所陳述的周代史來探討。〔註33〕

二、漢代

臺灣學者在 1999 至 2015 年間，針對漢代典籍引《詩》、《詩經》與誄銘文等文體、各經學家、美刺說《詩》與《詩》四始、六義的相關研究，共計48 筆，筆者將其繪製成圖表，詳見下圖：「1999 至 2015 年臺灣地區學者漢代《詩經》學研究數據圖」。

〔註28〕三良即春秋時代秦國子車氏之三子奄息、仲行、針虎。《左傳》文公六年載有秦伯任好卒，三良皆被殉葬的事件。

〔註29〕江雅茹：〈試探《詩經》、《左傳》對三良事件的看法（一）〉，《孔孟月刊》第47 卷第 7、8 期（2009 年 4 月），頁 8～15。江雅茹：〈試探《詩經》、《左傳》對三良事件的看法（二）〉，《孔孟月刊》第 47 卷第 9、10 期（2009 年 6 月），頁 27～32。三良事件的分析，尚有洪國樑：〈《詩經·秦風·黃鳥》「三良」死因衡論〉，《世新中文研究集刊》第 9 期（2013 年 7 月），頁 1～37。

〔註30〕姜龍翔：〈關於《詩經·閟宮》的幾點疑義探究〉，收入國立高雄師範大學國文學系主編：《高雄師範大學國文系碩博士班第十七屆所友暨第四屆研究生學術討論會》（高雄：國立高雄師範大學國文學系，2010 年），頁 43～56。

〔註31〕劉逸文：〈《詩經·檜風》詩旨於春秋檜史之研究〉，《龍陽學術研究集刊》第 8 期（2013 年 12 月），頁 37～50；〈《詩經·唐風》詩旨於春秋晉史之研究〉，《華梵人文學報》第 21 期（2014 年 1 月），頁 78～140；〈《詩經·曹風》詩旨於春秋曹史之研究〉，《元培學報》第 21 期（2014 年 12 月），頁 75～93。

〔註32〕彭美玲：〈〈豳風〉傳統《詩》說與周公形象〉，《臺大中文學報》第 40 期（2013 年 3 月），頁 1～53。

〔註33〕羅崑林：《《詩經·大雅》周民族史詩研究》（新竹：玄奘大學中國語文學系碩士論文，2012 年 6 月）。

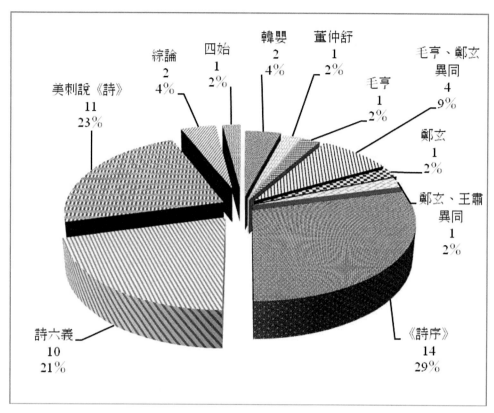

圖 2－3：1999 至 2015 年臺灣地區學者漢代《詩經》學研究數據圖

資料來源：筆者統計並繪製。

在 1999 至 2015 年間，臺灣學者關於漢代《詩經》學的相關研究，可概分為經學家及其著述、《詩序》、美刺說《詩》與詩四始、六義。經學家方面，此一斷限針對韓嬰（200B.C.？～130B.C.，2 筆；4％）、董仲舒（179B.C.～104B.C.，1 筆；2％）、毛亨（生卒年不詳，1 筆，2％）、鄭玄（127～200，1 筆；2％）、毛鄭異同（4 筆；9％）、鄭玄、王肅（195～256）異同（1 筆，2％）及其著述加以探討，此外，針對詩六義（10 筆；21％）、《詩序》（14 筆；29％）、美、刺說詩（11 筆；23％），也有相關討論，以《詩序》及美、刺說《詩》加以探討的研究，在漢代《詩經》學研究中有著較為豐碩的成果。

（一）對《詩序》的討論

對於《詩序》的探討，歷來多關注於作者及其時代的相關討論，就筆者所經眼，共有 14 筆資料，張成秋針對其作者及時代加以析論，探討《詩序》

與史事的關聯，並以〈大序〉與〈小序〉加以分析，討論《詩序》的思想系統。〔註34〕

　　林葉連反對朱子「今但信《詩》，不必信《序》」之說，〔註35〕林氏認爲此句僅是朱子因誤讀《後漢書·儒林列傳·衛宏》所載之內容，所提出的論點。然而，朱子原文其實是要告誡讀者，讀《詩》不可盡信《詩序》，其原文如下：

> 器之問〈江有汜·序〉「勤而無怨」之說。曰：「便是《序》不可信如此。《詩序》自是兩三人作，今但信《詩》，不必信《序》。只看《詩》中說『不我以』、『不我過』、『不我與』，便自見得不與同去之意，安得『勤而無怨』之意？」因問器之：「此詩，〈召南〉詩。……讀書且要逐處沉潛，次第理會，不要班班剝剝，指東摘西，都不濟事。若能沉潛專一看得文字，只此便是治心養性之法。」〔註36〕

朱子回答〈江有汜·序〉中「勤而無怨」之問題時，提出閱讀《詩經》文本即可見「不與同去」，因此未見《詩序》中「勤而無怨」之說。朱子並以此提出讀書方法，應當要在文本中玩味，自然能夠體會出文中本意。

　　林葉連在討論《詩序》作者時，則尚有可商榷之空間。其說云：

> 孔子講授《詩經》時，已道出每一首詩的主旨，但沒有將它們寫定；弟子們記載詩旨，以子夏所記最爲完備，即今人所見《毛詩序》。子夏的其他同學所記的詩旨和子夏所記大同小異，後來變成漢朝齊、魯、韓《三家詩》的序。〔註37〕

林氏並未舉出例證，僅以幾句話交代《詩序》作者。然而，三家《詩》是否有《序》？《毛詩序》是否眞爲子夏所作？歷來有各家說法，林氏未加以析論，僅用簡略語句提出自己的見解，或許較難說服有不同見解的讀者。

　　程元敏則提出關於《詩序》的幾個論點，包括三家《詩》有否《詩序》、

〔註34〕張成秋：《詩序闡微》（臺北縣永和市：花木蘭文化出版社，2006 年 9 月），係中國文化大學中國文學研究所 1975 年博士論文。

〔註35〕林葉連：〈《詩經》學的指南——〈詩序〉〉，《文理通識學術論壇》第 5 期（2001 年 10 月），頁 7～19。

〔註36〕〔宋〕黎靖德輯：《朱子語類》，收入朱傑人等主編：《朱子全書》（上海：上海古籍出版社；合肥：安徽教育出版社，2002 年 12 月），第 17 冊，頁 2778～2779。

〔註37〕林葉連：〈《詩經》學的指南——〈詩序〉〉，《文理通識學術論壇》第 5 期（2001 年 10 月），頁 8。

《毛詩序》作者考訂，並透過史傳有否引用三家《詩》傳與三家《詩》序，加以辯證；〔註38〕廖敬娟列出歷來學者對於《詩序》作者的探討，並討論《詩序》的背景及理論。〔註39〕鄧佳萍透過《毛詩序》討論其中樂的本質與作用，提出《毛詩序》的樂是人心感於外物的結果，且其音樂與道德合而爲一，並發揮樂的德育功能。〔註40〕

盧景商從認知角度、詮釋原則與詮釋方法三方面來討論《毛詩序》，認爲《毛詩序》對《詩經》的認知決定其詮釋原則，在詮釋時具有其系統性，雖然未必可信，但卻也不是望文生義的隨意解釋。〔註41〕蕭開元與侯作珍，則分別以明代幾位學者的《詩序》觀與《詩序》地位在各朝代間的轉變來探討此議題，蕭氏討論了呂柟（1479～1542）、郝敬（1558～1639）、朱朝瑛（1605～1670）與豐坊（1492～1563？）等八位明代學者對於《詩序》的觀點，或尊《序》抑朱、或漢宋兼採、或批評「淫詩說」並闡釋《詩序》教化觀之見解；〔註42〕侯作珍則以《詩序》自漢儒的遵從、宋儒的質疑至民初學者希望瓦解經典意識，批判舊有注疏的討論，能明瞭《詩經》在不同時代被賦予的使用功能及產生不同的詩義詮釋，更了解《詩經》自古至今的轉化情形，侯氏認爲雖不必讀《詩》盡信《詩序》，但也不應以今人研究角度認爲凡傳統則必反。〔註43〕

林思妤則針對《詩經》、《詩序》、《左傳》的關聯加以分析，先討論《詩經》與《左傳》在引用詩句方面的關聯，其次，再分析《詩序》與《詩經》的關聯，再析論《左傳》與《詩序》的連結，以兩兩分析的方式加以討論。林氏認爲《詩》的目的，係爲了讓周天子得以官民風俗，探知民心向背，人臣以詩作爲勸諫的工具以達到勸善懲惡的功效。〔註44〕

〔註38〕程元敏：《詩序新考》（臺北：五南圖書出版股份有限公司，2005 年 1 月）。

〔註39〕廖敬娟：《志情合一：〈詩序〉的歷史記憶》（南投：國立暨南國際大學中國語文學系學士論文，2011 年 6 月）。

〔註40〕鄧佳萍：〈淺析〈毛詩序〉中樂的本質與作用〉，《孔孟月刊》第 45 卷 1、2 期（2006 年 10 月），頁 18～24。

〔註41〕盧景商：〈「毛詩序」的詮釋系統及價值問題〉，《輔仁國文學報》第 15 期（1999 年 10 月），頁 203～232。

〔註42〕蕭開元：《晚明學者的〈詩序〉觀》（臺北：東吳大學中國文學系碩士論文，2000 年）。

〔註43〕侯作珍：〈從詩序地位的轉變看「詩經」價值之重估〉，《孔孟月刊》第 40 卷第 5 期（2002 年 1 月），頁 26～34。

〔註44〕林思妤：《《詩經》、〈詩序〉、《左傳》關聯問題研究》（雲林縣斗六市：國立雲林科技大學漢學資料整理研究所碩士論文，2008 年 6 月）。

丁亞傑（1960～2011）、陳新雄（1935～2012）、車行健亦有藉由《詩序》加以論述的著作，丁氏透過《詩序》詮釋的后妃之德進行討論；〔註45〕陳氏以〈邶風‧燕燕〉探討《詩序》的價值，分別就《詩序》、《毛傳》、鄭《箋》與《毛詩正義》等著述對於〈燕燕〉的敘述進行剖析；〔註46〕車氏則以太史公與班固對於漢代獄治的論述及《詩序》對〈鄭風〉所言加以評述；〔註47〕彭維杰對於漢代《詩序》、《毛傳》、鄭《箋》等典籍加以考查，藉以觀察此三本漢代著述的詩教觀與倫理思想；〔註48〕邱東福則透過《毛詩序》對周代八位天子的評論，梳理《詩序》中對於周天子的形象。〔註49〕

（二）以美、刺說《詩》之論述

〈詩大序〉：「上以風化下，下以風刺上，主文而譎諫，言之者無罪，聞之者足以戒」〔註50〕漢儒常以美、刺說《詩》，就筆者所見，討論此類者，計9筆，茲分析於次。

1. 美、刺說《詩》之概況探討

分析美、刺說《詩》概況的著作，依筆者所見，在此一斷限中以林坤鎮的討論為最早，林氏將《詩經》分為宗教祭祀、宴會、田獵、社會、離亂與男女抒情等類別，再就其中的諷刺詩與讚美詩加以分析，林氏認為，《詩經》中的諷刺詩，皆出於善意提醒，冀望當政者能有所反省、改進。〔註51〕胡楚

〔註45〕丁亞傑：〈《詩經》的自然意象與女性詮釋〉，收入元培科學技術學院國文組主編：《自然的書寫——第三屆主題文學學術研討會論文集》（臺北：萬卷樓圖書股份有限公司，2005年3月），頁165～186。

〔註46〕陳新雄：〈從〈燕燕〉詩看〈詩序〉的價值〉，收入中國詩經學會編：《第五屆詩經國際學術研討會論文集》（北京：學苑出版社，2002年7月），頁439～450。

〔註47〕車行健：〈從「歷史的緘默」中傾聽「發聲的歷史」——以馬、班論漢代獄治與〈毛詩序〉詮釋《詩經‧鄭風》二事為例〉，收入元培科學技術學院國文組主編：《主題文學學術研討會論文集》（臺北：萬卷樓圖書股份有限公司，2002年8月），頁213～238。

〔註48〕彭維杰：《漢代詩教思想探微》（臺北縣永和市：花木蘭文化出版社，2010年9月，《中國學術思想研究輯刊》第九編，第十二冊）。

〔註49〕邱東福：《《毛詩序》中的周天子形象研究》（臺北：銘傳大學應用中國文學系碩士論文，2014年1月）。

〔註50〕〔漢〕毛亨傳、鄭玄箋，〔唐〕孔穎達疏：《毛詩正義》，收入〔清〕阮元校刻：《十三經注疏》（北京：中華書局，1980年10月），頁271中。

〔註51〕林坤鎮：〈談詩經的諷刺詩與讚美詩〉，《國立空中大學共同科學報》第1期（1999年6月），頁119～137。

生則先統計《詩序》中關於美、刺之數量，據其統計，關於《詩序》中提及美、刺者，計有 213 篇，分析其所指涉的對象，再討論《詩序》中無關美刺者所探討的內容。胡氏認爲，美、刺可代表作者由正、反兩面提出的教化理想所在。〔註52〕

　　孫嘉鴻以中國歷代的諷諫傳統加以討論，提及中國諷諫的傳統源遠流長，《詩經》時代即有「以風刺上」的作品，孟子多次以《詩經》人物事例諷諫，漢代施教主張「主文而譎諫」，唐代以降新樂府運動也繼承此一傳統，甚至民國時期也有學者秉持此傳統爲文諷諫。〔註53〕林芹竹則依《詩經》中的諷刺詩析分爲諷刺在位者與諷刺民情兩方面，並析論其諷刺之特色、技巧，透過諷刺詩反映的周代社會，覺察君王的昏昧、天人思想的興起、不良習俗與人性弱點的醜陋。〔註54〕蘇伊文、盧詩青二位以漢代《詩》教爲討論目標，認爲漢代儒生以儒家之通經致用爲最高指導原則，面對君王時，不忘勸諫一番，以《詩經》來行勸諫之用，所以《詩經》話語具有諷諫的意涵。〔註55〕

　　胡琬瑞與鍾瓊華則分別以國風及二雅中的諷刺詩加以析論，胡氏討論〈邶風〉、〈鄘風〉、〈衛風〉之怨刺詩，以君臣相刺、夫婦互怨及兄弟相怨等主題分別探討，並加以分析其詩旨，得出屬於變風的〈邶〉、〈鄘〉、〈衛〉作品，怨刺作品多達半數，且以諷刺君王的作品居多。〔註56〕鍾氏則以二〈雅〉在西周歷王、宣王與幽王等時期的怨刺詩爲探討核心，並將這些詩作依照其怨刺主題加以討論，鍾氏發現，隨著西周進入晚期，帶有憂患意識、自覺意識的作品也隨之增加。〔註57〕

〔註52〕胡楚生：〈詩序與詩教——從〈詩序〉內容看《詩經》的教化理想〉，收入龍宇純先生七秩晉五壽慶論文集編輯委員會編：《龍宇純先生七秩晉五壽慶論文集》（臺北：臺灣學生書局，2002 年 11 月），頁 1～16。

〔註53〕孫嘉鴻：〈詩經采詩說與中國諷諫傳統〉，《嘉南學報‧人文類》第 30 期（2004 年 12 月），頁 381～393。

〔註54〕林芹竹：《《詩經》諷刺詩研究》（臺中：東海大學中國文學系碩士論文，2010 年 6 月）。

〔註55〕蘇伊文、盧詩青：〈爲政治服務的漢代《詩》教實踐〉，《育達科大學報》第 32 期（2012 年 9 月），頁 79～92。

〔註56〕胡琬瑞：《《邶》、《鄘》、《衛》怨刺詩研究》（臺北：國立臺灣師範大學國文學系在職進修碩士班碩士論文，2010 年 6 月）。

〔註57〕鍾瓊華：《《詩經‧二雅》西周晚期怨刺詩研究》（臺北：國立臺灣師範大學國文學系碩士論文，2010 年 6 月）。

2. 以個案討論美、刺說《詩》

葉致均以〈曹風・鳲鳩〉爲析論文本，〈鳲鳩〉全篇中皆是讚美之辭，然而《詩序》卻認爲曹國國君無一擔得起「正是四國」之稱頌，葉氏透過探討〈鳲鳩〉美、刺說產生的理由及鳲鳩生態型態，認爲〈鳲鳩〉全篇皆是讚美之辭，應當是褒揚而非諷刺之詩，然而，因鳲鳩不築巢，將雛鳥置於其他鳥類的巢中，所以近代詮釋者才將此詩引申爲美、刺之詩。〔註 58〕然〈鳲鳩〉列於美、刺之詩，乃是自《詩序》以來即有之，葉氏將其歸屬於近代詮釋者的觀點，較爲不妥。賈承恩透過〈小雅・十月之交〉來討論詩中所刺人物身分，歷來認爲所諷刺的人物多爲天子、皇父及豔妻，賈氏以歷來諸說加以檢討，並提出皇父及豔妻所指涉的人物。〔註 59〕

3. 美、刺說詩的轉變

自鄭玄以降，歷代學者對於正變之說有詳細的辨析，劉德曜整理民國以前的《詩經》正變說，認爲元代以後的學者，因無法滿足正變舊說，提出正變即美刺的說法，明清以降多數以此說法爲大宗，然而劉氏認爲清人魏源（1794～1856）所提出的「四始即正始」、「三篇連奏」的說法較接近於正變說的初衷。〔註 60〕同樣針對風雅正變說來加以討論的，尙有張鴻愷。〔註 61〕然而，自屈萬里（1907～1979）以來，已有多位學者認爲正變之說較無道理，屈先生認爲，「正變之說，本來沒有什麼道理，只是詩學史上的陳跡而已。」張寶三則認爲正變之說寓有勸善的目的。〔註 62〕

（三）詩六義的詮釋

《周禮・春官宗伯・大師》云「（大師）教六詩，曰風，曰賦，曰比，曰

〔註 58〕葉致均：〈〈曹風，鳲鳩〉美刺說探源〉，收入國立高雄師範大學經學研究所主編：《第三屆青年經學學術研討會會議論文集》（高雄：國立高雄師範大學經學研究所，2007 年），頁 141～158。

〔註 59〕賈承恩：〈《詩經・十月之交》中的人物問題〉，《中國語文》第 108 卷第 4 期（2011 年 4 月），頁 63～69。

〔註 60〕劉德曜：〈民國以前各家《詩經》正變說概述〉，《輔大中研所學刊》第 24 期（2010 年 10 月），頁 17～33。

〔註 61〕張鴻愷：〈《詩經》「正變說」析論〉，《國文天地》第 24 卷 3 期（2008 年 8 月），頁 48～52。張鴻愷：〈從詩教傳統論《詩經》「風雅正變」〉，《中華人文社會學報》第 10 期（2009 年 3 月），頁 170～184。

〔註 62〕黃師忠慎：《詩經全注》（臺北：五南圖書出版股份有限公司，2008 年 9 月），頁 14。

興，曰雅，曰頌。」〔註63〕《詩序》稱爲六義，風、雅、頌係依詩的內容性質而區分，賦、比、興則爲作詩的藝術手法。在此一斷限中，針對賦、比、興藝術手法的再詮釋，就筆者所見計有 10 筆，茲分述於次。

丁威仁以「興」義加以詮釋，先臚列出歷來針對「興」義的詮釋並加以述評，再透過譬喻及象徵的比較，提出「興」抽象概念的引喻，比則爲以具體可比的觀察點去取代抽象的意涵。〔註64〕林葉連亦對「興」義重新再作詮釋，認爲「興」義有隱喻手法存在。〔註65〕王靖丰、謝大寧、李正治、歐天發與蔡宗陽同樣進行比、興手法的相關探討，或單獨以比、興手法試論，〔註66〕或以朱子「興而比」與嚴粲「興兼比」二說分析。〔註67〕吳盈靜則針對《毛詩》、鄭《箋》與孔《疏》中的興義加以比較，認爲鄭《箋》係美、刺比興、孔《疏》則是觸物生興〔註68〕；朱孟庭以興取義析論，提出「興全不取義」、「興兼取義」、「興皆取義」等類別，並認爲「興全不取義」之說不可信、「興兼取義」與「興不取義」說則可能只在詩人作詩當下成立，後因時間流轉而環境改變、「興皆取義」則能夠成立。〔註69〕王珮娟透過《毛傳》所列「興詩」與孔子「興、觀、群、怨」詩教觀的比對，得出〈風〉傾向於情感的抒發、〈雅〉注重人際關係的互動、〈頌〉著重於莊重與和諧，同時也證實風雅頌在寫作風格上的差異〔註70〕；

〔註63〕 〔漢〕鄭玄注，〔唐〕賈公彥疏：《周禮注疏》，收入〔清〕阮元校刻：《十三經注疏》（北京：中華書局，1980 年 10 月），頁 796 上。

〔註64〕 丁威仁：〈關於《詩經》「興」義的再詮釋〉，《乾坤詩刊》第 14 期（2000 年 4月），頁 19～25。

〔註65〕 林葉連：〈《詩經》興義的定義、實例及其影響〉，《漢學研究集刊》第 20 期（2015年 6 月），頁 35～72。

〔註66〕 王靖丰：〈詩經比興辨說〉，《文學前瞻》第 5 期（2004 年 7 月），頁 1、3～16；謝大寧：〈比興的現象學——《詩經》詮釋進路底再檢討〉，《南華通識教育研究》第 2 期（2004 年 9 月），頁 1～24；李正治：〈兩漢比興解詩的模式及其形成因素〉，《文學新鑰》第 11 期（2010 年 6 月），頁 31～55；蔡宗陽：〈《詩經》比與興的辨析〉，《中國語文》第 674 期（2013 年 8 月），頁 22～32。

〔註67〕 歐天發：〈《詩》「興而比」、「興兼比」說析論〉，《嘉南學報》第 27 期（2001年 11 月），頁 307～317。

〔註68〕 吳盈靜：〈「毛詩」鄭箋、孔疏「興」義之比較〉，《嘉義大學學報》第 68 期（2000年 2 月），頁 155～160。

〔註69〕 朱孟庭：〈《詩經》興取義析論〉，《東吳中文學報》第 10 期（2004 年 5 月），頁 1～36。

〔註70〕 王珮娟：《論《詩》毛氏傳「興」詩與「興、觀、群、怨」之關係》（桃園：銘傳大學應用中國文學系碩士論文，2011 年 12 月）。

　　此外，肇因於閱讀朱明勳於《孔孟月刊》發表關於賦、比、興手法的討論，〔註71〕趙制陽撰文回應、討論，提出賦、比、興手法係所有詩文都具有的寫作方法，並非僅用於《詩經》。《毛傳》將「興」標於篇首，僅爲提示作法的濫觴，卻未及全篇。朱子《詩集傳》中則逐章標註，對於了解各章作法得以較爲清晰，且賦、比、興不是單獨存在，係「有機的結合」，即可能同時存在於一個句子、一句詩等等。〔註72〕

（四）經學家及其著述

1. 韓嬰（200B.C.？～130B.C.）《韓詩外傳》

　　漢代《詩》學主流齊、魯、韓三家《詩》著作皆已亡佚，僅《韓詩外傳》流傳至今，是書雜取史事、傳說，化用經典、百家之說，就筆者所經眼，此一斷限中有 2 筆資料討論到是書。胡正之以之討論其反映的時代問題，以知人論世的觀點加以析論，其次討論《韓詩外傳》的特色，認爲應當「憂患以戒君」、「貴謙讓而黜驕傲」，並「區分臣吏」，由於韓嬰爲漢代儒者，政治、社會與周秦已有不同，因此「尊道黜勢」係漢儒之同趨。〔註73〕黃皓杏則探討是書體例性質之問題，依照古籍資料加以辯證，其次觀察是書與《詩經》之關聯。黃氏認爲《韓詩外傳》對於王政的期勉最多，且大抵與《毛傳》、鄭《箋》義近旨通，可見《韓詩外傳》可做爲解《詩》之輔助，亦可窺得《韓詩》之部分面貌。〔註74〕

2. 董仲舒（179B.C.～104B.C.）

　　黃師忠愼以董仲舒之「《詩》無達詁」加以分析，認爲孟子「以意逆志」說與董仲舒「《詩》無達詁」說意旨相同。其次，以歷代《詩經》學的研究情形證明《詩》無達詁說，提出三家《詩》亡佚後，《毛詩》獲得毛《傳》、鄭

〔註71〕　朱明勳：〈也談《詩經》的賦比興〉，《孔孟月刊》第 44 卷第 3、4 期（2005年 11 月），頁 5～12。因作者係任教內江師範大學中文系，不在本研究「臺灣學者」的討論範疇，因此，筆者並未將該篇論文列爲討論文本之中。

〔註72〕　趙制陽：〈「賦比興」問題探討〉，《孔孟月刊》第 46 卷第 5、6 期（2008 年 2月），頁 16～24。

〔註73〕　胡正之：〈略論《韓詩外傳》所反映之時代問題〉，收入輔仁大學中國文學系主編：《周秦兩漢論叢》第一輯（臺北：洪葉文化出版社，1999 年），頁 27～47。

〔註74〕　黃皓杏：《《韓詩外傳》引《詩》說理研究》（臺中：國立中興大學中國文學系碩士論文，2011 年 6 月）。

《箋》及孔穎達《正義》的支持，卻未獨尊；朱子《詩集傳》被當作科舉標準本，後代仍出現批判朱子《詩集傳》的著述；古代已有相當多《詩經》學著作，然而仍有新作、新解出現，此皆為《詩》無達詁的實證。〔註75〕

3. 毛亨、鄭玄（127～200）《詩經》學析論

針對毛《傳》的相關討論，就筆者所見僅柯岳君 1 筆。柯氏透過整理《詩經》各篇詩旨，對毛《傳》釋詩及《詩序》論點異同加以分析，並辯證毛《傳》與《詩序》是否為同一人之作，然而據柯氏統計，毛《傳》與《詩序》完全不同者與不盡相同者已逾 60%，據此認為二者並非同一人之作，再加以析論孰先孰後。〔註76〕

關於毛、鄭《詩經》學的討論，就筆者所見計有 4 筆。車行健透過分析毛、鄭二氏解經成果的討論，分析其解《詩》目標、理論依據，並對毛、鄭二氏的解經學加以反省。〔註77〕盧詩青則針對《詩序》、毛《傳》、鄭《箋》之詩教，並臚列歷代詩教之概況，五、六章則討論漢代詩教之意識形態與理論實踐。〔註78〕江乾益透過鄭玄的「風雅正變」說與《毛詩序》的關聯。〔註79〕林菁菁則針對毛、鄭比興解詩的觀點進行考察。〔註80〕

4. 鄭玄、王肅（195～256）《詩經》學析論

鄒純敏透過比對鄭玄、王肅二氏之《詩經》學著述，析出鄭《箋》、王《注》

〔註75〕黃師忠慎：〈董仲舒「《詩》無達詁」說析論〉，《鵝湖》第 25 卷第 5 期（1999 年 11 月），頁 1～15。收入氏撰：《朱子《詩經》學新探》（臺北：五南圖書出版股份有限公司，2002 年 1 月），頁 185～211。

〔註76〕柯岳君：《毛《傳》說詩義研究》（新竹：玄奘大學中國語文學系碩士論文，2005 年 6 月）。

〔註77〕車行健：《毛鄭《詩經》解經學研究》（臺北縣永和市：花木蘭文化出版社，2007 年 3 月，《古典文獻研究輯刊》第四編第九冊），係國立中央大學中國文學系 1991 年碩士論文；車行健：《釋經以立論：漢代毛鄭詩經經解的思想探索》（臺北：里仁書局，2011 年）；車行健：〈經典詮釋中的思想史——關於《釋經以立論——漢代毛鄭詩經經解的思想探索》〉，《人文與社會科學簡訊》第 16 卷第 1 期（2014 年 12 月），頁 59～66。

〔註78〕盧詩青：《詩序毛傳鄭箋詩教意識形態之探析》（臺中：國立臺中教育大學語文教育學系博士論文，2010 年 6 月）。

〔註79〕江乾益：〈鄭玄「風雅正變說」申〈毛詩序〉探論〉，《興大中文學報》第 27 期（2010 年 6 月），頁 67～88。

〔註80〕林菁菁：《漢代毛傳鄭箋比興說《詩》研究》（花蓮：國立東華大學中國語文學系博士論文，2013 年 7 月）。

的共相及差異。據鄒氏分析，鄭、王二氏皆認爲《詩》有美、刺之作用、皆以《詩序》爲孔學正統，說《詩》大抵不背《詩序》等；相異之處則爲鄭玄屢以讖緯解經，王肅所體會則不含讖緯之說。〔註81〕

此時期對於漢代《詩經》學的論述，除了以經學家及一些基本問題如六義、《詩序》等問題的述評外，尚有對於漢代典籍引用《詩經》、四始說的考證，〔註82〕更有將漢代《詩經》學與誄銘文互相對照的論述，藉以梳理漢代《詩經》的擴散及其對誄銘文的影響。〔註83〕

三、南朝梁及唐代

1999 至 2012 年間，臺灣學者對於六朝及唐代《詩經》學的相關討論，六朝方面僅南朝梁人劉勰（465？～？）一位；唐代亦僅陸德明（550？～630？）與孔穎達（574～648）二位，計有 5 筆資料加以討論，茲臚列分述於次。

（一）劉勰

賴欣陽認爲歷來針對劉勰《詩經》學的討論，皆由文學詮釋爲主，因此從經學角度出發，分析劉氏對兩漢以來《詩經》詮釋傳統的吸收與轉化，並以六項論點論證劉勰爲古文學派的儒者。又因劉勰之《詩經》論述歸本於鄭玄，鄭玄學術雜揉今、古文及讖緯，因此劉勰學說亦有《齊詩》、《魯詩》之說法。〔註84〕

（二）陸德明

太老師李威熊以陸德明《經典釋文》分析陸氏之經學觀與其在經學史上

〔註81〕鄒純敏：《鄭玄王肅《詩經》學比較研究》（臺北縣永和市：花木蘭文化出版社，2009 年 3 月），係國立臺灣大學中國文學系 1992 年碩士論文。

〔註82〕張錦少：〈兩漢典籍引《詩》頻率考〉，《先秦兩漢學術》第 20 期（2013 年 9 月），頁 77～103。黃佳雯：〈詩經學「四始」說之探考〉，《中國語文》第 685 期（2014 年 7 月），頁 88～93。

〔註83〕龔家祺：《漢代《詩經》學與誄銘文關係研究》（高雄：國立高雄師範大學經學研究所碩士論文，2014 年 7 月）。

〔註84〕賴欣陽：〈劉勰的《詩經》論述〉，《淡江人文社會學刊》第 13 期（2002 年 12 月），頁 1～30；賴欣陽：〈《文心雕龍》的《詩經》論述〉，收入中國詩經學會編：《第五屆詩經國際學術研討會論文集》（北京：學苑出版社，2002 年 7 月），頁 233～269。

的貢獻，陸氏採古文家之說，提及著述皆以成書之先後順序排列、重視《詩》之教化功能。〔註85〕

（三）孔穎達

黃錦鋐（1922～2012）歸納孔穎達《毛詩正義》之特點，認爲是書統一南北學術思想及古今文字。將南北學術思想整合後，有南學卻無北學，受到較多學者的攻擊，然而，這是時代思潮發展的趨勢。〔註86〕張寶三則就形式結構、詮釋內容、傳承發展與詮釋得失等四方面，論述《毛詩注疏》對《詩經》的詮釋，張氏認爲是書闡揚《詩經》在政治教化上之作用，因此常以「禮」之角度詮詩。〔註87〕

本節分析了在 1999 至 2015 年間，臺灣學者針對周秦至唐代的《詩經》學研究。在周秦方面主要以儒家詩教爲論述主軸，或以《論語》討論《詩經》；或以儒家觀點討論現代倫理觀念。並以《左傳》、《史記》等史傳與《詩經》文本加以分析周代史事。漢代方面則以《詩序》與美刺說《詩》的討論爲多，南朝梁方面僅有以劉勰之的經學進行討論者；唐代則透過討論陸德明的經學觀、孔穎達的著錄特點及其詮釋得失。

第三節　對宋代至明代《詩》說的詮釋

一、宋代

臺灣學者在 1999 至 2015 年間，針對宋代《詩經》學研究共計 74 筆，筆者將這些研究數據繪製成下圖，詳見下圖：「1999 至 2015 年臺灣地區學者宋代《詩經》學研究數據圖」。

〔註85〕李威熊：〈陸德明之經學觀及其在經學史上之貢獻〉，收入逢甲大學中國文學系主編：《六朝隋唐學術研討會論文集》（臺北：文史哲出版社，2004 年 7 月），頁 351～371。

〔註86〕黃錦鋐：〈孔穎達《毛詩正義》的特點〉，《孔孟月刊》第 37 卷第 12 期（1999 年 8 月），頁 1～4。

〔註87〕張寶三：〈《毛詩注疏》之《詩經》詮釋及其得失〉，《臺大中文學報》第 20 期（2004 年 6 月），頁 1～40。

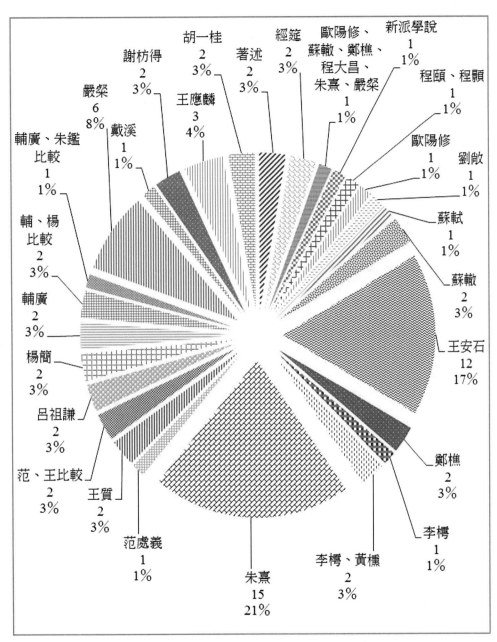

圖 2－4：1999 至 2015 年臺灣地區學者宋代《詩經》學研究數據圖

資料來源：筆者統計並繪製。

　　由上圖可知，臺灣學者在此一斷限中，對於宋代《詩經》學的研究，
著重於對經學家的著作加以闡釋，共計探討二程（程顥〔1032～1085〕、程

頤〔1033～1107〕；1 筆）、歐陽修（1007～1072；2 筆）、劉敞（1019～1068；
1 筆）、王安石（1021～1086；12 筆）、蘇軾（1037～1101；1 筆）、蘇轍（1039
～1112；3 筆）、鄭樵（1104～1162；3 筆）、程大昌（1123～1195；1 筆）、
李樗（1 筆）、朱子（1130～1200；15 筆）、范處義（生卒年不詳，南宋紹
興 24 年〔1154〕進士；1 筆）、王質（1135～1188；2 筆）、呂祖謙（1137
～1181；2 筆）、楊簡（1141～1226；2 筆）、輔廣（生卒年不詳，南宋寧宗
嘉定年間〔1208～1214〕尚在；2 筆）、嚴粲（1197～？；6 筆）、戴溪（？
～1215；1 筆）、謝枋得（1226～1289；2 筆）、王應麟（1222～1296；3 筆）、
胡一桂（1247～？；2 筆）等 20 位經學家著作、經學家作品比較 6 筆、宋
代著述考 2 筆及宋代專門爲天子講授經典、啓發君王的經筵官所撰寫的經
筵講義 2 筆，茲分別敘述於次。〔註88〕

（一）考察宋代《詩經》學著述

陳文采考察宋代《詩經》著述的內容、影響及存佚情形，透過文獻整理，
探討宋代《詩經》學之特質。陳氏共考察現存書目 39 種、輯佚書錄 9 種，皆
析分爲作者、內容、評述與卷本四項敘述，至於未見書目有百餘筆，陳氏則
依照尚可考者略述。〔註89〕

楊晉龍則分析宋代陸佃《埤雅》與《詩經》的關聯，透過《埤雅》與《詩
經》文本關聯的考查，分析《埤雅》被引述進宋代《詩經》專著的內容，並
推敲何以爲之？〔註90〕

（二）為君王講學的經筵官及其講義

爲君王講學或與帝王討論學問的歷史，目前可推至漢宣帝的石渠閣會議

〔註88〕圖表的統計數據係以專書、專書論文、期刊論文與學位論文篇名提供之研究
主題爲主，後面敘述之文字則以文章中實際進行的經學家研究爲統計數據。
如：黃師忠慎於《宋代《詩經》學探析——以歐陽修、蘇轍等六家爲中心的
考察》一書中，透過歐陽修等六家進行探討，在圖表中筆者將其獨立爲 1 筆
資料顯示，而文字敘述則將其析分爲 6 筆在各作家中呈現。參氏撰：《宋代《詩
經》學探析——以歐陽修、蘇轍等六家爲中心的考察》（臺北縣永和市：花木
蘭文化出版社，2009 年 9 月）。
〔註89〕陳文采：《兩宋《詩經》著述考》（臺北縣永和市：花木蘭文化工作坊，2005
年 12 月），係東吳大學中國文學系 1988 年碩士論文。
〔註90〕楊晉龍：〈論《埤雅》及其在宋代《詩經》專著中的傳播〉，《中國學術年刊》
第 35 卷春（2013 年 3 月），頁 25～61。

（或稱「石渠議奏」），經筵制度則到北宋年間始確立，由專門官職的儒生在固定場所及時間，對皇帝一人講授經史、傳授經典，經筵官在講學前均須撰寫講義。在本斷限間，亦有彭莉婷、蔡宜君等兩筆學位論文是從經筵講義的面向著手。〔註91〕

（三）提倡《詩經》本義

1. 新派學說討論

宋代新舊二派學說，大抵以是否依從《詩序》、毛《傳》及鄭《箋》，作為解《詩》方式而區分。簡澤峰以宋代新派學說加以析論，透過宋代經學家對《詩序》、毛《傳》、鄭《箋》的依循與否，分項闡釋，再探討新派學者說《詩》的可能原因。〔註92〕

2. 倡導經世致用之學——大小程子

邱培超從二程對《詩經》、《詩序》與四始六義等面向進行討論，認為二程是屬於尊《序》派的代表，並提出二程在《詩經》的持論上，是認為當走向經世致用、通經致用的實踐，同時亦有教化意圖，因為二程希望透過經書的研治，能將《詩經》中的意義加以落實。〔註93〕

3. 首出異說、議論毛、鄭——歐陽修

歐陽修為宋代首出異說，議論毛、鄭者。黃師忠慎討論歐公之《詩經》學時，透過歐公傳略、《詩本義》之體例、主要見解及前人對於歐公之評介加以探討，認為歐公確信《詩序》多得聖人之旨，因此常取《序》說為證。黃師忠慎認為歐公強烈反對改字解經的態度、態度嚴謹，不妄立異論，並認為《詩序》有其價值，然非子夏所作。〔註94〕

〔註91〕彭莉婷：《宋代經筵講義探析——以廖剛《詩經講義》與袁燮《絜齋毛詩經筵講義》為例》（新北：淡江大學中國文學系碩士論文，2015年6月）；蔡宜君：《袁燮《絜齋毛詩經筵講義》述論》（嘉義：國立嘉義大學中國文學系碩士論文，2015年7月）。

〔註92〕簡澤峰：《宋代《詩經》學新說研究》（彰化：國立彰化師範大學國文學系博士論文，2008年5月）。

〔註93〕邱培超：〈二程《詩經》學中的經世思想〉，《空大人文學報》第23期（2014年12月），頁97～125。

〔註94〕黃師忠慎：〈歐陽修之《詩經》學〉，收入氏撰：《宋代《詩經》學探析——以歐陽修、蘇轍等六家為中心的考察》（臺北縣永和市：花木蘭文化出版社，2009年9月），頁91～96。

趙明媛由《詩》觀、詮釋觀、詩義觀三方面，對於歐陽修《詩本義》進行分析。發現是書之《詩觀》發揚《詩》的諷喻功能，作詩者以諷喻功能美刺當時社會，觀詩者以諷喻功能觀察時代與民風的盛衰，錄詩者透過諷諭功能寄寓垂訓後世的理想，讀詩者藉其以達到敦勵德行之目的。關於讀詩者應有的詮釋態度，歐公提出「不應曲成己說而汩亂經義」、「不應穿鑿附會」、「不應好奇喜怪」，認為聖人之志是詮釋時必須遵守的，《詩序》則不可一味盲從。然而，一旦歐公接受《詩序》所說，則會全盤接受，以〈序〉言為詩之本義。趙氏認為歐公《詩本義》並未提出超越傳統《詩》說的見解，其價值係在舊有《詩》說觀點及理論上，發展出新的解釋。〔註95〕

4. 疑經疑傳，並以己意解讀——劉敞

洪文雄以劉敞《七經小傳·毛詩》在唐宋間的影響為討論主題，分析是書的解《詩》進路，探討是書對於《詩經》學史的影響，認為《七經小傳》反映當時經學趨向，係疑經疑傳，並以己意解讀。〔註96〕

5. 提倡《詩經》教化功能，以重塑士大夫精神品格——王安石

此一斷限中，王安石《詩經》學說以《詩經新義》為主要探討核心。張鴻愷透過王氏「以《禮》解《詩》」之詩學觀念，張氏認為王安石欲發揮《詩經》之教化功能，重塑士大夫的精神品格，減低其變法的阻力。然而，王氏對於《詩經》文本之詮，已淪為政治權力語言，與王氏原先想透過「《詩》、《禮》相解」以教化民風的初衷甚遠；〔註97〕黃師忠慎亦對王氏以法解《詩》、以《禮》解《詩》的主張有相關論述。〔註98〕

黃靖玟則分析《詩經新義》在《詩經》學研究的評價。認為尊《序》、反《序》二派不足以標誌是書的獨到之處。王氏強調「以己意說詩」，為後人大量繼承，然而，王氏也將《詩經》視為政治教科書，為達到其政治目

〔註95〕趙明媛：《歐陽修《詩本義》探究》（臺北縣永和市：花木蘭文化出版社，2009年3月），係國立中央大學中國文學系1989年碩士論文。

〔註96〕洪文雄：〈劉敞《七經小傳·毛詩》在唐宋《詩經》學轉變的地位探析〉，《興大中文學報》23期（2008年6月），頁235～262。

〔註97〕張鴻愷：〈王安石「以《禮》解《詩》」的《詩經》學〉，《弘光人文社會學報》第5期（2006年11月），頁87～101。

〔註98〕黃師忠慎：〈王安石以「法」解《詩》的詮釋精神與特質〉，《臺大中文學報》第47期（2014年12月），頁47～88。

的，透過聖賢經典的再詮釋，讓王氏所主導的變法能舉得理論上的依據。〔註99〕張琬瑩則析論《詩經新義》的解詩方法，認為在疑經多盛行之時，王氏仍維護《詩序》之政教主旨，亦於是書中，對君子與小人的觀點提出見解。〔註100〕

　　至於吳依凡與廖育菁，則透過王氏的《三經新義》加以探討。前者討論《三經新義》與其新學的交互關係，在注解時以己意為取捨，不像漢、唐舊注秉持「疏不破注」的原則，然而，在《詩經新義》的詮解上，王氏大量依循《詩序》的說解來闡揚《詩經》的義理；〔註101〕後者則透過是書的亡佚與輯佚情形、解經特色及其富含禮儀、處世態度的內容加以討論。廖氏更有其他討論王安石的治《詩》特色、解《詩》態度等論述。〔註102〕

6. 蘇軾、蘇轍的《詩經》學觀點

　　鄭芳祥透過蘇軾〈《詩》論〉對《詩經》加以析論，說明蘇軾在經學方面提出「六經近於人情」的觀點。透過鄭氏該文的觀察，提出無論經學與文學，蘇軾「近於人情」的觀點是不曾改變的。〔註103〕

　　至於蘇轍，黃師忠慎透過《詩經》本文、毛《傳》、鄭《箋》及蘇轍《詩集傳》相互比對，得出：

〔註99〕黃靖玟：〈王安石《詩經新義》在宋代詩經學研究之定位商榷〉，收入國立高雄師範大學經學研究所主編：《青年經學學術研討會會後論文集》（高雄：國立高雄師範大學國文系，2009 年）。

〔註100〕張琬瑩：〈王安石《詩經新義》的「君臣」與「君子小人」觀〉，《東吳中文研究集刊》第 18 期（2012 年 9 月），頁 129～158。

〔註101〕吳依凡：《《三經新義》與王安石新學的形成》（臺北：國立政治大學中國文學系碩士論文，2011 年 7 月）。

〔註102〕廖育菁：《王安石《詩經新義》研究》（臺北：國立政治大學中國文學研究所博士論文，2012 年 10 月），關於王氏《詩經新義》的輯佚情形，另可參氏撰：〈胡一桂引〔（宋）王安石著〕《詩經新義》佚文考〉，《書目季刊》第 43 卷第 4 期（2010 年 3 月），頁 47～62；〈論王安石崇尚周公人臣之勇——以《詩經新義》為本〉，《臺北大學中文學報》第 14 期（2013 年 9 月），頁 119～139；〈論王安石治《詩》的歷程〉，《孔孟月刊》第 52 卷第 1、2 期（2013 年 10 月），頁 45～52；〈王安石《詩經新義》解經特色——循古篇〉，《中國文化大學中文學報》第 27 期（2013 年 10 月），頁 75～92；〈古法釀新義——論王安石解《詩》〉，《孔孟月刊》第 52 卷第 11、12 期（2014 年 8 月），頁 40～51；〈王安石以禮解《詩》——以《詩經新義》為本〉，《嘉大中文學報》第 10 期（2015 年 3 月），頁 1～40。

〔註103〕鄭芳祥：〈蘇軾〈《詩》論〉析探〉，《大陸雜誌》第 104 卷第 1 期（2002 年 1 月），頁 34～43。

蘇轍《詩集傳》於經文之說解，多採自毛《傳》、鄭《箋》，於毛鄭
有未安之處，乃以己意說之，此所以《四庫全書總目提要》爲其「不
激不隨」也；然以其說平實保守，故周中孚評其「不過融洽舊說，
未見有出人意表者」。〔註104〕

黃師忠愼歸納出蘇轍《詩集傳》解《詩》時，多依從毛《傳》、鄭《箋》所言，
於理未安時，再以己意說明之，可見蘇轍能獨抒己見、不迷信舊說。陳明義
則以蘇轍「批判司馬遷在《史記・宋微子世家》持《韓詩》看法，謂《商頌》
爲春秋時代正考父頌美襄公的詩」、「批判班固在《漢書・禮樂志》、《兩都賦・
序》中所持『王澤竭而詩不作』的觀點」、「批判毛公釋《大雅・生民》所言
后稷是姜嫄與帝嚳相配而生的說法」、「批判鄭玄定〈小雅・十月之交〉、〈雨
無正〉、〈小旻〉、〈小宛〉四詩爲歷王時代的詩」等說法，認爲蘇轍抱持「回
歸原典」的治經態度，對漢儒說《詩》進行批判。〔註105〕

此外，關於蘇轍在《詩經》方面學術思想的討論，尚有吳叔樺透過其著
作考述及經學思想加以討論之。〔註106〕

7. 專斥毛、鄭與《詩序》——鄭樵

鄭樵《詩辨妄》專斥毛、鄭及《詩序》，另立己意以說《詩》。黃師忠愼
透過考察鄭氏傳略、《詩辨妄》的主要見解與前人對鄭樵優劣不一的評介，認
爲其說「雖多尙待定，然其爲學之精神及新穎之見解，未嘗不可予後人莫大
之啓示。」〔註107〕吳玫燕亦以鄭樵之《詩經》學爲探討目標，透過其生平、
著作、詮《詩》方法與其《詩》史觀加以討論；〔註108〕邱碧瑩則透過《四庫
全書總目》對鄭樵的評價進行分析。〔註109〕

〔註104〕黃師忠愼：〈蘇轍之《詩經》學〉，收入氏撰：《宋代《詩經》學探析——以歐
陽修、蘇轍等六家爲中心的考察》（臺北縣永和市：花木蘭文化出版社，2009
年 9 月），頁 153。

〔註105〕陳明義：《蘇轍《詩集傳》研究》（臺北縣永和市：花木蘭文化出版社，2007
年 9 月，《古典文獻研究輯刊》第五編第十五冊）。

〔註106〕吳叔樺：《蘇轍學術思想研究》（高雄：國立高雄師範大學國文學系博士論文，
2006 年 6 月），頁 31～32、98～123。

〔註107〕黃師忠愼：〈鄭樵之《詩經》學〉，收入氏撰：《宋代《詩經》學探析——以歐
陽修、蘇轍等六家爲中心的考察》（臺北縣永和市：花木蘭文化出版社，2009
年 9 月），頁 224。

〔註108〕吳玫燕：《鄭樵《詩經》學研究》（嘉義：國立嘉義大學中國文學系碩士論文，
2013 年 1 月）。

〔註109〕邱碧瑩：〈《四庫全書總目》對鄭樵《詩經》學評價析論〉，《有鳳初鳴年刊》
第 11 期（2015 年 10 月），頁 1～18。

8. 尊重〈首序〉——程大昌

程大昌尊《序》或反《序》，是歷來學者爭論的問題，黃師忠慎依簡澤峰之觀察，認為程大昌對於《詩序》，贊同有之；反對亦有之，是故造成學界的爭論，然而，黃師忠慎認為程氏尊重〈首序〉，因此不應稱之為廢《序》派，程氏亦立新說，符合宋代當時的說《詩》潮流。〔註110〕

9. 尊重《詩序》並修正部分《序》說——朱子

朱子在注經、釋經的成果在經學史上造成極大的影響，《詩集傳》被列為明、清二代的教材。黃師忠慎提出：

> 朱子說《詩》，不以先儒之訓釋為金科玉律，然亦不似鄭樵者流，必去毛鄭而後快。……雖然，《詩序》之有誤，而卻有一二可採者，朱子亦不輕易放過，……《序》說見於書傳，而於詩文未能確考者，朱子亦「姑從《詩序》」，……可見朱子之尊重《序》說，此一是非分明之態度，實非一般鑿空立說者所可相提並論。〔註111〕

黃師忠慎認為，朱子說《詩》時，能夠探求詩人本旨，然而《詩序》有可取之處，亦不偏廢，這種是非分明的解經態度，亦對後世的詩義詮釋觀點產生變化。黃師忠慎再以朱子《詩序辨說》探討二〈南〉二十五篇詩文，發現《詩序辨說》著書之意不在推翻《序》說，而是希望修正《詩序》，因為若無提倡教化的《詩序》，《詩經》便無法作為教化之工具。〔註112〕

　　彭維杰則透過討論朱子擁《序》、反《序》、著述、「淫詩說」等論點等分析朱子的詩教思想內涵，並對朱子詩教與漢學之比較、思想價值加以析論，〔註

〔註110〕黃師忠慎：〈程大昌之詩經學〉，收入氏撰：《宋代《詩經》學探析——以歐陽修、蘇轍等六家為中心的考察》（臺北縣永和市：花木蘭文化出版社，2009年9月），頁273。

〔註111〕黃師忠慎：〈朱子之《詩經》學〉，收入氏撰：《宋代《詩經》學探析——以歐陽修、蘇轍等六家為中心的考察》（臺北縣永和市：花木蘭文化出版社，2009年9月），頁363。

〔註112〕黃師忠慎：〈朱子《詩序辯說》新論——以二〈南〉二十五篇為中心的考察〉，收入氏撰：《朱子《詩經》學新探》（臺北：五南圖書出版股份有限公司，2002年1月），頁3〜58。此外，黃師對於朱子《詩經》學的探討，尚有針對其「淫詩說」所作的評論，詳參氏撰：黃師忠慎：〈朱熹「淫詩說」衡論〉，《靜宜中文學報》第6期（2014年12月），頁1〜28。

〔註113〕彭維杰：《朱子詩教思想研究》（臺北縣永和市：花木蘭文化出版社，2009年3月）；彭維杰：〈朱熹「淫詩說」理學釋義〉，《彰化師大國文學誌》第11期（2005年12月），頁63〜83。

113〕再針對朱傳舊說加以討論。〔註 114〕林均珈亦以《詩序》、朱子的詮釋及其道德教化觀點來討論朱子《詩經》觀，〔註 115〕然而，林氏將朱子提倡道德教化的觀點，認爲是朱子的缺點。筆者以爲，朱子作爲宋代教育家，提倡《詩經》有其教化功能，係朱子之特色，林氏逕將此項作爲朱子缺失，難免有於理未安之處。

姜龍翔透過考察朱子《詩經》學及《尚書》學，分析其義理思想，提出「定位《詩》、《書》爲《四書》之後，《五經》之首的閱讀次序」、「運用《四書》所建構觀點閱讀《詩》、《書》」、「將《詩經》解釋成政治教化下情性反映的詩篇」、「設定《尚書》爲三代聖人之心的展現」、「對自身學術及後世經學思想產生重大影響」等五項作爲朱子解讀《詩經》、《尚書》的見解。〔註 116〕關於朱子解《詩》的相關討論，尚有盧淑美、黃智群、劉原池、史甄陶與楊子慧等人之作。〔註 117〕

10. 主張廢《序》，認為《詩經》乃聖人之言——王質

王質在經學史家的論述中，屬於廢《序》派。然而黃師忠愼考察王氏《詩總聞》，發現王氏雖主張廢《序》，並以己意說《詩》，卻仍認爲《詩經》係聖

〔註 114〕彭維杰：〈朱子詩傳舊說探析〉，《國文學誌》第 3 期（1999 年 6 月），頁 75～102。

〔註 115〕林均珈：〈朱熹的《詩經》觀（1）〉，《孔孟月刊》第 49 卷第 7、8 期（2011 年 4 月），頁 35～40；林均珈：〈朱熹的《詩經》觀（2）〉，《孔孟月刊》第 49 卷第 9、10 期（2011 年 6 月），頁 11～18。

〔註 116〕姜龍翔：《朱子《詩》《書》學義理思想研究》（高雄：國立高雄師範大學國文學系博士論文，2011 年）；姜龍翔：〈朱子由《四書》所建構之《詩經》學基礎思維探源〉，《新竹教育大學人文社會學報》第 5 卷第 2 期（2012 年 9 月），頁 1～49。除此之外，姜氏對於朱子《詩經》學的討論，尚有透過「淫奔詩」、〈國風〉刺詩的角度著手的論述，詳參氏撰：〈朱子「淫奔詩」篇章界定再探〉，《臺北大學中文學報》第 12 期（2012 年 9 月），頁 77～102；〈論朱子詮釋〈國風〉怨刺詩之教化意涵〉，《臺中教育大學學報・人文藝術類》第 28 卷第 1 期（2014 年 6 月），頁 1～22。

〔註 117〕盧淑美：〈論朱熹解《詩經》的觀念與方法〉，《遠東通識學報》第 3 卷第 2 期（2009 年 7 月），頁 85～103；黃智群：〈從《朱子語類》看朱熹論程頤說《詩》之超越〉，《東方人文學誌》第 4 卷第 4 期（2005 年 12 月），頁 149～166；劉原池：〈朱熹之《詩》學解釋學〉，《人文社會科學研究》第 3 卷第 1 期（2009 年 3 月），頁 37～50；史甄陶：〈「興於《詩》」——論朱熹讀《詩經》之法〉，《當代儒學研究》第 17 期（2014 年 12 月），頁 21～48；楊子慧：〈宋代「淫詩說」〉，《東吳中文線上學術論文》第 27 期（2014 年 9 月），頁 87～100。

人之言。並提出宋代新、舊二派大抵對傳統保持相當尊重的態度。〔註118〕

11. 對朱子《詩集傳》加以輔翼，並修正朱說──輔廣、胡一桂

輔廣《詩童子問》闡揚的朱子《詩集傳》，並對以《詩序》為主導的漢學詮《詩》體系大加撻伐。陳明義透過輔氏傳略、《詩童子問》的撰作體例、詮《詩》內容與特點加以探討。陳氏提出輔廣發揚朱子之說，卻又修正朱說，陳氏認為輔氏在羽翼朱說、傳佈與奠立宋學新傳統有其價值所在。〔註119〕黃師忠慎則透過輔廣的解經形式及特質析論《詩童子問》，認為是書係朱子《詩經》學體系建構完畢之補充著作。〔註120〕

胡一桂有《詩集傳附錄纂疏》，針對朱子《詩集傳》一書進行統整及疏解，根據劉成群、張圻清等人的研究，胡一桂相當推崇朱子之學，然而並未全然依照朱子解《詩》的角度詮解，而是透過各種方式去輔翼朱子之學。〔註121〕

12. 心學傳承者，呈現個人對心學的體悟──楊簡

楊簡為南宋理學家陸九淵（1139～1193）之弟子，其所撰之《慈湖詩傳》係「以心解《詩》」之作。黃師忠慎以楊氏著作為討論目標，認為是書「表面在解釋經典，內裡卻是以發揮個人對心學的體悟為主」、「屢屢強調求己正心勝過閱讀經典文本的意見」，再透過楊氏對《毛詩序》的批評，提出其所賦予的詩篇新意，能引起的迴響雖然有限，卻能獲得心學與經學愛好者的共鳴。〔註122〕

〔註118〕黃師忠慎：〈王質《詩總聞》新論〉，《國家圖書館館刊》97 年第 1 期（2008年 6 月），頁 113～138，收入氏撰：《范處義《詩補傳》與王質《詩總聞》比較研究》（臺北：文津出版社，2009 年 2 月），頁 43～96。陳昀昀亦對王質《詩總聞》有所討論，詳參氏撰：《王質《詩總聞》研究》（新北：花木蘭文化出版社，2008 年 3 月，《古典文獻研究輯刊》第六編第六冊），係陳氏於東海大學 1986 年之碩士論文所增訂刪改之作。

〔註119〕陳明義：〈輔廣《詩童子問》初探〉，《修平人文社會學報》第 7 期（2006 年 9月），頁 55～103。

〔註120〕黃師忠慎：〈輔廣《詩童子問》新論〉，《臺大中文學報》第 32 期（2010 年 6月），頁 325～358。

〔註121〕劉成群：〈胡一桂《詩集傳附錄纂疏》初探〉，《中國文哲研究通訊》第 23 卷第 2 期（2013 年 6 月），頁 203～223；張圻清：《胡一桂《詩集傳附錄纂疏》研究》（臺北：臺北市立大學中國語文學系碩士論文，2014 年 1 月）。

〔註122〕黃師忠慎：〈心學語境下的《詩經》詮釋──楊簡《慈湖詩傳》析論〉，《東吳中文學報》第 19 期（2010 年 5 月），頁 231～254；黃師忠慎：〈《詩經》註我，我註《詩經》──楊簡《慈湖詩傳》再探〉，《東吳中文學報》第 21 期（2011年 5 月），頁 147～172。

（四）以《序》說解經

1. 尊《序》以護衛漢代以來的研究傳統——范處義

范處義作為尊《序》派的傳承者，其著作《詩補傳》尊經信《序》，經學研究者泰半將其直接歸屬於守舊派即不再談論，然而，黃師忠慎透過探討范氏《詩補傳》之解經特質，認為范氏尊經信《序》係為了護衛自漢代以來即樹立的《詩經》研究傳統，並以互文性角度觀察，提出范處義與宋代以來新派的說《詩》者未必為對立關係，僅是對傳統《詩經》學的界定與接受程度的差別而已。〔註123〕

2. 遵守〈首序〉，提倡教化觀——呂祖謙、戴溪

呂祖謙《呂氏家塾讀詩記》在經學史中，被視為宋代《詩經》學「舊派」著作，是書有戴溪為之續作，名為《續呂氏家塾讀詩記》，因此筆者將此一斷限中討論呂、戴二氏之篇章一併討論。就筆者所經眼，針對呂、戴二氏之討論各有 1 筆，皆由黃師忠慎所撰。關於呂氏，其遵守〈首序〉、保留多數漢、唐古說，並重視毛、鄭古注，對於〈續序〉則不全然接受，是書亦重視新、舊二派學者的解釋〔註124〕；至於戴氏，一般因《續讀詩記》未錄《詩序》，且戴氏認為《詩序》僅為解《詩經》的一家之言，因此多數研究者將之歸入新派。然而，黃師忠慎提出，戴氏解《詩》，亦從教化角度著手，是書雖未錄《詩序》，實際上多數篇章與《詩序》之解釋調性一致，因此，將戴氏列為舊派應該較為符合實際情形。〔註125〕

3. 遵守〈首序〉——嚴粲

嚴粲《詩緝》遵守〈首序〉，〈後序〉則不完全接受，黃師忠慎將之界定於「范處義《詩補傳》與朱子《詩集傳》之間」，並提出嚴氏認為透過品味、

〔註123〕黃師忠慎：〈范處義《詩補傳》的解經特質及其在《詩經》學史上的存在意義〉，《逢甲人文社會學報》第 16 期（2008 年 6 月），頁 25～52，收入氏撰：《范處義《詩補傳》與王質《詩總聞》比較研究》（臺北：文津出版社，2009 年 2 月），頁 1～42。

〔註124〕黃師忠慎：〈經典的重構：論呂祖謙《呂氏家塾讀詩記》在《詩經》學史上的承衍與新變〉，《清華學報》新 42 卷第 1 期（2012 年 3 月），頁 45～77。郭麗娟對呂祖謙亦撰有論文討論，詳參氏撰：《呂祖謙《詩經》學研究》（新北：花木蘭文化出版社，2011 年 3 月，《中國學術思想研究輯刊》第十一編第四冊），係由郭氏於東吳大學 1995 年碩士論文增訂刪改之作。

〔註125〕黃師忠慎：〈戴溪《續呂氏家塾讀詩記》的解經特質及其在《詩經》學史上的定位〉，《東華漢學》第 9 期（2009 年 6 月），頁 49～89。

默會，可知曉詩人的言外之意，然而，當眾人以同樣方式讀《詩》，而理解有所不同時，則主張朝《詩序》方向去涵詠。〔註126〕黃師忠慎再透過經學、理學、文學三方面，討論嚴氏的解經態度與其在《詩經》學史上的定義，認爲嚴氏對於《詩序》是尊重而非篤守，並強調客觀實據，運用統計與比對，推論、說解《詩》中的詞意。〔註127〕陳清茂則以《詩緝》析論嚴氏《詩經》學觀念，即：「以儒家政教美刺觀點解釋今本〈十五國風〉的次第」、「特重〈首序〉的解經價值」、「以體之大小解釋大小〈雅〉之別，別出新意」、「以興之兼比爲興之常體」與「以美、刺觀點認爲刺淫之詩非淫人自作」。〔註128〕

（五）兼容漢學與宋學

1. 兼採《詩序》與朱《傳》──謝枋得

謝枋得爲南宋遺民，著有《詩傳注疏》一書，就筆者所見，在此一斷限中，計有 3 筆探討謝氏及其作品。依撰文先後次序來看，簡澤峰認爲謝氏說《詩》與《詩序》並無二致，並提出謝氏說《詩》特點爲：「發揮經義，多牽連現實的政治情勢說詩」及「以理學家的氣質闡發《詩》意」；〔註129〕康凱淋則認爲謝氏受朱子影響頗深，解《詩》時亦多以朱子爲據，且謝氏在詮說上強調實際，不空談義理，以經世致用爲出發，表現出其對政治社會的體悟及忠君憂國的思慮，進而引伸賢人讒人、忠臣叛臣的論述；〔註130〕黃師忠慎則

〔註126〕黃師忠慎：〈嚴粲之《詩經》學〉，收入氏撰：《宋代《詩經》學探析──以歐陽修、蘇轍等六家爲中心的考察》（臺北縣永和市：花木蘭文化出版社，2009年9月），頁 422～424。

〔註127〕黃師忠慎：〈嚴粲《詩緝》新探──從經學、理學與文學三重面向作全方位之考察〉，《彰化師大文學院學報》第 4 期（2005 年 11 月），頁 32～96；〈嚴粲《詩緝》以文學說《詩》及其在經學史上的意義〉，《逢甲人文社會學報》第 14 期（2007 年 6 月），頁 25～54；〈嚴粲《詩緝》的以理學說《詩》及其在經學史上的意義〉，《彰化師大國文學誌》第 11 期（2005 年 12 月），頁 85～114；〈嚴粲《詩緝》的解經態度與方法及其在經學史上的意義〉，《興大中文學報》第 19 期（2006 年 6 月），頁 55～96，收入氏撰：《嚴粲《詩緝》新探》（臺北：文史哲出版社，2008 年 2 月）。

〔註128〕陳清茂：〈從《詩緝》論嚴粲《詩經》學重要觀念〉，《中國學術年刊》第 30 期（2008 年 3 月），頁 1～30。

〔註129〕簡澤峰：《宋代《詩經》學新說研究》（彰化：國立彰化師範大學國文學系博士論文，2008 年 5 月），頁 88。

〔註130〕康凱淋：〈板蕩之朝與黍離之痛：謝枋得《詩傳注疏》析論〉，《彰化師大國文學誌》第 18 期（2009 年 6 月），頁 165～193。

認為謝氏解《詩》時，並無特定的解《詩》立場，只要有助於自己的理解與詮釋，均樂於接受，因謝氏重心係於抒發己見。〔註131〕

2. 兼容心學、理學與史學——王應麟

王應麟之《詩經》學，兼綜呂祖謙、朱子、陸九淵三家，胡瀚平與閻耀棕則透過王氏《詩經》學現存之《詩地理考》、《詩考》與其他《詩》論作品，探討王氏之《詩》本義及其調和心學、理學與史學三方面的方法，分析王氏《詩經》學之全貌。〔註132〕

（六）經學家比較

1. 李樗、黃櫄

據黃師忠慎所言，《毛詩李黃集解》係由李樗、黃櫄二氏分別撰寫而成，李樗撰《毛詩詳解》、黃櫄作《詩解》，黃氏在體例上略承自李樗，且多次引述李氏著作，因此後人將二書合而為一。然而，一般認為李樗為廢《序》派，黃櫄為尊《序》派，黃師忠慎透過觀察李、黃二氏對《詩序》的意見，提出李樗批判部分《詩序》，且卷前僅列〈首序〉；黃櫄則為支持傳統解釋的《詩經》學家。〔註133〕

2. 同中有異的南宋解《詩》儒者——李樗、嚴粲

對於南宋初期與末期的李樗及嚴粲，黃師忠慎發現二家均對〈前序〉相

〔註131〕 黃師忠慎：〈謝枋得《詩傳注疏》新探〉，《中國文哲研究集刊》第 41 期（2012 年 9 月），頁 109～143。

〔註132〕 胡瀚平、閻耀棕：〈心學、理學、史學兼綜之《詩》本義探尋——王應麟《詩經》學試析〉，《國立彰化師範大學文學院學報》第 5 期（2012 年 3 月），頁 37～52。除該篇外，對於王應麟的相關論述，尚有何澤恆、黃師忠慎分別自不同面向進行的探討，前者自王氏的經史學面向進行討論；後者從王氏著述來查找相關線索，詳參：何澤恆：《王應麟之經史學》（新北：花木蘭文化出版社，2009 年 3 月），係何氏 1981 年於國立臺灣大學中國文學系博士論文所增刪之作；黃師忠慎：〈從《玉海》、《困學紀聞》看王應麟的《詩經》文獻學〉，《中國文哲研究集刊》第 45 期（2014 年 9 月），頁 171～205。

〔註133〕 黃師忠慎：〈尊〈序〉？反〈序〉？——析論《毛詩李黃集解》的解《詩》立場〉，《臺大文史哲學報》第 76 期（2012 年 5 月），頁 1～27。對於李、黃二氏的論述，黃師尚有透過書寫體例與解釋方法為探討目標的論述，詳參氏撰：〈《毛詩李黃集解》析論——以書寫體例與解釋方法為考察中心〉，《臺大中文學報》第 42 期（2013 年 10 月），頁 113～153。此外，黃師尚有對於李樗個人的考察，詳參氏撰：〈析論《毛詩李黃集解》對北宋《詩》解的取捨現象——以李樗為主的考察〉，《國文學報》第 55 期（2014 年 6 月），頁 99～129。

當支持，在〈後序〉則保有一定程度的尊重。在解釋詩文方面，李氏認為不需兼守漢學派或宋學派任何一家，只要執方合理即可；嚴粲的解釋則在保守中又具備創新的特質，解讀上有漢學派走向，然又不乏與西方學術相嵌合的部分。〔註 134〕

3. 南宋尊《序》派之代表——呂祖謙、嚴粲

對於呂、嚴二家的異同，黃師忠愼透過比較《呂氏家塾讀詩記》與《詩緝》等書，提出，《讀詩記》與《詩緝》二書採用漢宋兼採的方式，企圖讓讀者接受各家觀點，說明呂、嚴二家有相似的經學觀，然根據對《詩經》學的詮釋觀點等諸說，則認為嚴粲《詩緝》勝於呂祖謙之《讀詩記》。〔註 135〕

4. 范處義、王質

范處義《詩補傳》與王質《詩總聞》為同時期的著述，《四庫全書總目提要》云：

> （《詩補傳》）蓋南宋之初，最攻《序》者鄭樵，最尊《序》者則處義矣。……（《詩總聞》）南宋之初，廢《詩序》者三家，鄭樵、朱子及質也。〔註 136〕

《四庫提要》認為南宋最尊《序》者為范處義；廢《序》者為鄭樵、朱子與王質。然而，黃師忠愼透過范、王二氏解經取向之比較，發現二氏同樣認為《詩經》乃神聖的經典，差別僅是范氏認為解《詩》唯有透過《詩序》，才能明瞭聖人之意；王氏則反對《詩序》，強調以己意說《詩》。因此，黃師忠愼提出，宋代新舊學派的差別，在於聖人之意與信念展示而已。〔註 137〕

5. 理學傳承者輔廣及心學傳承者楊簡之比較

黃師忠愼以輔廣《詩童子問》與楊簡《慈湖詩傳》加以比較，發現輔、楊二氏皆反《序》，認為《詩序》係東漢衛宏所作；二氏皆認同解《詩》應透

〔註 134〕黃師忠愼：〈南宋《詩經》集解體作者解經立場與方法之比較研究——以李樗、嚴粲為中心的考察〉，《成大中文學報》第 51 期（2015 年 12 月），頁 121～158。

〔註 135〕黃師忠愼：〈呂祖謙、嚴粲《詩經》學之比較研究〉，《東吳中文學報》第 27 期（2014 年 5 月），頁 73～100。

〔註 136〕〔清〕紀昀總纂：《四庫全書總目提要》（石家莊：河北人民出版社，2000 年 3 月），頁 421。

〔註 137〕黃師忠愼：〈范處義《詩補傳》與王質《詩總聞》的解經取向及其在《詩經》學史上的定位〉，《彰化師大國文學誌》第 15 期（2007 年 12 月），頁 137～170，收入氏撰：《范處義《詩補傳》與王質《詩總聞》比較研究》（臺北：文津出版社，2009 年 2 月），頁 97～144。

過宋儒多主張之涵詠玩味讀《詩》法。然而，輔廣《詩童子問》係羽翼朱子《詩集傳》之作，主要在解釋《朱傳》、推廣師說，因此，是書的成就高低必須由《朱傳》之成就來決定；楊簡《慈湖詩傳》則來自心學與《詩經》文本自身，是書大義由心學所貫穿，開創全新《詩經》的詮釋局面。〔註138〕

6. 輔翼朱說的朱學繼承者——輔廣、朱鑑

輔廣、朱鑑同爲輔翼朱子《詩集傳》之二家，黃師忠愼透過比對輔廣《詩童子問》與朱鑑《詩傳遺說》二書在體例設計、內容大要、編纂貢獻等面向後，提出「輔廣《詩童子問》的學術價值在於整理、闡發朱熹的《詩經》學，《詩傳遺說》的價值則在文獻留存的層面。」〔註139〕

二、元代

臺灣學者在本研究界定的時間斷限中，對於元代的討論較少，就筆者所見，僅有 4 筆資料探討之，茲臚列分述如下。

（一）元代《詩經》學發展概況

涂雲清以元代士人與其經學發展爲題，分別闡述了元代官方政策對經學的影響、經學的發展與分布與經學概況綜述，關於《詩經》學在元代的發展情形，涂氏認爲，元代經學係兼採漢學與宋學之長，並開古書輯佚之風。涂氏再針對清儒皮錫瑞（1850～1908）對元代經學係「經學積衰時代」的評價以宋、元、明三朝的經學家及著作之統計數據加以辯證，認爲積衰時代的說法有修正之必要。〔註140〕

（二）考證朱《傳》名物——許謙（1270～1337）《詩集傳名物鈔》

由於元仁宗延祐年間恢復科舉，並以朱子《詩集傳》作爲科舉參考本，因此，朱《傳》在元代產生了一陣輔翼風潮。在元代的《詩經》學著述中，多以箋疏《詩集傳》爲主。呂昱瑱透過許謙《詩集傳名物鈔》加以討論，

〔註138〕黃師忠愼：〈輔廣《詩童子問》與楊簡《慈湖詩傳》之比較研究——以解經方法、態度與風格爲核心的考察〉，《文與哲》第 19 期（2011 年 12 月），頁 229～259；〈經典、道與文字——輔廣與楊簡《詩經》學之比較研究〉，《政大中文學報》第 16 期（2011 年 12 月），頁 137～166。

〔註139〕黃師忠愼：〈輔廣、朱鑑之《詩經》朱學編纂比較研究〉，《東吳中文學報》第 30 期（2015 年 11 月），頁 157～184。

〔註140〕涂雲清：《蒙元統治下的士人及其經學發展》（臺北：國立臺灣大學中國文學研究所博士論文，2009 年 6 月），頁 519～520、524～528。

提出元代與先前《詩經》研究最大的差異，即研究文本由《毛詩》轉變爲
《朱傳》，呂氏並透過歷代名物考釋的著作與討論文本相比，認爲許氏詮釋
《朱傳》提及之名物相當用心，此亦成爲元代《詩經》研究在名物上的發
展代表。〔註 141〕

（三）兼容並收不偏頗的解《詩》態度──趙悳

姜龍翔提出元代趙悳《詩辨說》的解《詩》觀點爲不偏頗任何一家，兼
容並收的採納各家觀點，且重視《詩經》所蘊含的教化意義，同時提出何以
元代書商編印《詩辨說》於元代朱倬（1086～1163）《詩經疑問》後的目的，
係作爲補充《詩經疑問》之途。〔註 142〕

三、明代

在 1999 至 2015 年間，臺灣學者討論明代《詩經》學時，皆針對當朝代
經學家的著述而加以闡釋，就筆者所見，有 17 筆資料討論該朝代之經學家，
筆者將之繪製成下圖，詳見下圖：「1999 至 2015 年臺灣地區學者明代《詩經》
學研究數據圖」。

〔註 141〕呂昱瑱：《許謙《詩集傳名物鈔》研究》（彰化：國立彰化師範大學國文研究
　　　　　所碩士論文，2008 年 6 月）。

〔註 142〕姜龍翔：〈趙悳《詩辨說》初探〉，《中正漢學研究》2015 年第 2 期（2015 年
　　　　　12 月），頁 1～36。此外，對於朱倬《詩經疑問》的論述，則有孟麗娟：〈元
　　　　　朱倬《詩疑問》之國風考〉，《思辨集》第 16 期（2013 年 3 月），頁 102～119。

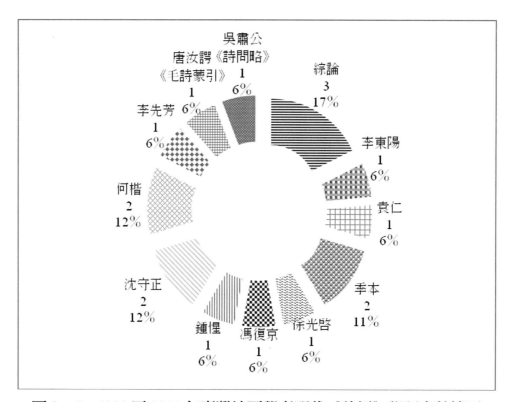

圖 2－5：1999 至 2015 年臺灣地區學者明代《詩經》學研究數據圖

資料來源：筆者統計並繪製。

從上圖所示，在此一斷限間，臺灣學者研究明代《詩經》學的研究僅 17 筆，除三篇為綜論外，其餘皆從明代經學家及其著述進行考證與分析，茲臚列於次。

（一）綜論

誠如前揭所述，因元仁宗延祐年間開始，官方將朱子著作列為科舉參考本，《詩集傳》成為士子必讀之書。〔註 143〕楊晉龍透過《四庫全書總目提要》考證明代經學發展，發現《四庫提要》以「時間之先後」、「考證之良窳」、「國運之盛衰」、「科舉之內容」與「帝王之態度」做為經學評價的依據。並提出，明代科舉拘守《五經大全》之說，對經學造成不良影響，中、晚葉後「典範」崩潰，因此為歷代經學之最衰。〔註 144〕

〔註 143〕黃師忠慎：〈《詩經》詮釋的流變〉，收入氏撰：《嚴粲《詩緝》新探》（臺北：文史哲出版社，2008 年 2 月），頁 211～253。
〔註 144〕楊晉龍：〈從《四庫全書總目》對明代經學的評價析論其評價內涵的意義〉，《中國文哲研究集刊》第 16 期（2000 年 3 月），頁 523～585。

　　侯美珍從明代科舉鄉試、會試的考題中，統計其與《詩經》相關的試題，結合史傳記載，分析主考官偏重〈風〉、〈雅〉、〈頌〉何篇及原因，其後則探討明代科舉考試《詩經》的試題，對於士人選經、《詩經》科舉用書編纂有何影響。〔註145〕

　　連文萍則透過明代與明代之前各家所編寫的女教書如《古今列女傳》、《女誡直解》、《女訓》、《女鑑》與《閨範》等七部書，統計這些書對於《詩經》的引述，探討女教書編纂者標舉《詩》教的用意與立場，在於使內廷女子彰顯女德、遵守皇室規範，並對女子舉止言行加以警戒。〔註146〕

（二）經學家及其著作

1. 重《序》輕朱的漢學派

（1）袁仁（1479～1545）

　　明中葉起，漢學派逐漸復興，許多明代文人認為漢學「去古未遠」，能得聖人本真。林慶彰以「尊《序》抑朱派」的袁仁為討論對象，分析其著作《毛詩或問》闡釋詩旨及其對《詩集傳》的態度。袁氏在是書中擇取《詩經》百餘篇，逐篇列《詩序》之說，詮釋《詩序》中的字義與章旨，並反對朱子淫詩說，認為此類詩文無法在大國使節前歌頌。〔註147〕

（2）李先芳（1511～1594）

　　李先芳《讀詩私記》為其閱讀《詩經》的筆記，李氏認為《詩序》有其必要性，且亦重視〈小序〉，提倡詩無邪以駁斥朱子淫詩說。林慶彰以李氏《讀詩私記》為探討文本，先臚列出《讀詩私記》的章節概要，再針對其論點加以分析。〔註148〕

〔註145〕侯美珍：〈明代鄉會試《詩經》義出題的考察〉，《國文學報》第55期（2014年6月），頁131～163。

〔註146〕連文萍：〈《詩經》與明代內廷女教──以女教書為中心的考察〉，《書目季刊》第49卷第1期（2015年6月），頁41～71。

〔註147〕林慶彰：〈袁仁《毛詩或問》研究〉，收入龍宇純先生七秩晉武壽慶論文及編輯委員會編：《龍宇純先生七秩晉五壽慶論文集》（臺北：臺灣學生書局，2002年11月），頁45～56。

〔註148〕林慶彰：〈李先芳《讀詩私記》研究〉，收入中國詩經學會編：《第五屆詩經國際學術研討會論文集》（北京：學苑出版社，2002年7月），頁294～306。

2. 兼採漢、宋之學

（1）季本（1485～1563）

黃師忠慎透過考察季本《詩說解頤・總論》，認爲是書兼採漢宋學派，然而季本對於《詩序》頗有微詞，對朱子則敬重，能夠接受朱子之淫詩說與叶韻說。黃師忠慎對是書之總論加以評介，認爲是書在總論部分無法詳知季氏「然後知《詩》之要訣」，卻不影響《詩說解頤》內容兼採漢、宋之長的特點與其在明代《詩經》學史的一席之地。〔註149〕對於季本《詩說解頤》的考察，尚有劉鎭溢的論述。〔註150〕

（2）徐光啓（1562～1633）

倪瑋均以徐光啓之傳略、著述、解經特質與思想運用討論徐氏之《詩經》學，發現徐氏以朱子之說爲宗，深入了解詩人作詩原意，並兼採多家說法，加強其論述的可信度。〔註151〕

（3）鍾惺（1574～1624）

張淑惠以竟陵派文人鍾惺爲探討目標，認爲其《詩經》學，承襲自多方，成分頗雜，包含竟陵派的文學企圖、《詩序》、朱子《詩集傳》裡「詩教」觀的意見，甚至，尚有涉及訓詁的見解。張氏認爲，爲免以偏概全，實不該僅以文學角度來論鍾氏之《詩經》。〔註152〕

（4）馮復京（1573～1623）

馮復京透過漢代毛、鄭、三家《詩》與朱《傳》對於《詩經》的記載，作了《六家詩名物疏》，是明代《詩經》博物學的代表作之一。郭明芳以該書爲探討標的，考證其版本及作者，認爲《四庫全書總目》所題該書作者馮應京爲非，當爲馮復京。其後再對其傳鈔版本等進行比對。〔註153〕

〔註149〕黃師忠慎：〈季本「詩說解頤・總論」析評〉，《國文學誌》第 5 期（2001 年 12 月），頁 1～40。

〔註150〕劉鎭溢：〈季本及《詩說解頤》之詩學觀〉，《東吳中文研究集刊》第 19 期（2013 年 10 月），頁 141～174。

〔註151〕倪瑋均：《徐光啓詩經學研究》（高雄：國立高雄師範大學經學研究所碩士論文，2009 年）。

〔註152〕張淑惠：《鍾惺的詩經學》（臺北：東吳大學中國文學系碩士論文，2000 年 6 月）。

〔註153〕郭明芳：〈明代馮復京著述及其《六家詩名物疏》版本著錄考述〉，《東吳中文線上學術論文》第 23 期（2013 年 9 月），頁 83～108。

3. 以朱說為主，但又不僅從朱說——沈守正（1572～1623）

王嘉慧以沈守正《詩經說通》為研究文本，對該書說《詩》主張進行分析，發現沈氏該書多數從朱子之說，並對該書的評點技巧加以歸納、整理，得出其重視全詩的深淺描述，且常運用賦、比、興分析詩作手法。〔註154〕

4. 打破〈風〉、〈雅〉、〈頌〉原有次序——何楷（1594～1645）

何楷《詩經世本古義》去除〈風〉、〈雅〉、〈頌〉原有次序，依作者、詩作時代及特色重新訂定。楊晉龍透過何楷《詩經世本古義》討論引入道教典籍《化書》與《文昌化書》的相關問題。〔註155〕

5. 針對著述內容進行考證

楊晉龍以《詩問略》、《毛詩蒙引》二書的著述內容進行分析，考訂《詩問略》與《詩問》的相關程度，提出《詩問略》即《詩問》，數百年來誤題作者為陳子龍（1608～1647），實則為吳肅公（1626～1699），再針對《詩問略》一書的內容主張進行闡釋，該書強調《詩經》係聖人存教之書；〔註156〕楊氏又針對《毛詩蒙引》進行分析，認為《毛詩蒙引》即《毛詩微言》，並進一步考證出該書作者為唐汝諤（1555～1628），再針對該書內容對明代《詩經》學的影響加以闡釋。〔註157〕此外，尚有丁威仁對於李東陽詩論裡對於《詩經》的詮釋，可發現李氏詩論中有為數不少的部分是被儒家《詩》教所影響。〔註158〕

〔註154〕王嘉慧：《沈守正《詩經說通》研究》（彰化：國立彰化師範大學國文學系碩士論文，2013年1月）；王嘉慧：〈窮則變，變則通——沈守正《詩經說通》之《詩》學評析研究〉，《東吳中文線上學術論文》第23期（2013年9月），頁49～81。

〔註155〕楊晉龍：〈何楷《詩經世本古義》引用《化書》及其相關問題探究〉，《中國文哲研究集刊》第21期（2002年9月），頁293～338。針對何楷的討論，尚有黃玉芳對於《詩經世本古義》詩旨的探討。詳參氏撰：《何楷《詩經世本古義》詩旨與世次研究》（臺中：國立中興大學中國文學系碩士論文，2013年7月）。

〔註156〕楊晉龍：〈論《詩問略》之作者與內容〉，收入鍾彩鈞主編：《傳承與創新——中央研究院中國文哲研究所十周年紀念論文集》（臺北：中央研究院中國文哲研究所籌備處，1999年12月），頁653～697。

〔註157〕楊晉龍：〈《毛詩蒙引》攷辨〉，收入張以仁先生七秩壽慶論文集編輯委員會主編：《張以仁先生七秩壽慶論文集》（臺北：臺灣學生書局，1999年1月），頁217～255。

〔註158〕丁威仁：〈李東陽詩論中的《詩經》詮釋〉，《文學新鑰》第19期（2014年6月），頁1～32。

　　本節透過討論 1999 至 2015 年間，臺灣學者以宋、元、明三朝的《詩經》學做爲探討核心之著述，發現在此一斷限間，針對這三朝的討論，以經學家的《詩經》學著述爲主，宋代無疑是尊、反《序》爭執最嚴重的朝代，然而，依據黃師忠慎的研究，吾人可以發現，宋代雖然尊、反《序》辯駁相當激烈，然而二派仍對傳統抱持相當尊重的態度，解《詩》時，無論尊《序》與否，皆被經學的神聖性所籠罩；元代則因科舉考試之故，多數經學家皆爲朱子《詩集傳》做箋疏；明代時，雖然朱《傳》仍作爲科舉之用，但已有幾位經學家開始重《詩序》而輕朱子（如袁仁、李先芳等氏），且在此一斷限間，臺灣學者所探討的明代經學家數據中，有 4 筆資料提及之經學家均爲兼採漢、宋之學，何楷則是打破〈風〉、〈雅〉、〈頌〉原有次序，依其特色重新訂定，此外，有部分誤題作者的著述，在此斷限間，也透過內容分析、比對，考證出確切的作者。

第四節　小　結

　　臺灣學者在 1999 至 2015 年間，針對《詩經》傳統著述的詮釋，計有 288 筆資料，佔透過經學論述總數 434 筆的 66%，在此 288 筆的數據中，又以漢、宋、清三代的研究爲多。

　　在 1999 年至 2015 年間，臺灣學者在《詩經》方面的研究，在周秦方面主要以儒家詩教爲論述主軸，或以《論語》討論《詩經》、或以儒家觀點討論現代倫理觀念，並透過《左傳》、《史記》等史傳與《詩經》文本加以分析周代史事；漢代方面則以《詩序》與美刺說《詩》的討論爲多；南朝梁方面僅有以劉勰的經學做爲討論對象者；唐代則討論陸德明的經學觀、孔穎達的著錄特點及其詮釋得失。

　　針對宋、元、明三代《詩經》學方面的論述，在此一斷限間，則以經學家的《詩經》學著述爲主，雖然宋代是尊、反《序》爭執最嚴重的朝代，然而依據黃師忠慎的研究，宋代雖然尊、反《序》爭執甚烈，但二派對於傳統仍存有相當尊重的態度，解《詩》時皆被經學的神聖性所籠罩；元代則因科舉考試以朱《傳》做爲參考本之故，多數經學家皆爲朱子《詩集傳》做箋疏；明代時，雖然朱《傳》仍作爲科舉之用，卻已有部分經學家持論漢代去古未遠，提倡尊《序》的風氣出現，並以朱子「淫詩說」進行駁斥。

第三章 對清代《詩》說之詮釋及跨代《詩》學比較

筆者已於第二章討論 1999 至 2015 年間，臺灣學者探討周秦至明代《詩經》學之論述，本章則透過在此一斷限間，臺灣學者對於清代《詩經》學論著爲探討核心的著述與跨代《詩經》學論述之比較等方面加以析論。

第一節 對清代《詩》說的詮釋

1999 至 2015 年間，臺灣學者針對清代《詩經》學所做的探討，係針對經學家的著作加以分析討論，就筆者所經眼，計有 86 筆資料針對清代的《詩經》學著作加以論述，依本研究圖 2－2「1999 至 2015 年臺灣地區《詩經》學經學方面研究成果」〔註1〕所示，以清代《詩經》學研究之論述，佔此一斷限中經學論述總量的 30%。至於，清代 86 筆資料所論述的對象，筆者自行統計、分類後，將之繪製成下圖，詳見下圖：「1999 至 2015 年臺灣地區學者清代《詩經》學研究數據圖」。

〔註 1〕參本論文頁 19。

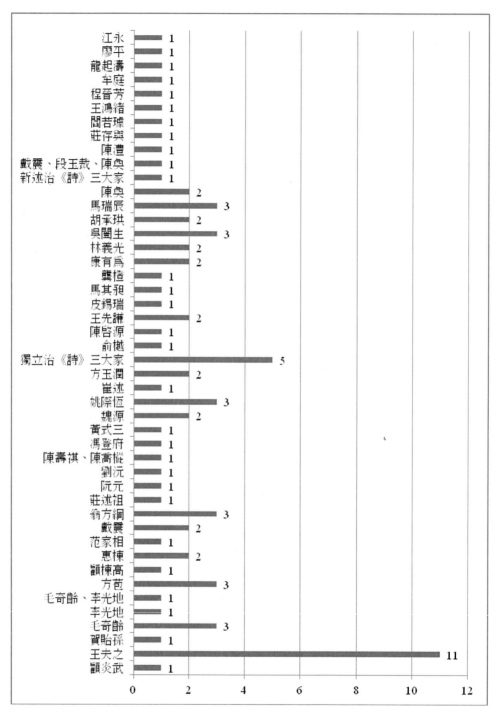

圖 3－1：1999 至 2015 年臺灣地區學者清代《詩經》學研究數據圖

資料來源：筆者統計並繪製。

　　由上圖所示，在此一斷限中，共計討論 42 位清代經學家，或討論其著述；或分析與其並稱之經學家，而清代經學家之學派，大致可分爲：漢學派、宋學派、兼採漢宋、漢宋分治與非漢非宋等範疇，筆者依據經學家本身的治《詩》態度，製成圖表，以利明瞭在此一斷限間，臺灣學者研究清代漢、宋學派等學者的比例。詳見下圖：「1999 至 2015 年臺灣地區學者研究清代漢宋學派經學家之比例圖」。

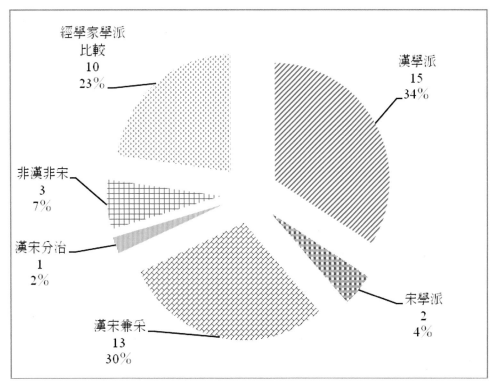

圖 3－2：1999 至 2015 年臺灣地區學者研究清代漢宋學派經學家之比例圖

資料來源：筆者統計並繪製。

　　根據上圖所示，清代共討論 42 位經學家與比較經學家之學派，可分爲：漢學派（15 位經學家，34%）、宋學派（2 位經學家，5%）、漢宋兼採（13 位經學家，31%）、漢宋分治（1 位，即王夫之，2%）與非漢非宋（3 位經學家，7%）等範疇。此外，尚有針對經學家學派之對比者（10 筆，23%），茲分項敘述於次。

一、漢學派

（一）陳啟源（？～1689）〔註2〕

陳啓源《毛詩稽古編》以〈詩序〉、《毛傳》爲本解經，探究以孔子爲依歸的詩教系統，並以《詩集傳》、《詩傳大全》等宋元著述加以辯證。洪文婷透過分析陳氏傳略與是書解經立場、原則等方面，提出陳氏重視考證與文字訓詁，強調解經者需要有訓詁學的基礎，才能識得《詩》之本義，認爲訓釋者必須對詩歌有全盤考量，不得只針對某一項而單獨立說，雖然強調孔子詩教，但也凸顯詩歌是一系統性的表意整體，並非儒家教化下的附屬品。〔註3〕

（二）惠周惕（？～1694）

黃師忠愼曾撰文討論惠周惕《詩說》一書，依〈風〉、〈雅〉、〈頌〉加以分析〔註4〕，姜龍翔依此爲基礎，歸納惠周惕《詩說》的詮釋要點與方法，提出惠氏「注重詩歌所表現之精微意旨」、「強調詩歌景物比興含義的重要性」、「講求以經解經的原則」、「善用禮制及史事解《詩》」與「說《詩》不專主一家」等五項特色。姜氏提出清代初期學術風氣係漢宋兼採，惠氏說《詩》雖不偏主一家，然而仍以漢學爲主，姜氏認爲此應與清代漸漸走向崇漢排宋的趨勢有關。〔註5〕

（三）毛奇齡（1623～1716）

針對毛奇齡《詩經》學的考述，就筆者所經眼，此一斷限中有 3 筆，依撰文次序爲鄭伊庭、洪楷萱與張政偉。鄭伊庭從《白鷺洲主客說詩》與《續詩傳鳥名》二書批評朱子「淫詩說」、「笙詩說」與「不識名類」等三方面著手，指出毛奇齡批評朱子係定位與治學方法上有所不同。鄭氏以爲朱子以文學說《詩》；毛氏則認爲《詩經》爲聖人經典。然而，朱子仍強調

〔註2〕 陳啓源卒年，據洪文婷引述《毛詩稽古編》趙嘉穭〈序〉之考證，得知陳氏於己巳冬卒，距趙氏作序時已相隔十三年，趙氏作序爲康熙辛巳年（1701）夏，因此得知陳氏卒年爲 1689 年。詳參洪文婷：《陳啓源《毛詩稽古編》研究》，（桃園縣中壢市：國立中央大學中國文學研究所博士論文，2007 年 7 月），頁 2。

〔註3〕 洪文婷：《陳啓源《毛詩稽古編》研究》，（桃園縣中壢市：國立中央大學中國文學研究所博士論文，2007 年 7 月）。

〔註4〕 黃師忠愼：《惠周惕《詩說》析評》（臺北：文史哲出版社，1994 年 1 月）。

〔註5〕 姜龍翔：〈惠周惕《詩經》學詮釋方法析論〉，《問學》第 13 期（2009 年 6 月），頁 77～93。

《詩》有教化功能，因此，並非全然從文學角度切入，可見鄭氏之說缺乏學術認知。〔註6〕洪楷萱則分析毛奇齡解《詩》的特質，洪氏認爲雖然毛氏爲漢學派經學家，但其考據方法仍折衷漢、宋，對朱子及漢學派皆有所繼承與修正〔註7〕；張政偉則以毛氏《白鷺洲主客說詩》加以探討，透過是書的爭論焦點與及其在經學史上的意義，認爲是書表現出漢學家的立場，除了符合清代當時的學術潮流外，仍可看出毛氏維護傳統解釋系統的用心所在。〔註8〕

（四）惠棟（1695～1758）

呂美琪透過惠棟《毛詩古義》加以析論，認爲惠氏《九經古義》建立一套漢學程序（由識字審音入手，重視漢儒經注，經之義存乎訓，可達到通經宗旨）、重視訓詁實證與提出創新研究方法（枚舉歸納法、類比論證法、二重證據法），然而，呂氏提出惠棟過度強調訓詁，忽略經書文字的多義性與弦外之音，導致清代學術走向考據之學，卻不失其作爲吳派開創者，拓展研究領域及方法等方面的貢獻。呂氏透過考察《毛詩古義》，發現惠棟雖然崇古尊漢，但對漢儒之說，也絕非一味依從，多是以漢古作爲基礎，發展己說〔註9〕；張素卿則針對惠棟《毛詩古義》加以析論，認爲惠氏是書上承惠周惕《詩說》、陳啓源《毛詩稽古編》，下啓陳奐（1786～1863）《詩毛氏傳疏》等，並認爲其漢學派的特色能夠代表清代治經的主要呈現。〔註10〕

（五）莊存與（1719～1788）

莊存與爲主張漢學派之《詩經》學家，有著作《毛詩說》，蔡長林分析是

〔註6〕鄭伊庭：〈論毛奇齡對朱子《詩經》學的批評〉，收入國立高雄師範大學經學研究所主編：《青年經學學術研討會會後論文集》（高雄：國立高雄師範大學國文系，2009年）。

〔註7〕洪楷萱：《毛奇齡詩經學研究》（臺北：國立臺北市立教育大學中國語文學系碩士論文，2009年6月）。

〔註8〕張政偉：〈毛奇齡《白鷺洲主客說詩》研究〉，《彰化師大國文學誌》第24期（2012年6月），頁31～48。

〔註9〕呂美琪：《惠棟《毛詩古義》研究》（彰化：國立彰化師範大學國文研究所碩士論文，1999年6月）。

〔註10〕張素卿：〈惠棟《毛詩古義》與清代《詩經》學〉，收入中國詩經學會主編：《第六屆詩經國際學術研討會論文集》（北京：學苑出版社，2005年7月），頁472～492。

書內容，發現莊氏有其特殊的解經立場，即：從《毛傳》不從〈小序〉、尊毛駁鄭等方面。〔註11〕

（六）莊述祖（1750～1816）

莊述祖係清代常州學派之先驅，姜龍翔以莊述祖《詩經》學爲討論核心，透過莊氏考證〈風〉、〈雅〉、〈頌〉的文字，並分析其《詩經》學中的篇章大義，認爲莊述祖崇尚《毛傳》，推崇古說，有別於今文學派之主張。姜氏認爲，莊氏《詩經》學僅是用來補強其政治哲學的思想，莊氏關懷政治，嚮往三代聖王時代，是儒者崇古思想的表現，但也是儒者對政治理想的展望。莊氏之《詩經》學，一方面表現出對經典文字考證的要求，一方面又著重闡發微言大義。〔註12〕

（七）胡承珙（1776～1832）

胡承珙爲尊〈序〉派、宗《毛詩》的經學家，簡澤峰由胡承珙治《毛詩》的基本態度與方法著手，討論《毛詩後箋》一書的特色。簡氏針對胡氏與吳、皖派學者（以惠周惕、惠棟與戴震爲例）對〈詩序〉、《毛傳》、鄭《箋》、宋學、三家《詩》等著述的態度加以分析，認爲胡氏講究師承源流之說，與惠棟重古訓與經師的態度相近，與戴震不專主一家的論述則不同，然而，胡氏對於鄭《箋》僅作考訂的功夫，未透過涵詠咀嚼詩句、體察詩義而解經感到不滿，因作是書。〔註13〕

（八）馬瑞辰（1782～1853）

馬瑞辰爲清代中葉漢學派的經學家，在此一斷限間，就筆者所見有 3 筆針對馬氏《毛詩傳箋通釋》一書的探討與評介，黃師忠慎以是書卷一〈雜考各說〉中之〈詩入樂說〉、〈詩人義同字變例〉與〈毛詩古文多假借〉三文及馬氏對於通假字的判讀加以分析，認爲馬氏最擅長的訓詁方法是對經文傳注

〔註11〕 蔡長林：〈莊存與《詩經》學初探〉，收入中國詩經學會主編：《第六屆詩經國際學術研討會論文集》（北京：學苑出版社，2005 年 7 月），頁 456～471。
〔註12〕 姜龍翔：《莊述祖《詩經》學之研究》（高雄：國立高雄師範大學經學研究所碩士論文，2006 年）。
〔註13〕 簡澤峰：《胡承珙《毛詩後箋》析論》（南投：國立暨南國際大學中文研究所碩士論文，2001 年），簡氏尚有對於胡書引宋人說《詩》意見的相關論述，詳參氏撰：簡澤峰：〈胡承珙《毛詩後箋》微引宋人說《詩》意見考〉，《中國文哲研究通訊》第 25 卷第 2 期（2015 年 6 月），頁 57～97。

的假借判讀，在是書中對《毛傳》、鄭《箋》之釋義與原由以異文比對與經籍故訓，得出考釋結果，也藉由通假判定，修正、推翻《毛傳》、鄭《箋》的故訓〔註14〕；洪文婷則透過是書的地位、前人評介、訓釋內容、目標等面向，認為馬氏的解《詩》目的為「釋聖」與宣揚《詩經》之政教功能。〔註15〕

（九）陳奐

陳奐以《毛詩》為宗，撰寫《詩毛氏傳疏》一書，表達其「專主一家」的見解，楊晉龍透過是書自出版至 2011 年一百六十餘年間的評介與傳播，分析是書在學術研究中落實的狀況與陳氏在學術史上的地位；〔註16〕林慧修則透過該書探討《詩經》之訓詁。〔註17〕

（十）胡承珙、馬瑞辰、陳奐

胡承珙、馬瑞辰與陳奐三氏，均為清代嘉、道之際，研治《毛詩》的經學家，自皮錫瑞（1850～1908）與梁啟超（1873～1929）等學者對上述三氏給予相當高的評價後，其學術地位逐漸被重視。就筆者所見，此一斷限間對胡、馬、陳等三氏之著述作比較研究者，計有 2 筆。黃師忠慎針對其年代、體製、撰作旨趣、對〈詩序〉、《毛傳》、鄭《箋》的依違及其在經學史上的意義分別論述，認為胡氏相當維護〈詩序〉、陳氏企圖為《毛傳》找出釋義原因；鄭《箋》在胡氏著述中具有主體性地位，在陳氏書中僅為依附《毛傳》而生，馬瑞辰則多能跳出傳、箋框架，探求經文之本義。〔註18〕

〔註14〕黃師忠慎：〈馬瑞辰《毛詩傳箋通釋》對通假字的判讀問題〉，《彰化師大文學院學報》2 期（2003 年 11 月），頁 1～20；黃師忠慎：〈馬瑞辰《毛詩傳箋通釋・雜考各說》三文析論〉，《明道通識論叢》5 期（2008 年 11 月），頁 5～26，收入氏撰：《清代《詩經》學論稿》（臺北：文津出版社有限公司，2011 年 12 月），頁 109～136、137～168。

〔註15〕洪文婷：〈論《毛詩傳箋通釋》〉，收入洪順隆教授逝世周年紀念文集編輯委員會編：《論學談言見摯情──洪順隆教授逝世周年紀念文集》（臺北：萬卷樓圖書有限公司，2002 年 1 月），頁 486～516。

〔註16〕楊晉龍：〈陳奐及《詩毛氏傳疏》的評論與傳播〉，《中國文哲研究集刊》第 39 期（2011 年 9 月），頁 147～186。

〔註17〕林慧修：《陳奐之《詩經》訓詁研究》（臺北縣永和市：花木蘭文化出版社，2008 年 3 月，《古典文獻研究輯刊》第六編第十一冊），係世新大學中國文學系 2007 年碩士論文。

〔註18〕黃師忠慎：〈清代中葉《毛詩》學三大家解經之歧異──以對〈詩序〉、《毛傳》、鄭《箋》的依違為考察基點〉，《國文學誌》6 期（2002 年 12 月），頁 91～112，收入氏撰：《清代詩經學論稿》（臺北：文津出版社有限公司，2011 年 12 月），頁 79～107。

　　邱惠芬則先就三人傳略、著述及當時《詩經》學發展說明，再透過三人的解詩目的、體例、觀念與三種解詩方法（即：校勘、訓詁、名物證古）加以討論，據邱氏分析，上述三氏在解經理論與解詩方法上共通性很高，僅有些微差異，胡氏旨在闡釋《毛傳》、尊崇古說、主張《毛詩》優於三家《詩》；馬氏透過《毛傳》、鄭《箋》以正《詩》說，在三家《詩》與《毛詩》之立場上採取中立；陳氏則擴充《毛傳》、學守一家（《毛詩》），主張「三家《詩》可廢，《毛詩》不可廢」，並探討胡、馬、陳三氏的解《詩》限制，認為他們過度遵從〈詩序〉說《傳》異的結果。〔註19〕

（十一）戴震（1724～1777）、段玉裁（1735～1815）、陳奐（1786 ～1863）

　　張政偉透過分析戴震、段玉裁與陳奐三氏對於〈周南〉、〈召南〉二篇的論述，探討戴、段、陳三人的《詩》學傳承關係與乾嘉漢學學者派別的概念。張氏認為戴氏的研究成果並未為段氏所繼承，兩人在訓詁意見與方法上有相當大的差異；段氏對於《毛傳》傳文的勘誤校正，陳氏也沒有全盤接受；陳氏與戴氏在文字考釋的意見相差更遠，因此，針對學術史上所載上述三氏的《詩》學傳承關係，張氏持保留意見。關於乾嘉漢學學者分派，張氏則認為對大面向的學術脈絡分派有其必要；針對個別經學家的劃分，則分派概念無法盡信。〔註20〕

（十二）黃式三（1789～1862）

　　商瑈以黃式三的學術思想為討論核心，分析黃氏在經學、史學上的成就。商氏論文第八章探討黃氏之《詩經》學，黃氏雖自詡為「漢宋兼容」，然而在其《詩經》學卻為「尊漢抑宋」，尊《毛序》、據《論語》贊同孔子「刪詩說」、反對朱子「淫詩說」，並以《禮》證《詩》，闡發詩教。〔註21〕

（十三）俞樾（1821～1906）

　　俞樾治經主乾嘉漢學，邱惠芬以俞氏做為討論目標，透過其解經觀點、

〔註19〕邱惠芬：《胡承珙馬瑞辰陳奐三家詩經學研究》（臺北：國立臺灣師範大學國文研究所博士論文，2003 年 6 月），頁 387～395。

〔註20〕張政偉：《戴震、段玉裁、陳奐〈周南〉、〈召南〉論述辨異》（南投：國立暨南國際大學中國語文學系碩士論文，2001 年 6 月）。

〔註21〕商瑈：《黃式三學術思想研究》（彰化：國立彰化師範大學國文學系博士論文，2010 年 7 月）。

方法與特質，討論俞氏的《詩經》學研究，邱氏提出，俞氏以後來文人作詩時必有題目，然而古人無此習慣，國史采詩，《詩》必有〈序〉，〈序〉即爲《詩》之題，據此反對宋儒反〈序〉的觀點。其次，俞氏融合三家《詩》與《毛詩》，說《詩》不專主一家，並以上下文詩句作爲解《詩》依歸，不拘舊注。然而，其隨意改經，流於主觀、常有異說的解《詩》觀點，成爲其說《詩》的缺失。〔註22〕

（十四）馬其昶（1855～1930）

呂珍玉透過馬其昶《毛詩學》爲討論文本，發現是書係以陳奐《詩毛氏傳疏》爲本，肯定〈詩序〉、《毛傳》的解《詩》觀點，引用各家注解，以求通解〈詩序〉、《毛傳》精深奧義。馬氏不排斥鄭《箋》、三家《詩》，較之陳奐專主《毛詩》一家的觀點來說，更無門戶之見。〔註23〕

（十五）林義光（？～1932）

邱惠芬以林義光《詩經通解》爲析論文本，考察林氏的解《詩》立場、方法、特色與影響。邱氏提出林氏解《詩》多以〈詩序〉爲根據，「別義」於〈序〉說及前人說解不同之處，闡釋己見。依邱氏所歸納的《詩經通解》解《詩》觀點，認爲要探求詩之本義，須以古音古字，明瞭古文通假，才能確知，賦、比、興爲章句的寫作手法，不屬於詩歌全篇，並透過古代婦女才德無異於男子，反對輕詆女性的淫詩說。〔註24〕

（十六）程晉芳（1718～1784）／沈炳垣（1784～1857）

郭明芳透過原題爲程晉芳作的《讀詩疏箋鈔》加以考證，首先引前人觀點提出程晉芳並未撰作該書，後再以該書幾項線索，如《詩經》論點、書法字跡等，認爲該書當爲沈炳垣所作爲是。〔註25〕

〔註22〕邱惠芬：〈俞樾的詩經研究〉，《長庚科技學刊》8 期（2008 年 6 月），頁 11～32。

〔註23〕呂珍玉：〈馬其昶《毛詩學》研究〉，《興大中文學報》第 25 期（2009 年 6 月），頁 281～313。

〔註24〕邱惠芬：〈林義光《詩經通解》研究〉，《輔仁國文學報》第 32 期（2011 年 4 月），頁 105～133，收入楊晉龍主編：《變動時代的經學與經學家——民國時期（1912～1949）經學研究》（臺北：萬卷樓圖書股份有限公司，2014 年 11 月），第二冊，頁 421～455。針對林義光的討論，尚有黃智明透過是書做的通盤研究，詳參氏撰：黃智明：《林義光《詩經通解》研究》（臺北：東吳大學中國文學系博士論文，2014 年 7 月）。

〔註25〕郭明芳：〈《讀詩疏箋鈔》鈔者與流傳考述〉，《有鳳初鳴年刊》第 10 期（2015 年 10 月），頁 183～210。

二、宋學派

（一）李光地（1642～1718）

李光地爲清初理學家，楊菁透過李氏的理學家身分，探討李氏理學觀對其論《詩經》時的影響，認爲李氏解《詩》時，注重「道」之闡發，「道」爲李氏讀《詩》時的體悟，應當由《詩經》中所抒發的情性加以檢視。此外，李氏亦贊同朱子的淫詩說，認爲保留淫詩是用來作爲鑑戒的，強調《詩經》有其教化功能。〔註26〕

（二）方苞（1668～1749）

丁亞傑（1960～2011）透過方苞《朱子詩義補正》析論方氏引用朱子《詩集傳》的情形，分析朱子與方苞在詮釋《詩經》上的異同。再從經典意義、學術立場、存在感受等面向，討論《詩經》中女性所指涉的意義，方氏解〈摽有梅〉時，認爲「女性」象徵國君、「男性」則象徵賢士。丁氏認爲，《朱子詩義補正》中，建構了女子的完美形象，並以之教化女性，甚至可作爲男性的規範〔註27〕，又另撰一文探討方苞的詩用觀係屬於反對美、刺說，以「垂戒」代之。〔註28〕

三、漢宋兼採

（一）顧炎武（1613～1682）

顧炎武雖然倡導漢儒之學，以求爲學務本踏實，藉以革除宋明以來理學空談心性之況。王怡惠以顧氏的《詩經》學爲文探討，針對顧氏對《詩》入樂、孔子刪《詩》、「四詩」、「正變」等《詩經》之基本問題的評斷加以析論，再透過專章討論〈風〉、〈雅〉、〈頌〉各篇中部分詩篇的詩旨，王氏認爲顧氏《詩經》學有「通經致用，融會貫通」、「重詩教正人心」、「從經義、史事、

〔註26〕楊菁：〈李光地《詩經》學研究〉，《國文學報》第 41 期（2007 年 6 月），頁 1～35。

〔註27〕丁亞傑：〈方苞述朱之學：詩經的歷史想像與文化建構〉，《當代儒學研究》第 1 期（2007 年 1 月），頁 51～110；丁亞傑：〈士大夫生命的自我投射──方苞《朱子詩義補正》的女性認知〉，《東華漢學》第 2 期（2004 年 5 月），頁 201～226。

〔註28〕丁亞傑：〈美刺、垂戒與虛實分指──方苞的詩用觀〉，收入元培科學技術學院國文組主編：《主題文學學術研討會論文集》（臺北：萬卷樓圖書股份有限公司，2002 年 8 月），頁 239～257。

名物入手」、「舉證詳實」等四項特點，提出「顧炎武徵引論述中，不論今古、漢宋，皆爲並重，並未偏爲某家某派之言。」〔註29〕

（二）賀貽孫（生卒年不詳，1637 年前後在世）

賀貽孫爲明末遺民，其著述《詩經觸義》兼採漢宋，折衷諸說，對朱子《詩集傳》亦多批評之語。賀氏說《詩》時，表現關懷天下卻獨善其身的生命哲理，顯示強烈詮經特色。鍾志偉觀察《四庫全書總目》，發現賀氏毀譽參半，因而以渠爲討論核心，針對賀氏的《詩》學主張、《詩經觸義》的遺民思想、文學解經的特色與其用〈詩序〉的態度。鍾氏認爲賀氏身爲明末遺民，其著述亦帶有遺民色彩，受到明代鍾惺評點之影響，賀氏尊〈首序〉，並以詩文批註方式詮解《詩經》。鍾氏指出，賀氏《詩經觸義》盲從《古序》，以爲三家《詩》僅訓詁箋釋的價值，忽略齊、魯、韓、毛等四家均有《詩》義解說之差異。〔註30〕

（三）閻若璩（1636～1704）

閻若璩撰有《毛朱詩說》，《四庫提要》言該書持論，認爲「〈小序〉不可盡信，而朱子以《詩》說《詩》爲矯枉過正，皆泛論兩家得失。」蔣秋華透過該書進行討論，考證該書撰成及刊行年代。〔註31〕

（四）王鴻緒（1645～1723）

王鴻緒《詩經傳說彙纂》係對朱《傳》內容之訂正，表示自己對於「漢、宋詩說異同」之態度，以及《詩經》爲政實用的價值維護。盧啓聰以此爲探討文本，討論王氏對於漢代、宋代（特別爲朱《傳》說法）等說《詩》觀點，論述中討論王書對《詩序》、朱《傳》等內容的依違，發現王書雖爲兼採漢宋之學，然不專主二派，亦有點出己說。〔註32〕

〔註29〕王怡惠：《顧炎武《詩經》學述評》（彰化：國立彰化師範大學國文教育研究所，2003 年 7 月）。

〔註30〕鍾志偉：〈明清之際，遺民說經：賀貽孫《詩經觸義》評析〉，《中正大學中文學術年刊》第 17 期（2011 年 6 月），頁 1～26。

〔註31〕蔣秋華：〈閻若璩《毛朱詩說》撰成刊行考〉，收入中國詩經學會編：《第五屆詩經國際學術研討會論文集》（北京：學苑出版社，2002 年 7 月），頁 307～317。

〔註32〕盧啓聰：《《詩經傳說彙纂》研究──以編撰背景、體式內涵與思想特質爲中心》（臺北：國立政治大學中國文學系碩士論文，2013 年 6 月）。

（五）顧棟高（1679～1759）

顧棟高之《詩經》著述以解釋《詩經》與考釋名物爲主，江昭蓉以顧氏《詩經》著述《毛詩訂詁》、《毛詩類釋》爲討論目標，先以清代《詩經》學發展「宗《朱傳》」、「宗毛鄭」與「漢宋兼探」三類別加以析論並舉例，再透過顧氏生平傳略、著述、解《詩》方式、名物考據之學等方面著手，認爲顧氏《毛詩訂詁》兼採漢、宋之學，訂正〈詩序〉之誤，務求得《詩經》之本義；《毛詩類釋》則著重於考據名物，旁徵博引，將《詩經》中之名物詳實考證。〔註 33〕

（六）戴震（1724～1777）

戴震爲清代考據學的大家，其兼採漢宋之學，不專主一家。林文華以戴氏爲討論核心，認爲戴氏的《詩經》學研究透過《爾雅》、《說文》、《方言》、《釋名》等小學類書籍考釋《詩經》文字，又以《禮》解《詩》、以《詩》說《禮》，戴氏《詩補傳》依書更打破宋、元以來專宗朱子《詩集傳》的解經觀點，開啓乾嘉考據學的《詩經》研究之風，並討論戴氏《詩經》研究在清代《詩經》學研究上的價值。〔註 34〕

（七）翁方綱（1733～1818）

彭成錦透過討論翁方綱《詩附記》之手稿，比較是書在排印本與手稿上的異同，並探討翁氏的〈詩序〉觀、對笙詩的態度及是書手稿中呈現的治經觀念與治學考訂的方法，提出翁氏認爲〈詩序〉爲子夏所作，否定東漢衛宏作今傳的〈詩序〉，然而並不反對衛宏是否有另作與〈詩序〉同名之作品；笙詩方面，翁氏認同毛《傳》主張本有其辭而後亡佚，亦依循朱《傳》將笙詩六篇編入〈小雅〉，排列次序則按照蘇轍之說「〈魚麗〉置於〈南陔〉之前」，笙詩六篇皆入〈鹿鳴之什〉。〔註 35〕

〔註 33〕江昭蓉：《顧棟高《詩經》著述研究》（臺北縣淡水鎮：淡江大學中國文學系碩士論文，2008 年 6 月）。

〔註 34〕林文華：《戴震經學之研究》（臺北：國立政治大學中國文學研究所博士論文，2005 年 5 月）；林文華：〈戴震《詩經》研究在清代詩經學上的地位與價值〉，《美和技術學院學報》第 25 卷第 1 期（2006 年 4 月），頁 13～31。

〔註 35〕彭成錦：《翁方綱《詩附記》手稿及其海外流布研究》（臺北：國立臺灣師範大學國際漢學研究所碩士論文，2011 年 6 月）。對於翁方綱《詩附記》的研究，尚有段雅馨對於翁氏《詩序》觀及《詩附記》全書探討之作，詳參氏撰：《翁方綱《詩附記》研究》（臺北：國立臺灣師範大學國文學系碩士論文，2013

（八）牟庭（1759～1832）

張曉芬透過牟庭《詩切》探討牟氏的說《詩》主張，發現牟氏說《詩》主實事求是，以考據訓詁方式闡明詩旨。從此方面看來是以漢學面向解《詩》，然牟氏亦主張不贊同《詩序》附會政教的立場，從該書中可看出許多民間風謠的切近人性、情理的觀點，可謂是以漢宋兼採的態度來解《詩》。〔註36〕

（九）阮元（1764～1849）

阮元為清代揚州學派代表人物，陳濬寬以阮氏《毛詩注疏校勘記》為探討目標，先從阮元傳略著手，並透過是書版本、編纂情形與內容的差異，比較現在流傳本的優劣，歸納阮氏對於對校、本校、他校、理校四種方法的運用。〔註37〕

（十）劉沅（1768～1855）

劉沅《詩經恒解》展現其詮解《詩經》融合漢、宋之學，並以己意解《詩》的方式，陳明義透過是書的撰作體例、詮《詩》特點、態度加以討論，分析是書對於〈詩序〉與《朱傳》的辯駁與承繼。〔註38〕

（十一）陳澧（1810～1882）

陳澧治經，力排漢、宋門戶之見，蔣秋華閱讀陳氏《東塾讀詩日錄》後，將是書特色整理出來，認為陳氏強調「婦德」的重要性，在是書對於〈桃夭〉、〈采蘋〉、〈何彼穠矣〉、〈燕燕〉等篇所作的眉批中，皆強調傳統婦德的重要，並倡導「以道制欲」等道學觀念。〔註39〕

（十二）龍起濤（1832～1900）

龍起濤在《詩經》撰有《毛詩補正》一書，撰作意圖在於補正毛《詩》、

年1月)、〈翁方綱《詩附記》之《詩序》觀〉，《國文天地》第29卷第2期（2013年7月），頁58～64。

〔註36〕張曉芬：《牟庭《詩切》研究》（新北：花木蘭文化出版社，2012年3月，《中國學術思想研究輯刊》第十三編第三冊），係國立中正大學中國文學系1998年碩士論文。

〔註37〕陳濬寬：《阮元《毛詩注疏校勘記》探析》（臺中：東海大學中國文學系碩士論文，2011年2月）。

〔註38〕陳明義：〈劉沅《詩經恒解》初探〉，《經學研究集刊》第2期（2006年10月），頁19～55。

〔註39〕蔣秋華：〈讀陳澧《東塾讀詩日錄》〉，收入中國詩經學會編：《第六屆詩經國際學術研討會論文集》（北京：學苑出版社，2005年7月），頁504～511。

闡發《詩序》之義與補正毛《詩》舊注，同時又主張《詩經》有文學特質存在，對《詩經》進行評點，林秉正認為龍氏《毛詩補正》係一部關照《詩經》文學特質的注本。〔註40〕

（十三）吳闓生（1878～1949）

吳闓生《詩義會通》將漢、唐、宋等朝代以來的解《詩》資料濃縮成淺簡文字的注文，使讀《詩》者初步掌握歷史解《詩》的說法。黃智明以吳氏是書詮解〈詩序〉的方式與其對〈詩序〉的態度加以析論，認為吳氏論《詩》受到其父吳汝綸（1840～1903）影響甚深，不私坦漢、宋任何一派，並認同孟子「以意逆志」的讀《詩》觀，認為必須嚴格遵守，且須「沉潛其心」，方能得知《詩》之本義。〔註41〕

四、漢宋分治──王夫之（1619～1692）

歷來研究者針對王夫之《詩經》學的討論，多認為王氏為漢、宋學派兼採的經學家，然而，黃師忠慎提出，王氏《詩經稗疏》、《詩經攷異》與〈叶韻辨〉表現出漢學治學特徵；《詩廣傳》則運用宋學手法，雖然無法判斷王氏治《詩》「先漢後宋」或「先宋後漢」，但王氏並未在同一著述中提出融合漢、宋學派的說法加以論述，因此，黃師忠慎認為王氏無法算是漢宋兼採者，進而提出王氏治《詩》為漢、宋分治的經學家，再以清初三大家顧炎武、黃宗羲與王氏的經學成果加以比較，討論王氏在清代學術地位的升降。〔註42〕此

〔註40〕林秉正：《龍起濤《毛詩補正》研究》（臺中：東海大學中國文學系碩士論文，2013 年 8 月）。

〔註41〕黃智明：〈吳闓生《詩義會通》對〈詩序〉的詮解〉，《樹人學報》第 8 期（2010年 7 月），頁 161～172。針對吳氏的討論，尚有林淑貞、呂珍玉二氏之論文，林淑貞：〈吳闓生《詩義會通》對《詩經》學之演繹、收攝與發皇──兼論與桐城之關涉及解詩觀點〉，收入張曉生主編：《儒學研究論叢》第三輯（臺北：臺北市立教育大學人文藝術學院儒學中心，2010 年 12 月），頁 143～167；呂珍玉：〈吳闓生《詩義會通》研究〉，《東海中文學報》第 26 期（2013 年 12月），頁 89～141，收入楊晉龍主編：《變動時代的經學與經學家──民國時期（1912～1949）經學研究》（臺北：萬卷樓圖書股份有限公司，2014 年 11 月），第二冊，頁 177～235。

〔註42〕黃師忠慎：〈王夫之「詩經」學新探〉，《國文學誌》第 8 期（2004 年 6 月），頁 299～322；黃師忠慎：〈典範的選擇──論王夫之學術地位的升降〉，《彰化師大文學院學報》第 3 期（2004 年 11 月），頁 1～16，前揭二文均收入氏撰：《清代詩經學論稿》（臺北：文津出版社有限公司，2011 年 12 月），頁 23～54、55～77。此外，黃師尚有透過民國學者評論王夫之等人之《詩經》學觀

外，在此一斷限中，仍有 10 筆討論王夫之論《詩》之著作，依其發表年份次序，分別爲陳章錫、林詩娟、卓惠婷、鄭富春、蔡淑閔、江江明、施盈佑、許慧玲、李鵑娟。林氏與卓氏皆以王氏《詩經稗疏》爲討論核心，林氏探討是書關於《詩經》時代、地理與賦比興等方面之基本問題、以《禮》論《詩》的特色及詩教觀；卓氏則對是書的訓釋成果加以評議；〔註43〕陳氏、鄭氏、江氏、許氏、李氏則透過《詩廣傳》加以討論，陳氏分析是書中關於道德倫理、歷史文化、政治與祭祀方面的論述；鄭氏針對是書中的生死觀，強調必須由平日生活著手，以「不憂」、「不懼」、「不惑」的態度從容面對；江氏則以是書中以史事解經的層面加以討論；〔註44〕許氏透過《詩廣傳‧頌》「神」字的意義加以探索、評述；〔註45〕李氏則以附於《詩廣傳》的〈叶韻十蔽〉進行討論，藉以討論古今音韻的不同，不可以今強加於古，亦不可以古論今；〔註46〕蔡氏透過王氏著述分析其「興、觀、群、怨」說，提出王氏的興觀群怨說不僅是文學理論，亦不偏廢儒家傳統教化的看法，是打通經學與文學間的途徑；〔註47〕施氏則以王氏對宋代著述的評論《宋論》一書，加以討論王氏在該書中對《詩經》的引用。〔註48〕

點，詳參氏撰：黃師忠慎：〈學術史上的典範塑造——以民國學者評論王夫之等人之《詩經》學爲例〉，收入楊晉龍主編：《變動時代的經學與經學家——民國時期（1912～1949）經學研究》（臺北：萬卷樓圖書股份有限公司，2014年11月），第二冊，頁107～140。

〔註43〕林詩娟：《王夫之《詩經稗疏》研究》（彰化：國立彰化師範大學國文學系碩士論文，2004年6月）；卓惠婷：〈王船山《詩經稗疏》訓釋評議〉，《問學》第13期（2009年6月），頁137～169。

〔註44〕鄭富春：〈廣心餘情，裕於死生之際——王船山《詩廣傳》中的生死觀〉，《鵝湖月刊》第34卷第6期（2008年12月），頁32～42；陳章錫：《王船山《詩廣傳》義理疏解》（臺北縣永和市：花木蘭文化出版社，2009年3月），該書爲陳氏1984年在國立臺灣師範大學中國文學研究所碩士論文；江江明：〈論王夫之《詩廣傳》借經說史之詮釋義涵〉，《興大中文學報》第25期（2009年6月），頁237～250。

〔註45〕許慧玲：〈《詩廣傳‧頌》「神」義之兩種類型及其意涵〉，《崑山科技大學人文暨社會科學學報》第5期（2014年4月），頁181～197。

〔註46〕李鵑娟：〈王船山「叶韻十蔽」述評〉，《輔仁國文學報》第40期（2015年4月），頁17～35。

〔註47〕蔡淑閔：〈王船山之「興觀群怨」說〉，收入銘傳大學應用中國文學系主編：《中華文化的傳承與拓新——經學的流衍與應用國際學術研討會論文集》（桃園縣龜山鄉：銘傳大學應用中國文學系，2009年4月），頁455～467。

〔註48〕施盈佑：〈王船山《詩經》學之開展運用——試析《宋論》中的「主體——《詩》——歷史」〉，《有鳳初鳴年刊》第4期（2009年9月），頁109～122。

五、非漢非宋

（一）姚際恆（1647～1715）

姚際恆被梁啓超（1873～1929）認爲是清代在《毛傳》、〈毛詩序〉之外，獨抒己見的三位經學家之一。就筆者所見，臺灣學者在 1999 至 2012 年間，單獨討論姚氏的作品有 3 筆論述，依其時間順序分別爲：趙明媛、孟麗娟與黃師忠愼，三位均以姚氏《詩經通論》爲討論目標，趙氏以是書之解經原則、立場、詮釋方法及其對〈詩序〉與《詩集傳》的批評等面向，透過專章析論；〔註49〕孟麗娟則分析姚氏解《詩》方法與其辨僞方式；〔註50〕黃師忠愼則加以闡釋姚氏的《詩》教觀與其對〈詩序〉、《毛傳》、鄭《箋》的批評。〔註51〕趙氏與黃師忠愼雖皆有針對姚氏批評漢學的篇幅存在，然趙氏並未對姚氏批評《毛傳》、鄭《箋》的部分加以說明。

（二）崔述（1740～1816）

崔述與姚際恆、方玉潤（1811～1883）被歸納爲「獨立治《詩》三大家」，崔氏的《讀風偶識》僅針對部分〈風〉詩而作，黃師忠愼認爲胡適、鄭振鐸給予《讀風偶識》的評價過高，因此，透過討論崔氏的著書動機、解《詩》特質與崔氏對於傳統漢學及朱子學說的批評，觀察是書在《詩經》學史上的地位，提出崔氏雖然被定位爲反傳統的學者，然而，其對傳統經學的態度可以概分爲兩面：對於前人經傳注疏方面，崔氏採多方懷疑的態度，甚至認爲可以抛棄不論；對於傳統注疏所秉持的教化觀點卻深信不疑。〔註52〕

〔註49〕 趙明媛：《姚際恆《詩經通論》研究》（桃園縣中壢市：國立中央大學中國文學研究所博士論文，2000 年 12 月）；趙明媛：《《詩經》詮釋與《詩》說批評：姚際恆《詩經通論》研究（臺北縣永和市：花木蘭文化出版社，2010 年 3 月）。

〔註50〕 孟麗娟：《姚際恆《詩經》辨僞及其治經方法》（臺中：逢甲大學中國文學系碩士論文，2004 年 6 月）。

〔註51〕 黃師忠愼：〈姚際恆《詩經通論》的《詩》教觀及其反漢學色彩〉，《國文學報》第 49 期（2011 年 6 月），頁 87～106，收入氏撰：《清代獨立治《詩》三大家研究——姚際恆、崔述、方玉潤》（臺北：五南圖書出版股份有限公司，2012 年 7 月），頁 1～23。

〔註52〕 黃師忠愼：〈以史觀詩，以詩興史——崔述《讀風偶識》析評〉，《漢學研究》第 29 卷第 1 期（2011 年 3 月），頁 225～256，收入氏撰：《清代獨立治《詩》三大家研究——姚際恆、崔述、方玉潤》（臺北：五南圖書出版股份有限公司，2012 年 7 月），頁 25～57。

（三）方玉潤（1811～1883）

同樣身爲清代「獨立治《詩》三大家」的方玉潤，容易被誤解爲治《詩》擺脫漢唐舊注，然而方氏對於傳統《詩》教觀仍相當堅持，據黃師忠愼統計，方氏恪守「思無邪」的讀《詩》法及「溫柔敦厚」的《詩》教觀，其《詩》教觀顯現在解〈風〉詩者爲多。方氏除《詩》教觀上的堅持外，同時也提出「意在言外」的說法，承認詩文具有二種以上的意義。因此，方氏強調，讀者不能拘泥於字句，必須對詩文深入體會，此種堅持《詩》教卻也批評傳統的觀念，可讓讀者感受出多面向的《詩經》學，〔註53〕並透過方氏的解《詩》態度、方法與其所顯示的問題加以析論。〔註54〕簡澤峰透過分析《詩經原始》對於〈風〉詩的詮釋，發現雖然方氏以文學角度詮《詩》，卻依然在傳統《詩》教觀下環繞。〔註55〕

（四）姚際恆、崔述、方玉潤三家治《詩》觀念之比較

前面幾項分述在此一斷限間，針對非漢非宋的「獨立治《詩》三大家」之個別探究，此處則以三人的比較研究加以討論，就筆者所見，在此一斷限間，以姚、崔、方等三氏比較其治《詩》內容者，計有 5 筆，均爲黃師忠愼所撰，分別透過三氏的說《詩》取向、解《詩》基調、涵詠玩味的讀《詩》法及民國學者評介三氏的評論加以析論。〔註56〕

〔註53〕黃師忠愼：〈方玉潤《詩經原始》論詩的言外之意〉，收入氏撰：《清代詩經學論稿》（臺北：文津出版社有限公司，2011 年 12 月），頁 201～216。

〔註54〕黃師忠愼：〈方玉潤《詩經原始》析評：以方法論爲核心的考察〉，《中國學術年刊》32 期（春季號，2010 年 3 月），頁 1～28，收入氏撰：《清代獨立治《詩》三大家研究——姚際恆、崔述、方玉潤》（臺北：五南圖書出版股份有限公司，2012 年 7 月），頁 60～83。

〔註55〕簡澤峰：〈方玉潤《詩經原始》詮釋觀及其相關問題探析——以十五〈國風〉詩旨爲例〉，《白沙人文社會學報》第 3 期（2004 年 10 月），頁 189～214。

〔註56〕黃師忠愼：〈姚際恆、崔述、方玉潤的說《詩》取向及其在學術史上的意義〉，收入龐君豪總編輯：《臺灣學術新視野：經學之部》（臺北：五南圖書出版股份有限公司，2007 年 6 月），頁 172～194。另收入黃師忠愼撰：《清代詩經學論稿》（臺北：文津出版社有限公司，2011 年 12 月），頁 169～200。黃師忠愼：〈典範的選擇——以民國學者評論清代獨立治《詩》三大家爲例〉，《經學研究集刊》第 6 期（2009 年 5 月），頁 41～54；黃師忠愼：〈傳統與變異——論姚際恆、崔述、方玉潤的解《詩》基調〉，《東海中文學報》第 21 期（2009年 7 月），頁 37～66；黃師忠愼：〈論「涵泳、玩味」的讀《詩》法——以姚際恒、崔述與方玉潤的相關論述爲評析對象〉，《文與哲》第 12 期（2008 年 6月），頁 529～578。前揭三文均收入氏撰：《清代獨立治《詩》三大家研究——

六、清代經學家治《詩》之比較

（一）漢、宋學派

　　針對漢、宋學派比較之討論，在此一斷限中，筆者僅見透過尊漢派的毛奇齡與偏宋派的李光地二氏比較、論述者。張政偉先就毛、李二氏對於傳統觀念的繼承與批評進行討論，張氏提出，毛、李二氏大致皆認同〈詩序〉作為可以被質疑或接受的一種解釋，對〈詩序〉並無過於激烈的評判，若不贊同〈詩序〉之言，則略而不談，另舉他例而已。二氏論述分歧較大之處為朱子「淫詩說」，毛氏反對「淫詩說」，認為《詩經》經過孔子整理，經過聖人之手後，不會有「淫詩」存在；李氏則舉《春秋》為例，認為《春秋》同樣經由聖人之手，仍留存亂臣賊子之記錄，就如同於《詩經》之「淫詩」，係作為讓讀者端正自我品行，透過淫詩而多加警惕之用。張氏再透過毛、李二氏的解《詩》重心、方法進行分析，毛氏以批評朱子《詩集傳》為重心；李氏則將釋《詩》重心置於道德教化。〔註57〕

（二）三家《詩》與《毛詩》比較

1. 尊《毛詩》——范家相（1715？～1769）

　　范家相尊《毛詩》，賀廣如提出范氏作《三家詩拾遺》輯三家《詩》，係因為求三家《詩》與《毛詩》取得同等地位，並凸顯《毛詩》地位高於三家《詩》。此種想法，正與南宋王應麟為使三家《詩》能與《毛詩》抗衡而輯三家的想法呈現對比，賀氏再針對王、范二氏進行比較，認為雖然二氏的動機南轅北轍，成果卻殊途同歸，均對三家《詩》的輯佚貢獻頗深。〔註58〕

2. 會通四家《詩》——陳壽祺、陳喬樅、魏源、馮登府、龔橙、王先謙

　　陳壽祺（1771～1834）、陳喬樅（1809～1869）父子係採取漢學系統治《詩》者，江乾益透過陳氏喬梓輯佚三家《詩》之所得，探討兩漢《詩經》學的內

　　　——姚際恆、崔述、方玉潤》（臺北：五南圖書出版股份有限公司，2012 年 7
　　　月），171～194、頁 139～170、85～138。
〔註57〕張政偉：〈清初《詩經》學研究的觀點與方法論問題：以毛奇齡與李光地為例〉，
　　　收入東海大學中國文學系主編：《語言文字與文學詮釋國際學術研討會論文
　　　集》（臺中：東海大學中國文學系，2011 年），頁 121～135。
〔註58〕賀廣如：〈范家相《三家詩拾遺》及其相關問題〉，《漢學研究》第 22 卷第 1
　　　期（2004 年 6 月），頁 219～251。

涵，辨明經學傳承的師法與家法，討論三家《詩》的傳授歷程，並以專章探討三家《詩》的特徵及其內容，再於結論之處說明《毛詩》在漢代以降爲何能夠獨傳於世，實是因「學術乃優者受容，適者留存」。〔註59〕

魏源（1794～1856）被歷來學者認爲其說《詩》屬於今文經學之立場。江素卿則提出，魏源在其著作《詩古微》中，主張會通四家，江氏透過分析《詩古微》特色與魏源引《詩》、用《詩》的情形，認爲魏氏治《詩》的目的在於政治上的禮樂教化，因此主張會通四家，而不直取詩之本義，只要有助於禮樂教化之呈現者，無論三家《詩》或《毛詩》，應當截長補短、會通四家。〔註60〕

馮登府（1783～1841）之《三家詩異文疏證》與《三家詩遺說》均爲輯佚與解釋三家《詩》之著述，賀廣如透過探討馮氏二書，提出《三家詩遺說》撰寫時，曾多次出現「見異文證」、「詳異文疏」等字樣，可知《疏證》之著成年代早於《遺說》。賀氏並透過此一點，提出「《疏證》時對於《毛詩》與三家的持平態度，不論高下，到《遺說》時三家勝《毛詩》多矣的說法。」可以看出馮氏由並重四家《詩》走向偏向三家《詩》的治《詩》取向。〔註61〕

龔橙（生卒年不詳，1840 年序《詩本誼》）對於三家《詩》的態度，可由其所撰《詩本誼·序》中窺知一二，是書序言云「今以三家之序與毛所傳授之序義比觀之，始知三家多說本誼，毛義多說采詩諷詩用詩之誼。」〔註62〕楊瑞嘉透過《詩本誼》加以析論，提出龔氏在詩旨詮釋與篇名取捨上，並非僅採納三家《詩》之見，仍有不少地方捨三家而從《毛詩》，或另闢新解之處。〔註63〕

〔註59〕江乾益：《陳壽祺父子三家詩遺說研究》（臺北縣永和市：花木蘭文化出版社，2010 年 3 月），係江氏於國立臺灣師範大學中國文學系 1984 年之碩士論文。

〔註60〕江素卿：〈論魏源治《詩》之特色〉，收入國立中山大學中國文學系主編：《第二屆國際清代學術研討會論文集》（高雄：國立中山大學中國文學系，1999 年），頁 217～244。林美蘭則有對於魏源《詩古微》的相關研究，詳參氏撰：《魏源《詩古微》研究》（臺北縣永和市：花木蘭文化出版社，2008 年 9 月，《中國學術思想研究輯刊》第七編第五冊），係東吳大學中國文學系 1993 年碩士論文。

〔註61〕賀廣如：〈馮登府的三家《詩》輯佚學〉，《中國文哲研究集刊》第 23 期（2003 年 9 月），頁 305～336。

〔註62〕〔清〕龔橙：《詩本誼·序》，參氏撰：《詩本誼》（上海：上海古籍出版社，2002 年 4 月，《續修四庫全書》本，第 73 冊），頁 276 左下～277 右上。

〔註63〕楊瑞嘉：《龔橙《詩本誼》研究》（彰化：國立彰化師範大學國文研究所碩士論文，1999 年 6 月）。

　　王先謙（1842～1917）撰有《詩三家義集疏》，加上王氏對〈毛詩序〉的批評，因此，一般被學者認爲是擁立今文經學派，然而，吳佳芳透過王氏對於四家《詩》的〈國風〉詩旨取捨的態度加以分析，吳氏臚列出王氏嘗據三家《詩》說批判或贊同〈毛詩序〉，並未單純僅有批判之層面。〔註64〕因此，筆者認爲王氏或可稱爲會通四家，且認爲四家《詩》各有優劣。竺靜華亦透過《詩三家義集疏》加以探討，認爲是書提出反駁《毛詩》正統地位之主張，轉而由三家《詩》之義立說，提出與傳統上以《毛詩》作爲詮解標準的不同解讀。〔註65〕

3. 推崇三家《詩》──康有為（1858～1927）

　　康有爲《詩經說義》幾乎全數皆承襲自魏源《詩古微》，因此賀廣如透過魏源《詩古微》與康有爲《詩經說義》二書加以分析，認爲康氏該書雖承襲自魏氏《詩古微》，然而魏氏治《詩》力求持平，康氏則嚴重偏向三家《詩》，盡斥毛說。〔註66〕

　　針對清代今文經學之發展與皮錫瑞（1850～1908）《經學歷史》的相關討論，前者透過清代今文經學家的論述，觀察今文經學的演變趨勢；〔註67〕後者則探討皮氏撰作《經學歷史》的動機，認爲是書可作爲皮氏由「通經」而「致用」的津梁。〔註68〕此外，蔡根祥有以江永（1681～1762）、戴震的《詩

〔註64〕 吳佳芳：〈論王先謙對《詩經・國風》今古文四家詩旨取捨之態度與方法〉，《世新中文研究集刊》第 3 期（2007 年 6 月），頁 237～269。

〔註65〕 竺靜華：《王先謙經學之研究》（臺北：國立臺灣大學中國文學研究所博士論文，2009 年 6 月）。

〔註66〕 賀廣如：〈「詩經說義」與「詩古微」──論康有爲的「詩經」學（上）〉，《大陸雜誌》第 104 卷第 2 期（2002 年 2 月），頁 36～48。賀廣如：〈「詩經說義」與「詩古微」──論康有爲的「詩經」學（下）〉，《大陸雜誌》第 104 卷第 3 期（2002 年 3 月），頁 11～21。此外，尚有陳文采對康有爲之論述，詳參氏撰：〈康有爲《毛詩》辨僞學之淵源及其內容與方法〉，《東華漢學》第 17 期（2013 年 6 月），頁 171～211。至於，陳文采對於廖平的論述，則見：〈從析分禮制到孔經天學──試論廖平《詩經》研究的轉折〉，收入楊晉龍主編：《變動時代的經學與經學家──民國時期（1912～1949）經學研究》（臺北：萬卷樓圖書股份有限公司，2014 年 11 月），第二冊，頁 141～175。

〔註67〕 謝貴文：〈論清代今文經學之演變趨勢〉，《孔孟月刊》第 40 卷第 2 期（2001 年 10 月），頁 31～38。

〔註68〕 夏鄉：〈皮錫瑞《經學歷史》之作意──由「通經」而「致用」之津梁〉，《孔孟月刊》第 41 卷第 9 期（2003 年 5 月），頁 1～7。

經》學說為探討目標的論述，藉以討論江、戴二氏的學術關係；〔註69〕黃忠天有以清儒《詩》、《易》著作互證會通加以探討；〔註70〕張政偉有透過清代《詩經》考據學者對於孔《疏》的看法進行討論。〔註71〕

第二節　跨代《詩經》學比較與《詩經》學發展

　　前面先分別討論在 1999 至 2015 年間，臺灣學者對單一朝代《詩經》學的論述，此部分則依此一斷限間，學者對跨代《詩經》學比較成果與《詩經》學發展情形製成圖表，並略加敘述之。

一、跨代《詩經》學比較之研究成果

　　此一斷限間，臺灣學者對跨朝代《詩經》學的比較成果，據筆者所蒐集之文獻，計有 20 筆，依本研究圖 2－2「1999 至 2015 年臺灣地區《詩經》學經學方面研究成果」〔註72〕所示，此一部分研究之論述數據，佔此一斷限中經學論述總量的 5%。關於跨代《詩經》學比較的討論核心，筆者將所見之數據製成圖表，詳見下圖：「1999 至 2015 年臺灣地區《詩經》學跨代比較示意圖」。

〔註69〕蔡根祥：〈江永與戴震學術關係研究——以《詩經》學說為討論範圍〉，《經學研究集刊》第 14 期（2013 年 5 月），頁 91～125。

〔註70〕黃忠天：〈清儒《詩》《易》互證會通的學術意義與價值初探〉，《國文學報》第 54 期（2013 年 12 月），頁 33～56。

〔註71〕張政偉：〈清代《詩經》考據學家對孔穎達《毛詩正義》之評價〉，《靜宜中文學報》第 3 期（2013 年 6 月），頁 117～139。

〔註72〕參本論文頁 19。

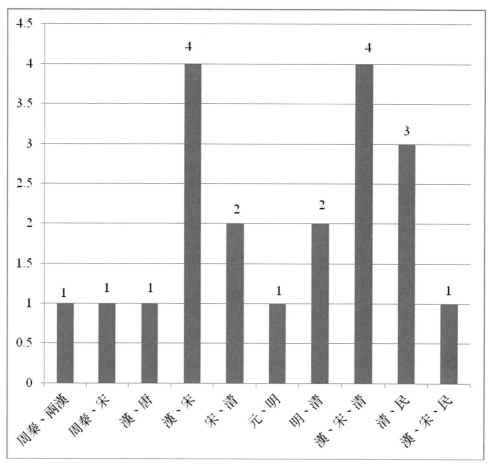

圖 3－3：1999 至 2015 年臺灣地區《詩經》學跨代比較示意圖

資料來源：筆者統計並繪製。

　　根據上圖，可以看出漢、宋二朝的《詩經》學比較與漢、宋、清三代《詩經》著述舉例分析，仍是此一斷限中較多學者關注並多加探討的，此範疇計有 4 筆；其次，為清代與民國特定作者治《詩》之異同，有 3 筆；再者，以宋、清治《詩》殊異；明清著述比較，皆為 2 筆；至於，周秦兩漢《詩經》學的承繼；周秦與宋代之《詩》教思想比較、漢代與唐代、漢、宋、清與民國之後的詮經方式與解經態度則皆為 1 筆。以下茲分項簡述之：

（一）周秦兩漢

　　據筆者統計，在此一斷限間，以周秦兩漢的時代背景做為論述時間者有 1 筆，謝氏先以天人意識與此一時期的《詩經》學承繼關係加以析論，再分析

當時「天」、性情觀念發展與《詩經》詮釋思想的取向，進而討論當時天人意識與《詩經》學的情感態度及心物思維等層面。〔註 73〕

（二）周秦與宋代《詩》教思想之比較

彭維杰透過比對孔子《詩》教與朱子《詩》教體系的異同，彭氏指出二者相同之處，在於認為《詩》皆具有溫柔敦厚的教化功能、肯定《詩》之通經致用的功能，受時代背景影響詮解《詩經》。二者相異處則在於《詩》教理論架構、核心學理、《詩經》之辭看法、「思無邪」詩教之對象、對《詩》教結果的看法。彭氏歸納出二者異同後，進而提出二者《詩》教觀對現代詩歌的啟示。〔註 74〕

（三）漢代及唐代的詮經方式與解經態度之異同

張寶三透過漢代〈毛詩序〉、《毛傳》、鄭《箋》與唐代《毛詩正義》等詮經著述對〈關雎〉的詮解，對比各家著述在詮解上的異同，並敘述其解經性格。張氏認為，〈序〉、《傳》、《箋》雖皆以「后妃之德」解〈關雎〉之主旨，然《傳》、《箋》對「后妃之德」的詮解卻有歧異之處，《正義》亦嘗論毛、鄭釋經的差異，據此，張氏提出，欲探討傳統《毛詩》之義，應當透過〈序〉、《傳》、《箋》、《疏》等著述分別觀察，旁徵博引，始能得其梗概。〔註 75〕

（四）漢、宋《詩經》學之殊異

就筆者所見，此斷限間探討漢學與宋學之差異者有 4 筆，依其發表次序為李時銘、陳明義、林怡芬、鄭逢炫與翁燕玲。李氏透過「鄭聲淫」此一歷來爭執不斷的論題加以討論，先說明詩言志的傳統與詩序依違，其次則闡釋朱子廢〈詩序〉的主張，再分析「鄭聲淫」的意義。〔註 76〕陳氏以漢學傳統與朱子對《詩經》之詮釋析論，比較二者在《詩》旨詮釋、訓詁、賦比興之

〔註73〕謝奇懿：《先秦兩漢天人意識與《詩經》學之研究》（臺北：國立臺灣師範大學國文研究所博士論文，2004 年）、謝奇懿：《先秦兩漢天人意識與《詩經》學之研究》（臺北縣永和市：花木蘭文化出版社，2009 年 3 月）。

〔註74〕彭維杰：〈孔子與朱子的詩教思想比較——兼及對現代詩歌教育的啟示〉，《國文學誌》第 6 期（2002 年 12 月），頁 53～76。

〔註75〕張寶三：〈《毛詩·關雎》篇〈序〉、《傳》、《箋》、《疏》之詮解及其解經性格〉，收入龍宇純先生七秩晉五壽慶論文及編輯委員會編：《龍宇純先生七秩晉五壽慶論文集》（臺北：臺灣學生書局，2002 年 11 月），頁 17～44。

〔註76〕李時銘：〈「鄭聲淫」在經學上的糾葛及其音樂問題〉，《逢甲人文社會學報》第 2 期（2001 年 5 月），頁 39～71。

釋義等方面的異同，再分析二者對二〈南〉的詮釋與淫詩說及刺詩的對應。〔註77〕林氏以《四庫全書》作爲探討核心，探究其《詩經》學之觀點。先從編修背景分析，提出《四庫》「尊經崇儒、崇孔尊朱」、「重視《詩》教」、「重漢學考據」、「重視《詩經》的古音韻」、「保留三家《詩》學觀點」等《詩》學觀點；其次，再探究《四庫全書總目》經部詩類的《詩》學觀，認爲「推崇〈詩序〉」、「認爲《詩經》是政治美刺詩」、「《詩》有淫詩，用以刺淫，非淫者自述其狀」等爲其《詩》學特色。林氏提出《四庫》對於《詩經》的態度爲「重漢學，兼採宋學」、「不盲從〈詩序〉」、「反對淫詩說」、「認同美詩，對於刺詩持保留態度」等治《詩》之觀點。〔註78〕由上述幾項皆可見《四庫》偏重漢學，卻又兼採宋學（除「淫詩說」）的治《詩》特色。鄭逢炫透過〈國風〉詩篇，探討《毛傳》、朱《傳》二書中，所標注興詩的差異。〔註79〕

（五）宋代、清代《詩經》學之比較

就筆者所經眼，針對宋代與清代之《詩經》學來分析者，此一斷限間計有 2 筆，分別爲車行健與黃師忠愼。車氏透過宋儒歐陽修與清儒龔橙的多重《詩》義與詩本義觀，亦針對歐公《詩本義》與龔氏《詩本誼》之成就與特色加以評判。〔註80〕

黃師忠愼則透過朱子與清代獨立治《詩》三大家對比，朱子被多數研究者認爲是反〈序〉派，〔註81〕姚際恆、崔述與方玉潤三位經學家則每每質疑〈詩序〉的正確性。因此，被視爲反〈序〉派的朱子，被姚、崔、方三氏所遵從，但同時卻又提出朱子遵〈序〉的情形過多，方氏、姚氏對此現象均嚴

〔註77〕 陳明義：《朱熹《詩經》學與《詩經》漢學傳統異同之研究》（臺北縣永和市：花木蘭文化出版社，2008 年 9 月），該論文係陳氏於東吳大學中國文學系 2004年 2 月之博士論文。

〔註78〕 林怡芬：《《四庫全書》的《詩經》學觀點研究》（雲林縣斗六市：國立雲林科技大學漢學資料整理研究所碩士論文，2009 年 6 月）。

〔註79〕 鄭逢炫：《《詩經·國風》毛傳朱注「興詩」辨異》（臺北：國立臺灣師範大學國文學系碩士論文，2013 年）。

〔註80〕 車行健：《詩本義析論：以歐陽修與龔橙詩義論述爲中心》（臺北：里仁書局，2002 年 2 月）。

〔註81〕 黃師忠愼在《朱子《詩經》學新探》中提及，朱子雖然表面上爲反《序》派，實際卻盡可能尊重《詩序》。並統整出朱子對《詩序》的態度爲「遵《序》→疑《序》→尊《序》」，參氏撰：《朱子《詩經》學新探》（臺北：五南圖書出版股份有限公司，2002 年 1 月），頁 115、28。

加批判，崔氏則因治學態度受到朱子影響甚深，顯得較爲尊重朱子。〔註82〕

（六）元、明《詩》學觀比較

該範疇此斷限計有 1 筆，丁威仁以元末明初浙東、江西、蘇州、閩中四派之詩人對《詩經》的觀點進行探討，並提出四派對於《詩經》觀的共相與殊異處。〔註83〕

（七）明、清著述比較

針對明清《詩經》學著述之比較，就筆者所見僅有 2 筆，皆出於同一人之作。伍純嫻就明人胡廣（1369～1418）所撰之《詩傳大全》與清人王鴻緒（1645～1723）所撰之《詩經傳說彙纂》分別析論，並比對後者承襲前者之處及其異同，〔註84〕再就二書討論明代《詩經》觀學的延續與發展。〔註85〕

（八）漢、宋、清三代治《詩》之殊異

依筆者所見，將漢、宋、清三代治《詩》異同合併討論的，在此一斷限間有 4 筆，分別爲林葉連、陳志信、沈加佳與楊晉龍。林氏透過陳述漢朝今、古文經及宋、清兩代對〈邶風·燕燕〉之詩旨，並舉例反駁無法成立的主旨，提出〈毛詩序〉爲最能信服的說法。〔註86〕

陳氏則以漢儒鄭玄《毛詩箋》、宋儒朱子《詩集傳》與清儒戴震《杲溪詩經補注》三書對於二〈南〉之注釋，分析鄭、朱、戴三氏的解《詩》取向，發現三氏分別往王者治世寶典、君子修身指引及先代禮樂評述三方向解《詩》。〔註87〕

〔註82〕黃師忠慎：〈論宋儒與清儒對詩旨的解放——從朱子到姚際恒、崔述、方玉潤〉，《興大中文學報》第 22 期（2007 年 12 月），頁 125～158，收入氏撰：《清代獨立治《詩》三大家研究——姚際恒、崔述、方玉潤》（臺北：五南圖書出版股份有限公司，2012 年 7 月），頁 195～245。

〔註83〕丁威仁：〈元末明初詩學的《詩經》詮釋〉，《興大中文學報》第 33 期（2013年 6 月），頁 77～120。

〔註84〕伍純嫻：《《詩傳大全》與《詩經傳說會纂》比較研究》（臺北：中國文化大學中國文學研究所碩士論文，2000 年 6 月）。

〔註85〕伍純嫻：〈《詩傳大全》與《詩經傳說彙纂》關係探論：簡析明代《詩經》官學的延續與發展〉，《中山人文學報》第 20 期（2005 年 6 月），頁 81～118。

〔註86〕林葉連：〈試論〈邶風·燕燕〉的主旨〉，收入國立雲林科技大學漢學資料整理研究所編輯：《漢學研究國際學術研討會論文集》（雲林：國立雲林科技大學，2003 年），頁 61～118。

〔註87〕陳志信：〈未歇的風化力量，未竭的經典意涵——論《毛詩鄭箋》、《詩集傳》與《杲溪詩經補注》的〈二南〉注釋〉，《鵝湖學誌》第 47 期（2011 年 12 月），頁 41～70。

　　沈加佳針對《詩經》繫年加以考證，沈氏認爲《詩序》所言對於《詩經》繫年考證有相當的助益，因此透過《詩序》、《毛傳》、鄭《箋》、孔《疏》等漢學派系統及清代幾位經學家的《詩》說觀點，探討《詩經》篇章之繫年。〔註88〕楊晉龍則對《詩經》刪詩之說進行評論，該文透過漢、宋、清等多位治《詩》學者的論述加以探討。〔註89〕

（九）清代與民國特定作者之異同

　　針對此一範疇之論述，就筆者所見計有 2 筆，分別爲林慶彰與黃師忠愼。林氏歸納顧頡剛（1893～1980）對清儒姚際恆的評介，顧氏認爲姚氏能「啓導疑古辨僞的精神」、「啓發孟姜女故事的研究」與「啓導《詩經》研究的新學風」，提出姚氏「治經無宗派之見，不落漢、宋窠臼」、並對姚氏「能以古器物來勘驗《詩經》的名物，予以肯定。」然而，顧氏卻也提出姚氏對〈詩序〉的批評不夠徹底之言論。〔註90〕

　　黃師忠愼以清代今文經學家王先謙與民國學者王禮卿（1908～1997）二氏之著述爲探討核心，分析其著書動機、體例與其在《詩經》學史上的意義。黃師認爲後者較前者取材更爲深廣，且態度亦更趨公允，但即使肯定二氏的博雅考訂之學，學術研究仍是進行式的發展，不能確知資料判讀是否永遠精密無失，因此不宜過度張揚、提升兩書之永恆價值。〔註91〕

（十）漢、宋與民國詮釋經典的轉向

　　針對此一主題，就筆者所見計有翁燕玲等人，翁氏從古今三大詮解《詩經》的當代標準本──《毛詩》、《詩集傳》與五四時期的古史辨學派，重新考察各時期間標準本與詮《詩》典範歷經典範轉移的過程，翁氏認爲此三大詮《詩》系統除了有共相，即表現出中國傳統引譬連類等聯繫性思維的思考

〔註88〕沈加佳：《《詩經》繫年之研究》（雲林：國立雲林科技大學漢學資料整理研究所碩士論文，2011 年）。

〔註89〕楊晉龍：〈《詩經》學之刪《詩》問題述評〉，收入張曉生主編：《儒學研究論叢》第四輯（臺北：臺北市立教育大學人文藝術學院儒學中心，2011 年 12 月），頁 65～83。

〔註90〕林慶彰：〈姚際恆與顧頡剛〉，《中國文哲研究集刊》第 15 期（1999 年 9 月），頁 431～458。

〔註91〕黃師忠愼：〈貫通與整合：王先謙與王禮卿之《詩經》學比較研究〉，收入陳器文主編：《王禮卿教授百年誕辰紀念文集》（臺中：國立中興大學中國文學系，2011 年 12 月），頁 133～163。

模式，價值與意義詮釋均呈現傳統一元論的思維模式，更有殊相，如《毛詩》詩本義在於以美刺爲詮釋原則；《詩集傳》等朱熹詮詩論述的典範義在於使詩成爲聖俗主體間相互通感以求身心修煉的文本；現代詮《詩》典範的典範義來自於個人性與集體性兩種意義面向的矛盾綜合。〔註92〕

二、《詩經》學發展之研究成果

　　針對 1999 至 2015 年臺灣學者以《詩經》學發展概況爲討論核心的論述，就筆者統計，共有 6 筆資料，係皆針對民國以後所作的相關討論。楊晉龍探討 1949 至 1998 年間臺灣的《詩經》學發展，〔註93〕並以所蒐集之文獻進行分析，提出臺灣學者進行《詩經》學研究時，有「研究主題過於集中」、「研究方法過於固定」與「缺乏開發新議題與論點」等現象，供研究者進行檢討與反思；〔註94〕馮曉庭針對臺灣學者研究宋代經學的論述加以分析；〔註95〕林偉雄則討論 1969 至 2007 年間臺灣以《詩經》爲學位論文主題的篇章，〔註96〕前揭 4 筆資料，筆者皆已於第一章文獻回顧時加以分析，此處不加贅述。

　　此外，尚有 2 筆資料，分別爲筆者拙作與郭怡君的碩論。筆者拙作探討臺灣學者在 1999 至 2012 年這一斷限間對於《詩經》學的相關論述，筆者透過統計這些資料，分析這一斷限間《詩經》學研究者所著重的面向。〔註97〕郭怡君的碩論則以兩岸、香港及日本的電子資料庫與《詩經》文本數位化進

〔註92〕翁燕玲：《從引詩賦詩到詩本義探求的詮釋轉向——《詩經》詮釋典範轉移中的文化意識、文本觀及存在闡釋的界域》（花蓮：國立東華大學中國語文學系博士論文，2013 年 7 月），收入林慶彰主編：《中國學術思想研究輯刊》（新北：花木蘭文化出版社，2015 年 3 月），第二十編第五冊。

〔註93〕楊晉龍：〈臺灣近五十年詩經學研究概述一九四九～一九九八〉，《漢學研究通訊》第 20 卷第 3 期（2001 年 8 月），頁 28～50，後以〈《詩經》學研究概述〉爲題，收入林慶彰主編：《五十年來的經學研究》（臺北：臺灣學生書局，2003 年 5 月），頁 91～159。

〔註94〕楊晉龍：〈臺灣《詩經》研究的反思：淵源與議題析論〉，收入吳文璋主編：《儒學與社會實踐：第三屆臺灣儒學研究國際學術研討會論文集》（臺南：國立成功大學中國文學系，2003 年 2 月），頁 473～514。

〔註95〕馮曉庭：〈臺灣研究宋代經學概況〉，《中國文哲研究通訊》第 12 卷第 3 期（2002 年 9 月），頁 7～46。

〔註96〕林偉雄：〈近四十年（一九六九～二○○七）臺灣詩經學博碩士學位論文研究概述〉，《孔孟月刊》第 49 卷第 1、2 期（2010 年 10 月），頁 36～47。

〔註97〕拙撰：《臺灣地區 1999 至 2012 年《詩經》學研究探論》（彰化：國立彰化師範大學臺灣文學研究所碩士論文，2014 年 6 月）。

行分析，試圖輔助《詩經》學術研究，藉以建構適用之《詩經》資料。〔註98〕

第三節　小　結

　　臺灣地區學者在 1999 至 2015 年間，對於清代《詩經》學之研究爲數甚鉅，共計 86 筆，在此一斷限間對傳統《詩》說的詮釋部分佔 30%，且多爲經學家及其治《詩》作品的分析。筆者透過分析這些論述，參酌歷來學者對這些經學家的研究，將之分爲：漢學派、宋學派、漢宋兼採、漢宋分治與非漢非宋等五項來討論。以《詩經》學發展歷程來說，清代是由宋學復轉爲漢學的繁盛期，此一斷限間針對清代漢學派經學家的論述也遠多於針對清代宋學派之論述。除了堅守漢、宋分隔的經學家外，仍有治《詩》兼採漢宋、非漢非宋及部分著述以漢學爲出發，部分則用宋學角度詮解。

　　針對跨代《詩經》學的分析，在此一斷限中，則有 15 筆資料，整體來說，對於漢、宋、清三代治《詩》的著述與方法有較多的闡釋。單獨分析漢、宋著述者有 4 筆，佔此一類別的五分之一強；針對宋、清經學家的治《詩》特色與方法者，有 2 筆；以漢、宋、清三代對《詩經》詩旨或注釋方面者，有 4 筆。治《詩》論著較多的漢、宋、清三代，在此一斷限中，關注此三代的《詩經》研究論述數據也較多。此外，亦有針對近代《詩經》學研究發展的討論。

〔註98〕郭怡君：《當代《詩經》數位化研究》（臺中：逢甲大學中國文學系碩士論文，2015 年 6 月）。

第四章　民國以來學者提出新《詩》說及評價

　　臺灣地區的《詩經》學研究者，除對古代《詩經》相關論著提出自我詮解外，亦常針對民國以來學者自身體察所得加以析論；或後學對前賢的《詩經》學研究歷程加以述評。因此，本章透過側重於民國以來學者的詮釋與對現代《詩經》學者的評價，加以分類闡釋。此外，《詩經》的教化觀及其文學性影響東亞地區由來已久，在日本、韓國等地均有學者從事《詩經》研究，且有將《詩經》詩篇翻譯為英語在西方區域流傳者，討論臺灣學者從事日、韓等地《詩經》學研究及《詩經》在西方傳播的成果，並對透過《詩經》名物考證的名物詁訓類加以陳述。

第一節　民國以來學者《詩經》學研究概況

　　在 1999 至 2015 年間的臺灣地區《詩經》學研究，除了對傳統《詩》說的詮釋之外，也有學者提出新《詩》說、後來研究者對民國以來之《詩經》研究者的評價與透過東亞、西方等區域之《詩經》學著述加以探討者等類別。首先，筆者先針對 1999 至 2015 年間，臺灣學者提出新說的《詩經》學者及其相關論述加以統整，筆者根據自身所蒐集到之資料，繪製成以下圖表，詳見下圖：「1999 至 2015 年民國以來臺灣地區學者《詩經》學研究數據圖」。

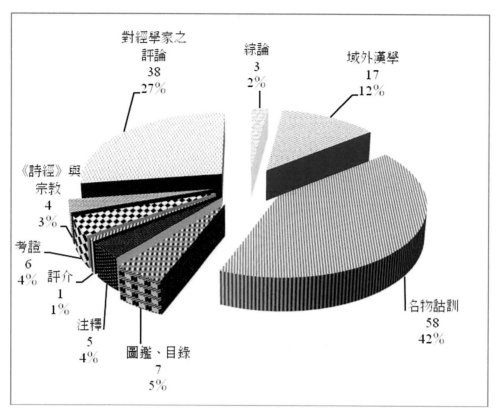

圖 4－1：1999 至 2015 年民國以來臺灣地區學者《詩經》學研究數據圖

資料來源：筆者統計並繪製。

　　由上圖的統計數據可知，此一斷限間的臺灣學者，針對近代學者對《詩經》的研究，計有 145 筆資料，筆者將之分為今人對民國以來《詩經》學者之評價（38 筆；27%）、對東亞、西方《詩經》研究者及其著述的討論（域外漢學）（17 筆；12%）、圖鑑目錄相關書籍（7 筆；5%）、對《詩經》文本加之注釋（5 筆；3%）、對《詩經》著述進行評介（1 筆；1%）、對《詩經》文本考證者（6 筆；4%）與針對《詩經》中名物及字句等方面的考據訓詁（58 筆；40%）。由此可見在此一範疇中，針對《詩經》文本的名物詁訓是相當受研究者關注且多加探索的；其次為現今研究者對近現代的《詩經》學者及其《詩經》學研究的評介；第三則是對域外漢學的探討。以下數節即針對上述範疇加以分析、統計。

第二節　民國以來學者的《詩經》學著作

臺灣學者在 1999 至 2015 年間，對於《詩經》學相關論著，除卻以傳統經學家治《詩》之著述的詮釋外，尚有針對民國以來學者在《詩經》學方面提出新說、《詩經》著述評介及整理圖鑑、目錄等方面的著作。就筆者所見，此一部分概可分為對《詩經》文本注釋、對《詩經》詩篇論證、對《詩經》著述的評介與圖鑑目錄類等方面之論述及記載，茲分項陳述於次。

一、對《詩經》文本的注釋

在此一斷限間針對《詩經》文本注釋的專書，就筆者所見，計有 5 筆。依出版時間之次序分別為：黃師忠慎《詩經選注》、《詩經全注》與呂珍玉之《詩經詳析》。黃師忠慎《詩經選注》一書，係根據其於 1995 年出版之《詩經簡釋》為底本，多加闡發的作品。是書共選《詩經》210 篇進行注解，〈國風〉於《詩經》文本中共有 160 篇，是書選錄 112 篇；二〈雅〉共 105 篇，是書選錄 65 篇；三〈頌〉計 40 篇，是書選錄 33 篇。是書跳脫漢、宋以來遵《序》、反《序》不斷爭執的框架，尊重《詩序》，卻非全然無條件的支持，同時也贊同有理的反《序》派意見。〔註 1〕

黃師忠慎又以《詩經選注》為基礎，撰成《詩經全注》，是書先於緒論闡釋了《詩經》的產生時代、名稱、內容、編集（即詩歌的採集、編纂，包含對於孔子刪詩與否的爭論意見等）、六義、四始、四詩之名稱、正變、三家《詩》、《毛詩》與歷代《詩經》學的演變等與《詩經》相關問題。〔註 2〕是書做為《詩經》教材之用，不僅能讀到《詩經》原文詩句，且能夠明瞭歷代《詩經》研究的問題意識與主張。在逐篇解析《詩經》篇章時，先引述歷來經學家對〈風〉、〈雅〉、〈頌〉各篇的考證以釋義，詩篇後再分為注釋與說明兩部分，透過「注釋」解釋文本的字詞句；「說明」則為篇旨之討論。是書貫徹「《詩》無達詁」的觀念，因此注釋未必僅取一說，亦不強調何說為正詁。

呂珍玉作《詩經詳析》，該書可概分為兩部分，第一部分先陳述《詩經》的十個議題，包含：名稱與傳授、作者與編訂、體制、產生的時代與地域、

〔註 1〕黃師忠慎：《《詩經》選注》（臺北：五南圖書出版股份有限公司，2002 年 9 月）。

〔註 2〕黃師忠慎：《《詩經》全注》（臺北：五南圖書出版股份有限公司，2008 年 9 月）。

文學藝術成就、語言、押韻情形、《詩序》問題、四始與風雅正變，並臚列《詩經》研究重要書目；第二部分則透過〈風〉、〈雅〉、〈頌〉依序分析，先概論其歷史、地理、風俗與詩風特點，分析詩篇時，則透過經文、注釋、詩旨、作法等四項分別敘述，注釋方面博採歷代重要注家說《詩》文獻材料，並加入近代學者的訓詁成果；詩旨與作法則將各家見解並陳，呈現歷代說《詩》之演變情形與《詩經》之思想內涵。〔註3〕

　　前三書均為對於《詩經》文本的注釋，或為選譯、或為通釋，另外一書為翁麗雪所撰之《《詩經》問答》，該書將《詩經》十六個基本議題加諸探討，並將《詩經》文本進行分類，分為情愛詩、婚嫁詩、征夫思婦詩、怨刺詩、農事詩、戰爭詩等，共計分為十二類，並對這些分類的文本進行舉例、注釋，再將各篇詩篇進行點評。〔註4〕此外，尚有朱孟庭透過疑古思潮對民國初年《詩經》白話注釋的分析。〔註5〕

二、對《詩經》詩篇的考證

　　就筆者所見，針對《詩經》詩篇事件的考證，在此一斷限間有 6 筆，依其發表次序，分別為車行健、林雅淳、吳佳鴻、林宏佳與洪博昇。車行健與林宏佳皆針對〈周南·汝墳〉進行考證，車氏認為目前學界針對〈汝墳〉一詩，普遍認為其為「思婦」、「父母家庭」等涵義，車氏整理歷代對於〈汝墳〉一詩的解讀，認為這些解讀結合當時的歷史文化情境的結果頗令人玩味，從而提出對歷代經典詮釋者所詮釋的內容加以探究與直接解讀經典文本的詮釋各有其重要性。〔註6〕林宏佳則以漢、宋兩代對於〈汝墳〉的詮釋，探求〈汝墳〉詩旨。〔註7〕

〔註3〕呂珍玉：《《詩經》詳析》（臺北：五南圖書出版股份有限公司，2010 年 11 月）。

〔註4〕翁麗雪：《《詩經》問答》（臺北：里仁書局，2010 年 9 月）。

〔註5〕朱孟庭：〈民初《詩經》白話譯註的形成與發展——以疑古思潮的影響為論〉，收入楊晉龍主編：《變動時代的經學與經學家——民國時期（1912～1949）經學研究》（臺北：萬卷樓圖書股份有限公司，2014 年 11 月），第二冊，頁 253～317。

〔註6〕車行健：〈紅尾魴魚游向那？——論《詩經·汝墳》的歷代詮釋所蘊含的家、國矛盾〉，收入元培科學技術學院國文組主編：《生命的書寫——第二屆主題文學學術研討會論文集》（臺北：萬卷樓圖書股份有限公司，2003 年 8 月），頁 363～384。

〔註7〕林宏佳：〈〈汝墳〉詩旨試探〉，《東華漢學》第 16 期（2012 年 12 月），頁 53～88。林宏佳尚有對於〈鄭風·女曰雞鳴〉古、今解釋之考證，詳見氏撰：

　　林雅淳針對〈小雅・都人士〉提出疑義並辯證，先考證四家《詩》在〈小雅・都人士〉中的內容差異，再透過分析該詩內容章法、陳述其寫作背景、解讀其主題人物。〔註8〕林氏先提出〈都人士〉在《毛詩》中有五章，並引王先謙（1842～1917）《詩三家義集疏》所載，提出三家《詩》中無首章，進而以歷代對於《詩經》之觀點，認為周秦時可能有同篇名但佚失者，林氏提出〈都人士〉之首章與後四章時為兩首詩，僅因名稱相似而誤合為一；內容未記錄戰亂流離之悲，認為〈都人士〉應歸為西周時期之作。

　　吳佳鴻因歷來經學家〈小雅・十月之交〉的諷刺對象有多種解釋，於是以〈十月之交〉為題，探討該詩所描述人物為何？據吳氏引歷來經學家之言論可知，《毛傳》解為「刺幽王」；鄭《箋》解為「刺厲王」；黃焯認為「此詩作在平王之世而上刺幽王」；日人平山清次、能田忠亮持論「日食」發生於東周平王 36 年，吳氏再舉出〈十月之交〉之內容「《詩經》日食」與「岐山地震」相關與否的說法，加以辯證，提出雖然歷來並無以「雷電」指稱「地震」的直接證據，然而《齊詩》特點係雜揉陰陽五行之說，可藉此說明社會變革的趨勢，透過異常天象表達上天對君主失德、政治黑暗的警告，人臣亦可藉由天象來勸諫君主。〔註9〕洪博昇則透過〈商頌・殷武〉的景山進行考證，提出《毛傳》以後的學者所認知的「景亳之地」非「景山」，當為《毛傳》之說為眞。〔註10〕

三、對《詩經》著述的評介

　　趙制陽致力於《詩經》學研究，常對《詩經》學論著多加分析、探討，其《詩經名著評介》第三集對十二本古、今《詩經》學論著進行評介，趙氏該書評介之書目分別為：《魯詩故》、《韓詩外傳》、宋儒蘇轍（1039～1112）《詩

　　林宏佳：〈〈女曰雞鳴〉敘寫異詮〉，《清華學報》第 45 卷第 3 期（2015 年 9 月），頁 343～380。

〔註 8〕林雅淳：〈《詩經・小雅・都人士》疑義辯證〉，收入國立高雄師範大學國文學系主編：《青年經學學術研討會會後論文集》（高雄：國立高雄師範大學國文系，2009 年）。

〔註 9〕吳佳鴻：〈〈小雅・十月之交〉「日有食之」及其相關議題〉，收入國立高雄師範大學國文學系主編：《青年經學學術研討會會後論文集》（高雄：國立高雄師範大學國文系，2009 年）。

〔註 10〕洪博昇：〈《詩經・商頌・殷武》之「景山」地望說商榷〉，《世新中文研究集刊》第 9 期（2013 年 7 月），頁 137～157。

集傳》、鄭樵（1104～1162）《詩辨妄》、王質（1135～1189）《詩總聞》、呂祖謙（1137～1181）《呂氏家塾讀詩記》及近人錢穆（1895～1990）《讀詩經》、俞平伯（1900～1990）《讀詩札記》、錢鍾書（1910～1998）《管錐編・毛詩正義》等十本專著與對於魯迅（周樹人，1881～1936）、郭沫若（1892～1978）二氏論《詩》著述之評介。〔註11〕

趙氏《詩經名著評介》係評價古今《詩經》論著內容特點，趙氏撰文時，多數均先引述欲評價書籍之作者在史傳上的傳略或作者自傳，係採取孟子「知人論世」觀點，其次，則陳述該書的內容概要，再針對該書的特點加以闡釋。在陳述所評介書籍之內容概要時，趙氏皆將二〈南〉與〈風〉、〈雅〉、〈頌〉分開闡釋，可見趙氏的《詩經》學觀念中，〈周南〉、〈召南〉與〈風〉是不盡相同的。除了趙制陽對於《詩經》古今論著的評述外，尚有 3 篇分別以新中國時期（1950～1970）《詩經》研究進行探討者；〔註12〕透過《續四庫提要・詩經》分析者；〔註13〕以民國學者對於古文字訓詁加以討論者。〔註14〕

四、《詩經》的著述目錄與圖鑑

在此一斷限中，針對《詩經》研究之論著目錄與圖鑑的整理，就筆者所見，共計 7 筆。在目錄類方面，係以蒐集經學論述著作為主，林慶彰編纂 1993～1997 年間以經學研究為主題之論著目錄，收錄臺灣、中國與日本學者之經學研究成果，總共收錄經學研究相關專著、期刊論文、學位論文、研討會論文、報紙論文等之明細〔註15〕、國立編譯館主編《十三經論著目錄》，其編錄次序依序為《周易》、《詩經》、《尚書》、《禮記》、《周禮》、《儀禮》、三《傳》、

〔註11〕趙制陽：《詩經名著評介》（第三集）（臺北：萬卷樓圖書有限公司，1999 年11 月）。

〔註12〕呂珍玉：〈新中國時期（1950～1970）《詩經》研究現象探討〉，《經學研究集刊》第 14 期（2013 年 5 月），頁 53～90。

〔註13〕陳文采：〈《續修四庫全書總目提要（稿本）》「詩經類」之分析研究〉，收入楊晉龍主編：《變動時代的經學與經學家——民國時期（1912～1949）經學研究》（臺北：萬卷樓圖書股份有限公司，2014 年 11 月），第二冊，頁 1～33。

〔註14〕邱惠芬：〈民國學者以古文字訓詁《詩經》的實際情形〉，收入楊晉龍主編：《變動時代的經學與經學家——民國時期（1912～1949）經學研究》（臺北：萬卷樓圖書股份有限公司，2014 年 11 月），第二冊，頁 49～109。

〔註15〕林慶彰主編：《經學研究論著目錄（1993～1997）》（臺北：漢學研究中心，2002 年 4 月）。

《四書》、《孝經》、《爾雅》與《群經總義》，共分爲八冊。《詩經》相關研究收錄於是書第二冊，分爲通論、基本問題、注釋、翻譯、〈國風〉研究、大小〈雅〉研究、三〈頌〉研究、語言文字研究、札記、《詩經》反映之文化風貌、《詩經》比較研究、《詩經》研究史、敦煌《詩經》卷子、《詩經》在外國、叢書、論文集與參考書目等方面來編纂。〔註16〕

　　透過編纂目錄的評述則有何淑蘋、郭明芳二氏之作，何淑蘋透過海峽兩岸編纂《詩經》工具書的回顧及展望爲題，探討編纂該類參考書的歷程；郭明芳則對馬輝宏、寇淑慧二氏所編之《中國香港、臺灣地區詩經研究文獻目錄（1950～2010）》進行評論。〔註17〕

　　除編纂《詩經》論著的目錄及其評論外，尚有透過編纂而成的類書探討其徵引文獻的運用之論述，就筆者所見計有 1 筆，即陳惠美透過清康熙年間編纂而成的《古今圖書集成》分析是書〈詩經部〉徵引文獻，陳文分析〈詩經部〉之內容編排、徵引文獻的價值，再考查《古今圖書集成》之引文是否能與原書相合，對於使用《古今圖書集成》等類書，提出更有效率、眞確無誤的使用方式。〔註18〕

　　在圖鑑方面，依筆者所蒐集之資料，僅見植物或鳥類爲核心的圖鑑作品，潘富俊以《詩經》中所提及之植物爲目標，先就《詩經》運用植物的情況（如〈豳風・七月〉中，共提及 20 種植物，桑爲其中提及最多者）及《詩經》植物的類別（潘氏將其分爲 11 類，分別爲：野菜、栽培蔬菜、栽培穀物、藥材、水果、纖維植物、染料植物、建築舟車器具用材、非木材類之植物用材、觀賞植物、具象徵意義的植物等），在個論方面，則以《詩經》收錄的 135 種植物爲單元主題，依該植物出現在《詩經》的順序分別撰寫。〔註19〕汪淑珍評是書，認爲「此書並詳述《詩經》植物名稱類別、用途、十五〈國風〉地理位置並附上《詩經》植物統計，且有索引使讀者在使用此書上十分方便。」〔註

〔註16〕國立編譯館主編：《十三經論著目錄》（臺北：洪葉文化有限公司，2000 年 6 月）。

〔註17〕郭明芳：〈彰顯臺港《詩經》研究，填補《詩經》目錄一隅──馬輝宏、寇淑慧著《中國香港、臺灣地區詩經研究文獻目錄（1950～2010）》〉，《東海大學圖書館館訊》第 154 期（2014 年 7 月），頁 64～69。

〔註18〕陳惠美：〈《古今圖書集成・經籍典・詩經部》徵引文獻之探討〉，《遠東通識學報》第 4 卷第 1 期（2010 年 1 月），頁 41～52。

〔註19〕潘富俊等：《詩經植物圖鑑》（臺北：貓頭鷹出版社，2001 年 6 月）。

〔註20〕汪淑珍：〈自然科學與古典文學結合──《詩經植物圖鑑》〉，《全國新書資訊月刊》2001 年 11 月，頁 27～28。

20〕顏重威以《詩經》中的鳥類爲題，是書除了將《詩經》中所提及之鳥類以圖像化呈現外，亦解釋《詩經》詩文中所提鳥類的現代身分，並詳加敘述其特殊習性與生態行爲。〔註21〕

　　本節以臺灣學者在此一斷限間所撰作的《詩經》論述爲析論目標，就筆者觀察，在《詩經》注釋方面，作者均採取將歷代經學家詮解《詩經》時的說法並陳的方式，不做孰優孰劣的評論，頗有「《詩》無達詁」的韻味，亦將歷來《詩經》爲研究者所爭論的問題，在其著作中以簡要文字闡釋之，作爲《詩經》的授課教材，對教學有相當大的助益；在《詩經》的考證方面，可看到研究者整理古說，並以自我觀點加以突破，增進研究者的思辨能力；在《詩經》的圖鑑與目錄方面，對於文獻及圖片蒐羅相當詳盡，分類亦清晰明白，若要翻查資料時，透過這些工具書，可獲取極大之協助。

第三節　今人對民國以來《詩經》學者的評介

　　據筆者統計，此一斷限間，臺灣學者以 23 位近現代《詩經》學者進行討論，筆者依所蒐集到之資料，製成下列圖表，詳見下圖：「1999 至 2015 年臺灣地區學者今人《詩經》學研究評介篇次數據圖」。

〔註21〕顏重威等：《《詩經》裡的鳥類》（臺中：鄉宇文化事業，2004 年 9 月）。

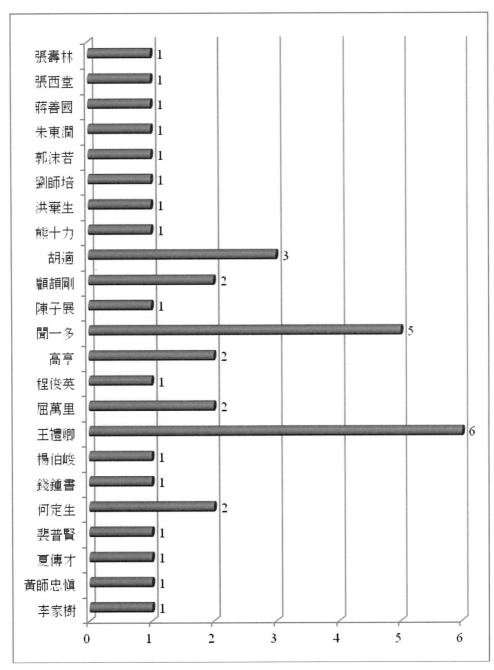

圖4－2：1999至2015年臺灣地區學者今人《詩經》學研究評介篇次數據圖

資料來源：筆者統計並繪製。

　　由上圖統計可以得知，在1999年至2015年間，臺灣學者針對近現代臺

灣地區與中國大陸等地域的《詩經》學研究論著的評述與研究，共計有 38 筆
資料、討論臺灣、中國兩地 23 位《詩經》學者及其論述。中國學者有劉師培
（1884～1919）、熊十力（1885～1968）、郭沫若（1892～1978）、顧頡剛（1893
～1980）、朱東潤（1896～1988）、蔣善國（1898～1986）、陳子展（1898～1990）、
聞一多（1899～1946）、高亨（1900～1986）、程俊英（1901～1993）、張西堂
（1901～1960）、張壽林（1907～？）、楊伯峻（1909～1992）、錢鍾書（1910
～1998）、夏傳才、李家樹等 16 名；臺灣學者〔註22〕有洪棄生（1866～1929）、
胡適（1891～1962）、屈萬里（1907～1979）、王禮卿（1908～1997）、何定生
（1911～1970）、裴普賢與黃師忠慎等 7 名，以下茲分項敘述之。

一、臺灣地區學者的《詩》學觀

（一）用經重於解經，將經典化用於自身學問之注腳──洪棄生

洪棄生原名攀桂，字月樵，與《詩經》相關的著作有《寄鶴齋詩話》、〈讀
變雅詩說〉等。馮曉庭透過洪氏的這幾筆著作，分析洪氏的《詩經》觀，提
出洪氏以為《詩經》係經部典籍亦為韻文始祖，但其韻文特色常為人所忽略；
其次，則指正鄭《箋》說《詩》有誤之處，最後則指出洪氏的經學觀係用經
重於解經，將經典內化成自身學問之輔翼，是以洪氏雖重視傳統學術，卻鮮
少從事注經、解經等如同傳統儒生視經學為終身志業。〔註23〕

（二）《詩經》為文學著作──胡適

針對胡適所提出的討論，在此一斷限間，就筆者所見有 3 筆資料，太老
師李威熊透過胡適對經學的看法，探討胡適挑戰傳統、瓦解經學與儒學的權
威與獨尊的方式，重建新的人生價值觀，並討論胡適對經學的觀點。〔註24〕
提出胡適將諸經視為史料，將子、史、集與山歌民謠都視為與經籍同樣地位，
而在論及《詩經》的部分時，提出《詩經》是文學著作而不是經典，此處李
教授援引胡適〈談談詩經〉內容，指出胡適對於《詩經》是將其視為「一部

〔註22〕 此處臺灣學者包含：1949 年前後隨國民政府遷徙來臺者、學術研究主要在臺
　　　　灣發表者、在臺灣出生的學者等。
〔註23〕 馮曉庭：〈臺儒洪棄生論《詩》、《書》〉，收入葉純芳、張曉生主編：《儒學研
　　　　究論叢：日據時期臺灣儒學研究專號》（臺北：臺北市立教育大學人文藝術學
　　　　院儒學中心，2008 年 12 月），頁 13～29。
〔註24〕 李威熊：〈胡適的經學觀〉，《逢甲人文社會學報》第 4 期（2002 年 5 月），頁
　　　　1～14。

古代歌謠的總集，可以做社會史的材料，可以做政治史的材料，可以做文化史的材料，萬萬不可說它是一部神聖的經典。」〔註 25〕提出胡適主張就詩論詩，不認同孔子刪《詩》、三家《詩》、《詩序》、《毛傳》、鄭《箋》對《詩經》的解釋都不認同。然而，李教授認為，胡適忽略了經之所以為經的特質，且立論矛盾，在《中國古代哲學史》提及孔子時，說其「刪《詩》、《書》，訂禮樂」，在〈談談詩經〉一文，卻又說「孔子並沒有刪《詩》」，前後不一的說法，相當矛盾。

陳文采與朱孟庭同樣探討胡適的《詩經》新解，對此，陳氏提出胡適以歌謠角度的《詩經》新解，打破了經學組成部分的研究格局，在經典解釋傳統上具備了突破性的意義。然而，陳氏亦不諱言此種探討方式亦存在著時代的侷限與學者主觀理解上的謬誤。〔註 26〕朱氏則反駁歷來對於胡適《詩經新解》所作的「有過激之論、荒謬之解，或激烈地反傳統之論」，認為〈周南新解〉依循舊說的比例相當高，「注《詩》有七成，解《詩》有五成五」，可見胡適在《詩經》新解上並非全盤反傳統，與胡適本身宣揚的主張有所出入，朱氏依此推斷或許是《詩經新解》未能完成的諸多原因之一。〔註 27〕

（三）說《詩》重朱《傳》，但亦不偏廢《詩序》——屈萬里

屈萬里有三本與《詩經》相關的專書與十餘篇的《詩經》學相關論文，吳淑銘以屈先生《詩經詮釋》為探討核心，〔註 28〕先討論是書體例，其次則析論是書《詩》之觀點、訓釋方法與是書對於《詩序》及朱《傳》的態度，屈先生認為四家《詩》中，《魯詩》與《毛詩》雖無關宏旨，卻不致貽誤後人；《齊詩》重五行，屈先生認為此絕非《詩經》原有之義，並提出可能是導致《齊詩》為四家《詩》中，最先散佚的原因。有學者倡導二〈南〉應自〈國風〉析出，然而，屈先生認為，二〈南〉係南調，反對將二〈南〉與〈國風〉區別的說法；在字詞訓釋方面，吳氏整理出屈先生的訓釋方式，有「通過字

〔註 25〕胡適：〈談談詩經〉，收入氏撰、歐陽哲生編：《胡適文集》（北京：北京大學出版社，1998 年 11 月），第五冊，頁 470。

〔註 26〕陳文采：〈談談胡適與郭沫若的《詩經》新解〉，《國文天地》第 22 卷第 10 期（2007 年 3 月），頁 37～44。

〔註 27〕朱孟庭：〈先大膽假設，再求證刪改——論胡適〈談談詩經〉的易稿異版〉，《書目季刊》第 46 卷第 1 期（2012 年 6 月），頁 15～33。

〔註 28〕吳淑銘：《屈萬里《詩經詮釋》研究》（彰化：國立彰化師範大學國文學系碩士論文，2006 年 8 月）。

音求字義」、「歸納本經字詞以說明其義」、「藉比對上下文義解釋字詞」、「引前人之說訓釋字詞意義」、「並存諸說，不下判斷」、「結合古代習俗、制度解釋字詞」、「校勘《毛詩》訛文誤字」、「以闕疑代替注釋」等八項；至於屈先生對於《詩序》與朱《傳》的看法，吳氏分析，由於屈先生採取「以經解經」的方式，因此較偏重朱《傳》，然而，雖然屈先生大抵反對《詩序》，但若《詩序》有可取之處，也會正面給予肯定。吳氏說道：

> 《詩經詮釋》中徵引《詩序》原文，並提「《序》說爲長」的有〈何彼穠矣〉、〈柏舟〉、〈擊鼓〉、〈凱風〉、〈旄丘〉、〈北門〉、〈東方未明〉等篇。此外，《詩經詮釋》解〈株林〉引《左傳》維說，解〈鴟鴞〉引《尚書·金縢》，解〈桑柔〉（引）《左傳》、《國語》，這些都可以說明屈先生從《詩序》得到過線索和啓迪。〔註29〕

吳氏整理屈先生《詩經詮釋》在詮解《詩經》時，認爲《詩序》能夠道出詩文本義的篇章七篇，並列舉出以《左傳》、《國語》與《尚書》等經傳來解《詩》的篇章，證明屈先生雖然引《詩》詮解較著重於朱子《詩集傳》一方，然而，屈先生亦有稱頌《詩序》之處，並非全然不支持《詩序》之解。

　　吳氏透過上述分析，認爲屈先生《詩經詮釋》一書具有「詩旨新詮，時有獨到見解」、「訓釋字句，頗爲準確簡明」與「言出有據，並非鑿空立說」等優點，然而，在文字訓詁上則「濫言通假，證據不足」、研究方法上「特定歌謠分析推想，過於主觀」。〔註30〕

（四）提倡四家《詩》皆有詩旨，贊同《詩》有美、刺之說
──王禮卿

　　王禮卿治《詩》的主要著作爲《四家詩恉會歸》，在 1999 至 2015 年之間，針對王先生《詩經》學的研究，計有 6 筆，皆以王氏《四家詩恉會歸》爲探討核心，洪春音針對是書作概論性的探討，先以是書〈詩學總詁〉提及之三訓，分析得出王氏的《詩經》學秉持孔子以來「思無邪」的傳統；其次，討論《詩序》及師承，王氏引清儒魏源（1794～1856）《詩古微》之考證，認爲除《毛詩》外，三家《詩》亦有序，四家《詩序》之源皆出於國史；王氏贊

〔註29〕 吳淑銘：《屈萬里《詩經詮釋》研究》（彰化：國立彰化師範大學國文學系碩士論文，2006 年 8 月），頁 210。

〔註30〕 此外，尚有蕭怡君對屈萬里《詩經》之經史學觀點，詳參氏撰：《屈萬里之《詩經》古史學》（臺北：世新大學中國文學系碩士論文，2013 年 7 月）。

同詩有美、刺之說，認為《詩經》305 篇均具有政治意涵與美刺對象，得以彰顯《詩經》的教化觀，使得「思無邪」的意義能夠徹底呈現，《詩》所以作為儒家仁政理想的重要關鍵，皆源於此。最後，提出是書將「涵詠玩味」的讀詩法與六義詩教兼綜為一。〔註31〕

　　陳瑩珍則針對王先生的「興」義加以析論，再將其與《詩序》結合，陳氏整理王氏針對「興」義的分類並舉例之，析為「以興義之單複言之」（含兼比之興與不兼比之興二項）、「以興意之曲直言之」（含正興、反興與正反相兼之興等三項）、「以興義之隱顯言之」（含竝綴正意之興與不綴正意之興二項）、「以興體之廣狹言之」（含全篇之興、全章之興、上下皆興、數句之興、兩句之興與單句之興等六項）、「以興格之繁簡言之」（含以一興興再興、以顯興興隱興、具象略義之興與象義竝具之興等四項）、「以興型之異同言之」（含各章所託類同之興、各章所託類異之興、各章詞義大同之興、各章詞義相異之興及各章詞義異同兼具之興等五項）、「以興境之遠近言之」（含即事之興、離事之興、即時之興與離時之興等四項）、「以興相之虛實言之」（含託物之興、託事之興、託象之興、託境之興、託義之興、設象之興、設境之興等七項），共析為 8 類，計 31 項。〔註32〕

　　除討論王先生的「興」義詮釋外，陳氏另撰文討論《四家詩恉會歸》對《詩序》的闡揚，提出王氏在氏書中，臚列周秦時期典籍、四家詩傳，辨明四家詩恉係出於同源，並將四家《詩序》合而觀之，分析何者為本義？何者為引申義？陳氏藉此提出《詩序》對於讀《詩》者的重要性，認為說《詩》必宗《詩序》。〔註33〕林葉連則以《詩經》詩文作者在四家《詩》中的異同加以析論，分為「四家《詩》對《詩經》作者皆無異議者」計 26 篇；「《毛詩》所主為正，而今文經有所不同者」計 7 篇；「今文經所主為正，而《毛詩》不

〔註31〕洪春音：〈王禮卿《詩經》學舉要〉，收入陳器文主編：《王禮卿教授百年誕辰紀念文集》（臺中：國立中興大學中國文學系，2011 年 12 月），頁 245～280。

〔註32〕陳瑩珍：〈王禮卿先生之「興」義研究〉，《先秦兩漢學術》9 期（2008 年 3 月），頁 157～208。

〔註33〕陳瑩珍：〈《四家詩恉會歸》對〈詩序〉的闡揚〉，收入陳器文主編：《王禮卿教授百年誕辰紀念文集》（臺中：國立中興大學中國文學系，2011 年 12 月），頁 207～244；《王禮卿先生《四家詩恉會歸》研究》（雲林：國立雲林科技大學漢學資料整理研究所碩士論文，2008 年），另由花木蘭文化出版社於 2011 年 3 月出版，《中國學術思想研究輯刊》十一編第五冊）。

同者」計 8 篇;「後世學者據四家《詩》推斷者」計 4 篇,並評判王先生《詩經》研究之得失。〔註 34〕

此外,林氏並以《四家詩恉會歸》爲探討目標,發現王氏在研究四家《詩》的主旨後,認爲《詩經》中有 291 篇以《毛詩》詩旨爲本義,僅 14 篇屬引申義,並探討這 14 篇之詩旨,分析王先生所依據的理由、判斷方法與貢獻。〔註 35〕

(五)倡導《詩》本義的探求應回歸於周秦——何定生

何定生撰有《詩經今論》一書,根據筆者所蒐集之資料,在此一斷限中,臺灣學者針對何定生《詩經》著作的討論,有 2 篇論述探討之,分別爲張慧美、車行健。張氏著重於何定生《詩經今論》的價值描繪。張氏先就是書的外緣陳述之,說明何定生的生平傳略與其《詩經》學概念及師承,認爲何氏受傅斯年(1896～1950)、顧頡剛二位先生的影響頗深,因此張氏先說明傅、顧二氏的生平與治學相關之資料,其次,再闡述《詩經今論》的內容及特點。是書分爲三卷,係何氏在大學講授《詩經》時,所作《詩經》專題研究的著作,卷一爲「從樂章到諫書看《詩經》」,說明《詩經》由周代作爲禮樂所用的樂章轉而成爲漢代以降人臣對君王的諫書,何氏認爲漢代的毛、鄭之學、宋代的朱子學等《詩經》闡釋,多是在「諫書」的系統下;卷二爲「《詩經》的復始問題」,陳述《詩經》在春秋時代之前,可分爲「正歌」與「散樂」兩類,提出如要探求《詩經》本義,不宜從漢、宋、清三代著作著手,須回到春秋以前,始可得出原始解釋;卷三爲「《詩經》的解釋問題發凡」,分別闡述漢、宋、清三代儒者對於《詩經》的解釋。張氏引述是書的卷頭語「藉禮樂的觀點,來解答《詩經》所發生的問題。」認爲是書三卷全圍繞著此一觀點發展,讓《詩經》回歸禮樂,以探究《詩》之本義。〔註 36〕車行健則透過何定生與《古史辨》中詩經學的相關進行討論。〔註 37〕

〔註 34〕林葉連:〈《四家詩恉會歸》所論《詩經》篇章作者之研究〉,《漢學研究集刊》第 2 期(2006 年 6 月),頁 49～98。

〔註 35〕林葉連:〈《四家詩恉會歸》不贊同《毛詩》爲本義之篇旨探析〉,收入陳器文主編:《王禮卿教授百年誕辰紀念文集》(臺中:國立中興大學中國文學系,2011 年 12 月),頁 165～206。

〔註 36〕張慧美:〈評介「詩經今論」〉,《興大中文學報》第 12 期(1999 年 6 月),頁 97～115。

〔註 37〕車行健:〈何定生與《古史辨》的《詩經》研究〉,《中國文哲研究通訊》第 24 卷第 1 期(2014 年 3 月),頁 107～132。

（六）廢《序》去經、走向文學化──裴普賢

糜文開（1908～1983）、裴普賢夫婦二人合撰《詩經欣賞與研究》四冊，前三冊賞析《詩經》各篇章，以齊句式逐句翻譯，通篇讀來亦感受其韻律，頗為特殊。在該書第四冊則收錄糜、裴二氏共21篇與《詩經》相關之論文，透過經學、小學、考據、民俗與文學等方面對《詩經》加以析論。〔註38〕據林宜鈴統計之資料，裴普賢研治《詩經》的相關論著相當豐富，撰有專書15種、期刊論文63篇。林氏撰文討論裴氏的《詩經》研究，先透過裴氏生平經歷，明瞭其《詩經》研究的背景、動機與歷程，林氏提出裴氏的治《詩》特色，著重於將《詩經》口語化、故事化、通俗化，以文學性賞析取代前人的論詩方法。這些方式亦導致裴氏在詮釋過程被認為現代化色彩太濃、推論證據不足、過多臆測。但即便如此，並不影響裴氏在《詩經》研讀方面，帶給後人的啟發與參考。〔註39〕

（七）尊重《序》說，兼容漢、宋──黃師忠慎

張政偉以黃師忠慎治《詩》的路程為闡釋目標，透過說明黃師忠慎至2008年為界的《詩經》學研究成果與教學相關著作（《詩經簡釋》、《詩經選注》、《詩經全注》等），闡釋黃師忠慎的治《詩》歷程與理念。〔註40〕張氏認為，揆諸黃師忠慎的學思歷程，可以發現其研究目的專注且明確，以《詩經》為探索目標，而其研究方法與觀點兼採中西學術之精粹，因此，呈顯出來的學術氣象是廣博而融通，又多能推翻舊有的學術觀點、填補學術研究的空白，可謂不襲故說，別有卓見。此外，張氏亦指出現今許多研究論文的通病──不管適用與否，均強行套用西方文學理論。對此，張氏提出黃師忠慎有其適度運用西方學術來詮解中國傳統的理念，黃師忠慎「認為引進西方學術，並不是將中國傳統學術全數硬塞進去，更不是濫加比附，隨意合說，而是審慎借用西方學術的長處，立足於固有學術，建立一個具有特色，合乎現代規範的學術體系。」〔註41〕此案例可以作為後進學子取法的目標：運用西方文學理論

〔註38〕糜文開、裴普賢撰：《詩經欣賞與研究》（臺北：三民書局，1991年8月，再版）。

〔註39〕林宜鈴：《裴普賢的《詩經》研究探討》（臺中：東海大學中國文學系碩士論文，2008年1月），頁211～212。

〔註40〕張政偉：〈黃忠慎教授《詩經》研究之路〉，《國文天地》第24卷第7期（2008年12月），頁98～102。

〔註41〕張政偉：〈黃忠慎教授《詩經》研究之路〉，《國文天地》第24卷第7期（2008年12月），頁99。

來解釋中國傳統的文獻並非不恰當，但在運用之前，必須先審慎思考，而不是直接隨意拾取一個西方文學理論，將之強加在所要探究的主題上，並意圖扭曲解釋。

二、中國大陸學者的《詩》學觀

（一）詳細闡發詩經之義，兼容今、古文經——劉師培

劉師培，字申叔，在《詩經》方面撰有《經學教科書》、《毛詩詞例舉要》（含詳本、略本二種），前者探討從周秦兩漢迄清之《詩經》學、四家《詩》、〈邶〉、〈鄘〉、〈衛〉等衛國詩、三〈頌〉等，陳慶煌透過分析劉師培之經學，認為劉氏雖崇尚古文經學，然亦不否定今文經，並指出劉氏在《毛詩詞例舉要》詮釋《毛詩》字義時的特色，其闡發經義之詳，說《詩》者不可不讀。〔註42〕

（二）圍繞「思無邪」討論《詩經》教化觀與美、刺詩——熊十力

廖崇斐以熊十力的經學研究成果為討論目標，以文獻學角度出發，透過熊氏在經學方面的著作，理解其對六經的看法。以《讀經示要》論《詩經》，貫串了孔子說《詩經》「思無邪」的概念，提出雖然生命「因形氣之私，而時時處在幽暗之中」，但即便如此，又能朝向正是生命之幽暗，奮力朝光明處邁進。是以，熊氏以能夠抒發至情至性的「思無邪」為宗旨來理解《詩經》。其次，熊氏針對《詩經》的教化觀進行討論，熊氏認為經過孔子整理過後的《詩經》，具有教化意義，朱子的「鄭聲淫」所指涉的是「聲」，而非〈鄭〉、〈衛〉之詩。〔註43〕對於《詩經》的美、刺，熊氏認為怨、刺詩更能體現《詩》的思無邪，因唯有「情」發於「至公」，才能無邪。對社會大眾的憂苦而發聲，更展現知識分子對於社會所懷抱的理念與抱負。

（三）結合傳世文獻與出土文獻，並探究《詩經》的庶民史——郭沫若

郭沫若撰有《卷耳集》，邱惠芬從《卷耳集》的翻譯看郭沫若的《詩經》

〔註42〕陳冠甫（慶煌）：《劉申叔先生之經學》（臺北縣永和市：花木蘭文化出版社，2010 年 3 月，《中國學術思想研究輯刊》第七編第二四冊）。

〔註43〕廖崇斐：《熊十力經學思想研究》（臺中：國立中興大學中國文學研究所博士論文，2009 年 1 月），頁 208。

觀，邱氏點出郭沫若的《詩經》古史觀有五：其一，繼承王國維殷周古史研究成果；其二，以唯物史觀系統科學建構、詮釋《詩經》古史社會；其三，從微觀角度看《詩經》時代的社會史；其四，結合傳世文獻與出土文獻、器物；其五，留意《詩經》庶民心聲，發掘社會底層人物的無奈。邱氏並對郭氏的《詩經》古史研究的限制，提出三點分析，認為其生搬硬套馬克思的社會主義於中國社會、詩篇年代的界定及訓詁問題有待商榷、強調詩歌的怨怒之聲。〔註44〕

（四）以多重角度詮解《詩經》，反對《詩序》——顧頡剛

顧頡剛詮解《詩經》時，破除以經學為單一思考面向的詮解方式，透過民俗學、純文學、社會學與史學的角度解《詩》。依筆者所蒐集之資料，論及顧氏詮《詩》的論文，在此斷限中有 2 筆資料。胡幸玟針對顧氏詮《詩》之特色與價值析論之，胡氏歸納出顧氏有「以文學取代經學的詮釋角度」、「以民歌精神釋《詩經》的方式」及結合史學等特色，顧氏的《詩經》研究成果，將《詩經》學研究帶入純文學與通俗化研究中；〔註45〕林慶彰則探討顧頡剛對於《詩序》的觀點，顧氏認為《詩序》為東漢衛宏所作，非出於子夏之手，既然無關乎孔門，就沒有孔子的微言大義。顧氏進而提出《詩序》係以「政治盛衰」、「道德優劣」、「時代早晚」與「篇第先後」解釋《詩經》詩旨，指出不合理與矛盾之處。並引述前人研究，認為《韓詩》、《魯詩》亦皆有《序》，且早於〈毛詩序〉。林慶彰認為，顧氏對《詩序》的見解，將《詩序》的神聖地位降低，使《詩序》成為諸多解《詩》的方式之一。〔註46〕

（五）熔新、舊說於一爐，反對《詩》之教化——陳子展

陳子展治《詩經》重視傳統文化，又吸納現代科學與人文學的知識，史甄陶分析陳子展投入《詩經》學研究的動機及其研究方法，史氏透過陳氏著作《國風選譯》、《詩經直解》二書，觀察陳氏在著作中引述之經學家與著作多為何朝？得知陳氏引述著作中涵括漢學與宋學兩大系統，又以清代的學者

〔註44〕邱惠芬：〈郭沫若《詩經》研究〉，收入楊晉龍主編：《變動時代的經學與經學家——民國時期（1912～1949）經學研究》（臺北：萬卷樓圖書股份有限公司，2014 年 11 月），第二冊，頁 507～604。

〔註45〕胡婉庭（胡幸玟）：《顧頡剛詮釋《詩經》的淵源及其意義》（南投縣埔里鎮：國立暨南國際大學中國語文學系碩士論文，2000 年 6 月）。

〔註46〕林慶彰：〈顧頡剛論《詩序》〉，《應用語文學報》第 3 期（2001 年 6 月），頁 77～86。

居多數；由著作內容觀之，以論及漢學爲多。其次，史氏針對陳氏對《詩序》的立場轉變加以討論，1956 年的《國風選譯》，陳氏在《序》中認爲《詩序》爲東漢衛宏作，1983 年《詩經直解》則認爲《詩序》作者有三種說法，東漢衛宏作之〈毛詩序〉非同部作品。對於《詩序》解《詩》，陳氏有時贊同、有時則持反對之聲，反對係因認爲《詩序》解〈卷耳〉、〈樛木〉、〈芣苢〉等詩篇時，過於扭曲《詩經》之本義。對於朱子以「修齊治平」觀點討論二〈南〉，陳氏亦持反對意見，認爲不宜將詩文作爲教化工具。史氏認爲陳氏詮《詩》受到馬克思主義影響，反思「詩教」的形成過程，但陳氏解說詩旨時，係藉由古人的研究成果，陳述作者與被描繪者的身分階級，呈現當時的社會景況。表面上看來，陳氏釋經兼採漢、宋學派的見解，觀其內容始知，陳氏僅著重漢、清二朝的作品，並參考現代自然科學與社會科學的見解，藉以檢討古人對詩旨的理解是否正確。〔註 47〕

（六）持論〈國風〉非出於民間，當為貴族士人所作——朱東潤

朱東潤撰有《詩三百篇探故》，原名《讀詩四論》，〔註 48〕所收文章計有〈國風出於民間論質疑〉、〈詩心論發凡〉、〈古詩說撦遺〉與〈詩大小雅說臆〉等四篇。林慶彰教授主編之《民國時期經學叢書》所收《讀詩四論》，係根據該版本影印。書末則另附朱氏 1946 年於《國文月刊》發表之〈詩三百篇成書中的時代精神〉，與《讀詩四論》原刊本不同。鄭月梅則根據《詩三百篇探故》歸納出朱氏的《詩經》觀點，即：明確表示《詩經》的作者身分、宏觀的文學視角、著重歷史的變遷、正視女性的情感、強調當前意識等五點。〔註 49〕

〔註 47〕 史甄陶：〈陳子展研究《詩經》方法述評〉，《中國學術年刊》第 34 期（2012年 9 月），頁 165～190。

〔註 48〕 《讀詩四論》，原爲長沙商務印書館於 1940 年 10 月印行，臺北東昇事業出版公司亦曾印行是書，附有〈詩三百篇成書中的時代精神〉一文，參《讀詩四論》（臺北：東昇事業出版公司，1980 年）；朱氏另有《詩三百篇探故》由上海古籍出版社（1981 年）、臺北漢京出版社（1984 年）付梓，所收錄文章與《民國時期經學叢書》中之《讀詩四論》文章皆相同，僅篇章順序稍作調整。參朱東潤撰：《詩三百篇探故》（上海：上海古籍出版社，1981 年 11 月）、朱東潤撰：《詩三百篇探故》（臺北縣樹林鎮：漢京文化事業有限公司，1984 年），頁 1、朱東潤：《讀詩四論》，收入《民國時期經學叢書》第二輯，第 32 冊。

〔註 49〕 鄭月梅：〈朱東潤《詩三百篇探故》的特色〉，收入林慶彰、蔣秋華總策畫，楊晉龍主編：《變動時代的經學與經學家——民國時期（1912～1949）經學研究》（臺北：萬卷樓圖書股份有限公司，2014 年），第 2 冊，頁 605～633。

（七）將《詩經》改稱《三百篇》，認為該書為文學──蔣善國

蔣善國撰有《三百篇演論》，該書共收有8篇論文，其一，討論孔子刪《詩》說，認為孔子正樂、主張孔子未刪《詩》；其二，討論四家《詩》源流；其三，認為《詩序》係漢人所作，因此持反《序》立場；其四，論逸《詩》，分別列出三種逸詩的情況，並舉例說明；其五，論《三百篇》各篇篇名及其次序，提出歷來的次序多為牽強附會；其六，討論「四始」、「六義」說，贊同〈風〉、〈雅〉、〈頌〉為四始，並統整歷來對於賦、比、興的說法；其七，討論《三百篇》的藝術，可分為形式、聲韻與情意三方面；其八，分析《三百篇》的特質，認為其具備樂舞性、政教性、群眾性與普遍性的特質。邱惠芬透過該書進行討論，並討論1920至1930年代《詩經》學的書寫策略及目的。〔註50〕

（八）改字改讀，符合自身的詮釋、展現自身浪漫詩人的特性
　　　──聞一多

聞一多的《詩經》學研究透過文學、語言學、史學的角度討論《詩經》，就筆者所見，以聞一多的《詩經》研究為討論者計有5筆。呂珍玉認為聞氏在《詩經詞類》一書中，細分詞類與詞義的分類方式，對於後代《詩經》辭典的編纂有所啟發。然而，是書為未完成之文稿，呂氏先闡釋是書的撰寫背景、體例、特點與勘誤，並針對未詳字詞加以補充。〔註51〕

許瑞誠提出，聞一多在前賢的研究中，多半從打破、推翻禮教的觀點進行論述，然而，許氏卻認為聞氏係試圖從中尋找文化脈絡，將之與西學相較。許氏以聞氏的《詩經》研究與其美學理論的關聯性、聞氏對古漢語語法的認知、運用西方研究方法研究《詩經》以恢復原始文化真面目的再商榷，並探討聞氏的《詩經》研究之價值與對當代思潮的影響。〔註52〕

在訓詁方面，聞氏從西方語法的角度詮釋《詩經》的語句，呈現東、西

〔註50〕邱惠芬：〈二十世紀二、三○年代詩經學的接受與影響──以蔣善國《三百篇演論》為考察中心〉，收入楊晉龍主編：《變動時代的經學與經學家──民國時期（1912～1949）經學研究》（臺北：萬卷樓圖書股份有限公司，2014年11月），第二冊，頁635～671。

〔註51〕呂珍玉：〈聞一多《詩經詞類》刊誤〉，收入東海大學中國文學系主編：《語言文字與文學詮釋國際學術研討會論文集》（臺中：東海大學中國文學系，2011年），頁343～372。

〔註52〕許瑞誠：《聞一多《詩經》詮釋研究》（臺南：國立成功大學中國文學系碩士論文，2008年6月）。

方文法的差異性。因此，許氏認為，用西方的語法或文學理論詮釋《詩經》是否能合乎他文本裡所要表達的眞意，是值得再度審思的；在文化方面，許氏提及聞氏相當強調《詩經》的文化與詩人心理，認爲歷來對《詩經》的聖賢道德說，均非由詩人的心理探求詩篇意義，乃是以經學家所屬的當時生活情形去強加。因此，聞氏便以原始主義曲解詩意，往往爲了說通自己的主張——性欲觀與圖騰主義，將篇旨朝向他的主張，並進行改字改讀，使其更爲符合自身認知；以文學角度詮《詩》時，聞氏則運用了文學的「幻象與情感」爲詩篇增添文字未言及之處，展現自身浪漫詩人的特性，然而，在此同時也顯露了聞氏認知上的《詩經》，係在情感方面表現的相當裸露的作品。〔註53〕

（九）詮《詩》有獨到見解，常以階級觀點解《詩》——高亨

高亨以「不迷信古人，盲從舊說，而敢於追求眞諦，創立新義」的主張撰寫是書，該書獲得受到李泉、趙沛霖等學者的推崇。蔡敏琳先就高氏生平傳略加以論述，再依次分析《詩經今注》的著作體例、論《詩》觀點、訓釋方法、作者對《詩序》與朱《傳》的態度，並以是書與《詩序》及朱《傳》的異同析論，再分析是書的得失。〔註54〕蔡氏指出，是書詮《詩》時，常有獨到見解、訓釋字句準確簡明、言出有據，非鑿空立說；然而，亦有脫離詩歌形象，刻意求新的詩旨、在文字訓詁上濫言通假，又受到當時共產主義風氣的影響，常以階級的觀點解說詩旨。

〔註53〕 許瑞誠：《聞一多《詩經》詮釋研究》（臺南：國立成功大學中國文學系碩士論文，2008 年 6 月），頁 225～226。對於聞一多的相關研究，尚有呂珍玉與朱孟庭對於聞一多《詩經》中的民俗文化、原始社會的探討，詳參呂珍玉：〈聞一多說《詩》中的原始社會與生殖文化〉，《臺北大學中文學報》第 13 期（2013 年 3 月），頁 33～63，收入楊晉龍主編：《變動時代的經學與經學家——民國時期（1912～1949）經學研究》（臺北：萬卷樓圖書股份有限公司，2014 年 11 月），第二冊，頁 359～401；朱孟庭：〈民國初期《詩經》民俗文化研究——以聞一多《詩經》婚嫁民俗闡釋爲例〉，收入楊晉龍主編：《變動時代的經學與經學家——民國時期（1912～1949）經學研究》（新北：萬卷樓圖書股份有限公司，2014 年 11 月），第二冊，頁 319～358；侯美珍則有對於聞一多《詩經》學的相關論述，侯美珍：《聞一多《詩經》學研究》（臺北縣永和市：花木蘭文化出版社，2010 年 9 月，《中國學術思想研究輯刊》第九編第十四冊）。
〔註54〕 蔡敏琳：《高亨《詩經今注》研究》（彰化：國立彰化師範大學國文學系碩士論文，2003 年 6 月），收入潘美月等主編：《古典文獻研究輯刊》（臺北縣永和市：花木蘭文化出版社，2008 年 9 月），第七編第六冊；蔡敏琳：〈高亨《詩經今注》的缺失探討〉，《板中學報》第 5 期（2006 年 5 月），頁 49～72。

（十）《詩經》為文學作品，透過西方文藝理論分析──張西堂

張西堂撰有《詩經六論》，認爲《詩經》係古代的樂歌總集，鄭月梅透過該書討論張西堂的《詩經》觀，並對於《詩經》進行分類，將《詩經》分爲勞動生產、戀愛婚姻、政治諷刺、史詩及其他等類別，再用如蘇聯依・薩・畢達可夫、高爾基（1868～1936）等氏的文藝理論對《詩經》進行討論。〔註55〕

（十一）就詩論詩，直指《詩經》中詩藝之不足──程俊英

程俊英指出從漢代至清末的《詩經》研究，大抵循著經學的軌跡在進行。這些依循經學軌跡來詮解的著述，大抵將《詩經》視爲有教化觀念的「諫書」。然而，程氏認爲只有掌握「就詩論詩」的原則來詮詩，才能彰顯詩旨，程氏《詩經注析》即本著「就詩論詩」的觀點而撰作。陳明義透過闡述是書的撰寫體例、特色，又指出歷來《詩經》研究者，大抵沒有針對《詩經》文本加以批評，然而，《詩經注析》直指《詩經》中詩藝不足與瑕疵之處。陳氏認爲，《詩經注析》一書視《詩》爲詩、「文學史上第一部詩歌總集」、「想恢復《詩經》的客觀存在和本來面目」、「更徹底地就詩論詩」等《詩》觀，大抵爲受到民初學者整理國故、疑古辨僞運動的影響。〔註56〕

（十二）善用實證科學、目錄學進行考證──張壽林

張壽林撰有《論詩六稿》，陳文采對於該書進行全面性的考察，提出了張氏治《詩》的特色，認爲張氏治《詩》方法多元，接近實證科學的考據；善用目錄學以考訂是非，得以看見學術發展的脈絡，並具備批判意識，對於傳統經學權威加以批判。〔註57〕

（十三）實事求是，對詞語與問題考察詳盡，常提出新解
──楊伯峻

張淑惠撰文探討楊伯峻的經學，先陳述楊氏師承與家學淵源，藉以初步

〔註55〕鄭月梅：〈從《詩經六論》看張西堂對《詩經》的見解〉，收入楊晉龍主編：《變動時代的經學與經學家──民國時期（1912～1949）經學研究》（臺北：萬卷樓圖書股份有限公司，2014 年 11 月），第二冊，頁 685～712。

〔註56〕陳明義：〈程俊英《詩經注析》略論〉，《修平人文社會學報》第 18 期（2012 年 3 月），頁 57～86。

〔註57〕陳文采：〈張壽林《詩經》學研究〉，收入楊晉龍主編：《變動時代的經學與經學家──民國時期（1912～1949）經學研究》（臺北：萬卷樓圖書股份有限公司，2014 年 11 月），第二冊，頁 469～505。

得知楊氏的治學態度與方法,再透過楊氏的經學著作逐步分析楊氏的治學方法,歸納楊氏的治經的特色。張氏認為楊氏對詞語及語法考察詳盡、重視文本與作者、實事求是,糾正前人謬誤、多有個人評價,不流於俗。〔註58〕

(十四)倡文學藝術美、說《詩》意圖打通古今、中西的隔閡 ──錢鍾書

錢鍾書撰有《管錐編·毛詩正義》,張惠婷分析錢鍾書的《詩經》研究,先討論五四運動以來《詩經》作為文學研究的趨勢,再以錢氏結合西方比較文學、心理學等理論的文藝批評方法及析論錢氏詮解《詩經》的詩學思想,再探討是書對於《詩序》、《毛傳》、鄭《箋》、孔《疏》與清儒說《詩》的看法,在此一部分,錢氏並未對《傳》、《箋》、《疏》作全面評價,僅針對某句、某篇的詮解討論之,或批評、或贊同。然而,對於〈續序〉以史事證《詩》、美刺說《詩》的看法則大加撻伐,認為此舉並非「談藝之要務」,對於清儒的批評著重於反對考據,認為重考據會忽視了詩歌的藝術美。歸納是書的修辭、描繪技巧時,錢氏則結合西方的文藝觀點,並強調文學語言的特色。〔註59〕

(十五)近代《詩經》學史與語言藝術探究──夏傳才

夏傳才籌劃、組織「中國詩經學會」,並擔任該學會會長,曾以《二十世紀《詩經》學》〔註60〕為題,撰寫清末民初的傳統《詩經》學研究衰頹、現代《詩經》學的創始、建設、深化及拓展等時期,並陳述孔子刪《詩》、尊《序》反《序》、〈商頌〉時代、〈國風〉作者等學案的意見。而與本研究相關的臺灣學者的詩經學研究部分,夏氏認為臺灣學者較為重視出土文獻、文物,對古籍文獻整理煞費苦心,對明代、清末民初的《詩經》學史也撰文加以研究。然而,夏氏僅用一章節綜合討論臺灣、香港的《詩經》研究,且僅提及部分學者,資料或有不足,較缺乏全面性的陳述,甚為缺憾。據陳文采統計,夏氏自 1982 年起,以《詩經》為主要方向,在學術刊物上持續發表研究論文,共計出版研究專著五種,主編《詩經研究叢刊》。陳氏將夏氏進行《詩經》研

〔註58〕 張淑惠:〈淺述楊伯峻先生之經學〉,《東吳中文研究集刊》第 7 期(2000 年 6 月),頁 21~44。

〔註59〕 張惠婷:《錢鍾書的《詩經》研究探析》(臺中:東海大學中國文學系碩士論文,2007 年 6 月)。

〔註60〕 夏傳才:《二十世紀詩經學》(北京:學苑出版社,2005 年 7 月)。

究的階段分為「獨抱經騷苦鑽研」、「一枝鐵筆著文章」、「新知舊雨話八方」
等三個時期進行討論，並說明夏氏建構了《詩經》學史研究的基礎工程、開
拓語言藝術領域的《詩經》學研究，闡述夏氏在《詩經》研究上所作的貢獻。
〔註61〕

（十六）《詩序》存、廢與域外漢學──李家樹

據陳文采之觀察，香港學者李家樹自 1978 年起開始發表《詩經》學論文，
其研究議題主要著重於思考「傳統文化的現代意義」與「國際性的漢學眼光」
兩層面。陳氏以李家樹的《詩經》學研究路程為討論主題，〔註62〕整理李氏
與《詩經》相關的論文後，發現李氏最初討論的是《詩序》的存廢與淫詩問
題，陳氏引述李家樹《國風毛序朱傳異同考析》中之論點，提出朱子解《詩》
時，從《序》或接近《序》說的，反而多於不從《序》的，再將王質《詩總
聞》與朱《傳》相比，發現在〈國風〉中，王質《詩總聞》反《序》說者高
達九成、朱《傳》從《序》者則有七成。〔註63〕在《詩經》學史方面，李氏
透過漢、宋與五四新文化運動以降等三個時期分別討論，對疑古派從民間歌
謠角度去探討《詩經》的文學觀點予以肯定，卻也提出疑古派忽略了詩歌的
時代作用。

在《詩經》外文翻譯研究方面，李氏也進行相關討論，認為理雅各（James
Legge，1815～1897）、韋理（Authur Waley）、高本漢（Klas Bernhard Johannes
Karlgren，1889～1978）等三氏在《詩經》譯文上有異同，係因「所採用的文
本不同」，〔註64〕理雅各以《詩集傳》為主，輔以毛、鄭及其他《詩》說；韋
理將《詩經》視為原始民歌的總集；高本漢以研究古物的態度，納入清代樸
學家的研究成果，利用文獻學與語音學做導引，凸顯翻譯不僅做為《詩經》
文本的理解，還涉及對整體《詩經》學文化傳統的閱讀與詮釋。其次，三家
釋《詩》假借字時，理雅各常因重朱《傳》輕古注而有誤讀情形；韋理多有

〔註61〕陳文采：〈夏傳才對現代《詩經》學的思考與貢獻〉，《國文天地》第 22 卷第 2
　　　　期（2006 年 7 月），頁 102～106。

〔註62〕陳文采：〈李家樹教授《詩經》研究的歷程〉，《國文天地》第 24 卷第 2 期（2008
　　　　年 7 月），頁 4～9。

〔註63〕陳文采：〈李家樹教授《詩經》研究的歷程〉，《國文天地》第 24 卷第 2 期（2008
　　　　年 7 月），頁 6。

〔註64〕案：根據陳氏上下文，應為理雅各、韋理與高本漢等三氏對《詩經》的用途、
　　　　認知與理解皆不盡相同。

臆測之詞,解釋常有謬誤;高本漢注意內證、留心異文,利用現代與文學知識補救清人缺失,〔註65〕李氏給予高本漢較高的評價。

透過陳文采對李家樹的述評,可知李氏除了對傳統文化中的《詩經》有所討論外,也致力於探討《詩經》在經由西方漢學家翻譯、解釋後,所呈現的面貌及西方漢學家著重的項目。

此外,尚有《詩經》及宗教的相關討論,如將《詩經》與聖經以數個面向進行討論者;〔註66〕以基督徒的儒家經學傳播為討論者;〔註67〕如透過鸞書探討《詩經》在近現代傳播者。〔註68〕

本節針對臺灣學者對臺灣、中國兩個地域的《詩經》學家所做的評介,觀其《詩經》研究成果,發現在近人的《詩經》著作中,呈現較為多面的樣貌,除了古代《詩》說的「漢學派」、「宋學派」外,認為《詩》本義的探求須回歸周秦者有之;將《詩經》視為文學作品而析論者有之;透過中國儒家傳統的《詩經》與西方文學理論而討論者亦有之,可看出《詩經》詮釋已跳脫既有侷限於經學框架的面貌,也有更多學者以不同角度詮釋《詩經》。

第四節　域外漢學的探討

《詩經》的教化觀及其文學性影響東亞地區由來已久,在日本、韓國等地均有學者從事《詩經》學研究,亦有將《詩經》翻譯為英語在西方國家、地域流傳者,本節以臺灣學者從事日、韓等地《詩經》學研究及《詩經》在西方傳播的成果為討論核心,觀察《詩經》在上述各區域的傳播與研究情形。

首先,先觀察 1999 至 2015 年間,臺灣學者在《詩經》的域外漢學研究成果,根據筆者於本章圖 4-1 的統計,已知此一斷限在《詩經》的域外漢學

〔註65〕陳文采:〈李家樹教授《詩經》研究的歷程〉,《國文天地》第 24 卷第 2 期(2008 年 7 月),頁 8～9。

〔註66〕陳思葦:《《詩經》與《舊約聖經》的比較──以上帝屬性、民族遷徙、愛情詩、箴言為考察》(臺中:東海大學中國文學系碩士論文,2013 年 6 月)。

〔註67〕楊晉龍:〈臺灣地區光復前基督徒的儒家經學傳播一斑──李春生著作中的詩經學訊息〉,《文與哲》24 期(2014 年 6 月),頁 153～192。

〔註68〕楊晉龍:〈臺灣光復前竹塹地區詩文應用《詩經》探論──以現存古典詩集和鸞書為對象的觀察〉,《東吳中文學報》第 28 期(2014 年 11 月),頁 271～306;〈民國肇建前新竹地區鸞書使用《詩經》表現探論〉,《清華中文學報》第 13 期(2015 年 6 月),頁 107～152。

研究中有 17 筆資料，佔近代學者《詩經》學的新說與評價的 12%，筆者依個人所蒐集到之資料，將統計結果繪製成下圖。詳見下圖：「1999 至 2015 臺灣地區學者在《詩經》方面之域外漢學研究成果數據圖」。

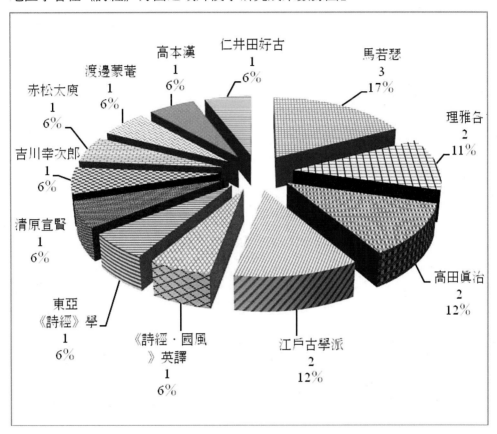

圖4－3：1999 至 2015 臺灣地區學者在《詩經》方面之域外漢學研究成果數據圖

資料來源：筆者統計並繪製。

　　由上圖的統計可知，在此一斷限中臺灣學者針對域外漢學的研究共計 17 筆，可概分為討論東亞《詩經》學與《詩經》的英文翻譯兩方面，東亞《詩經》學研究裡，又以對日本經學家的《詩經》學研究的討論居多，在日本的經學家方面，有針對清原宣賢（明成化 11 年、日文明 7 年〔1475〕～明嘉靖 29 年、日天文 19 年〔1550〕）、渡邊蒙菴（清康熙 26 年、日貞享 4 年〔1687〕～清乾隆 40 年、日安永 4 年〔1775〕）、赤松太庚（清康熙 48 年、日寶永 6 年〔1709〕～清乾隆 32 年、日明和 4 年〔1767〕）、仁井田好古（清乾隆 35

年、日明和 7 年〔1770〕～清道光 28 年、日弘化 5 年〔1848〕）、高田眞治（清光緒 19 年、日明治 26 年〔1893〕～1975）、吉川幸次郎（清光緒 30 年、日明治 37 年〔1904〕～1980）等；在主題方面，則有針對江戶古學派及江戶時代對於朱《傳》流傳等進行的討論；《詩經》的外語翻譯則有馬若瑟（Joseph de Prémare，1666～1736）、理雅各與《詩經‧國風》英譯成果的著作。此外，尚有針對東亞《詩經》學爲探討核心的相關論著，茲分述於次。

一、對東亞漢學家《詩經》學研究的探討

在此一斷限間，對東亞漢學家的《詩經》學進行討論者，以張寶三及張文朝二氏所探討的論述最多。

張寶三以清原宣賢、吉川幸次郎與朝鮮正祖（李祘，1752～1800，清乾隆 41 年〔1776〕～清嘉慶 5 年〔1800〕在位）的《詩經》著作爲分析目標。

以清原氏爲討論篇章者，係探討清原宣賢《毛詩抄》與《毛詩注疏》的關聯性，張氏先就清原氏的生平與其《詩經》學淵源談起，再考察《毛詩抄》的版本，爾後才討論《毛詩抄》對《毛詩注疏》的承襲、補充、調整、誤讀與《毛詩抄》在東亞《詩經》學史上的價值及地位。根據張氏所考察，《毛詩抄》釋《詩》大抵依《毛傳》、鄭《箋》、孔《疏》之說爲主體，再透過中國宋、元、明之注疏補充。清原氏在訓釋時，對〈小雅‧采綠〉、〈鄭風‧將仲子〉、〈陳風‧東門之池〉與〈秦風‧車鄰〉等篇章之詞義偶有誤解。《毛詩抄》因有「古本」、「家本」等等保留早期版本的面貌者，有助於《詩經》的校勘，又保存了日本《詩經》舊有解釋，得以明瞭日本中世以前對《詩經》的解釋，且《毛詩抄》大抵依據《毛詩注疏》而解釋，雖有引述宋、元、明代的經學家著作，卻有主、從關係，並非漢、宋兼採的立場，可反映出《毛詩注疏》在日本當時期的重要性。〔註69〕

以吉川幸次郎爲探討對象者，則分析吉川氏的《詩經》學著作，闡釋吉川氏《詩經》研究成果的特色，並藉以反映現代日本《詩經》學的現況。在進行《詩經》研究前，吉川氏先廣蒐資料、校勘文本，以確保研究的準確性。

〔註69〕 張寶三：〈清原宣賢《毛詩抄》研究：以和《毛詩注疏》之關係爲中心〉，《臺灣東亞文明研究學刊》第 1 卷第 2 期（2004 年 12 月），頁 159～198，收入氏撰：《東亞《詩經》學論集》（臺北：國立臺灣大學出版中心，2009 年 7 月），頁 329～381。

探討《詩經》文本時，多依從舊注以解《詩》，此爲吉川氏《詩經》研究的優
點，卻也是其過度保守的缺失所在。〔註70〕

　　以朝鮮正祖李祘及其著作《詩經講義》所作的討論，則分析是書撰作的背
景、形式、內容體例，再透過討論朝鮮正祖對朱《傳》的態度、對《詩經》的
校勘、訓詁、解《詩》觀，並討論朝鮮正祖《詩經》論的特點。〔註71〕張氏提
出，自朝鮮世宗（李祹，1397～1450，明成祖永樂 16 年〔1418〕～明代宗景
泰元年〔1450〕在位）後，《四書大全》與《五經大全》即成爲科舉考試的標
準，《詩傳大全》爲《五經大全》之一，乃博採眾說以闡釋朱子《詩集傳》者，
因此，朱《傳》之於朝鮮的《詩經》學發展，比起《毛傳》、鄭《箋》與孔《疏》
等漢、唐舊注，重要性高了許多。朝鮮正祖《詩經講義》對於朱《傳》時讚譽、
時質疑，然僅以之設問，並未多加評論，強調尊朱並非全然信之而不可更動。

　　張文朝則針對赤松太庚、仁井田好古、渡邊蒙菴等氏的《詩經》觀，並
探討此三家對於朱《傳》的批評，再對於朱《傳》在日本江戶時代（1603～
1867）的流傳另撰一文進行探討。〔註72〕

　　林葉連對高田眞治《詩經》學論述分析討論，以〈周南〉至〈鄭風〉爲
討論範圍，闡釋高田氏的《詩經》學研究特色，將之與《毛傳》、鄭《箋》、
三家《詩》、孔《疏》、陸德明《經典釋文》、朱《傳》等中國經學家注疏與日
本學者的著作加以比較，分析其異同，在高田氏《詩經》著作中，引述最多
者爲毛、朱二者的《詩》說。〔註73〕

〔註70〕張寶三：〈吉川幸次郎之《詩經》研究方法〉，《臺灣東亞文明研究學刊》第 2
　　　　卷第 2 期（2005 年 12 月），頁 47～75，收入氏撰：《東亞《詩經》學論集》（臺
　　　　北：國立臺灣大學出版中心，2009 年 7 月），頁 383～423。
〔註71〕張寶三：〈朝鮮正祖《詩經講義》論考〉，收入氏撰：《東亞《詩經》學論集》
　　　　（臺北：國立臺灣大學出版中心，2009 年 7 月），頁 425～499。
〔註72〕張文朝：〈以不錄批朱——試就〈二南〉論赤松太庚《詩經述》對朱熹《詩集
　　　　傳》的無言批判〉，《中國文哲研究通訊》第 25 卷第 4 期（2015 年 12 月），頁
　　　　111～136；〈仁井田好古的《詩經》觀及其對朱熹之批評〉，《中國文哲研究集
　　　　刊》第 47 期（2015 年 9 月），頁 173～216；〈渡邊蒙菴《詩傳惡石》對朱熹
　　　　《詩集傳》之批判——兼論其對古文辭學派《詩經》觀之繼承〉，《漢學研究》
　　　　第 32 卷第 1 期（2014 年 3 月），頁 173～208；〈朱熹《詩集傳》在日本江戶
　　　　時代（1603～1868）的流傳〉，《漢學研究通訊》第 32 卷第 1 期（2013 年 2
　　　　月），頁 9～22。
〔註73〕林葉連：〈高田眞治《詩經》初探——以〈周南〉至〈鄭風〉爲範圍〉，《漢學
　　　　論壇》3 期（2003 年 12 月），頁 19～52。關於高田眞治的相關研究，則有田
　　　　紓凡對於高田眞治〈國風〉之《詩序》觀的探討，詳見氏撰：《高田眞治《詩

　　金培懿就伊藤仁齋（1627～1705）、伊藤東涯（1670～1736）、荻生徂徠（1666～1728）、太宰春臺（1680～1747）等四位江戶古學派的《詩序》與朱《傳》的觀點，上述四位皆認同《詩經》出於人情。就《詩序》存、廢的主張而言，伊藤仁齋認為若盡廢〈小序〉，則詩旨的美、刺不明；其子伊藤東涯則強調讀《詩》、學《詩》並不是為了以某種僵化的教條式道理而來框架人心；荻生徂徠則主張《詩序》如同詩題，詩若有題，將有助於詩義的理解，而且《詩序》雖稱為「序」，其實就是詩「解」，卻又提出「詩無定義」，不必拘泥《詩序》之說，相當程度保留了經義解釋的開放性；太宰春臺亦主張存《詩序》，認為後人雖有疑於《詩序》，但若直接將《詩序》廢除，則解《詩》將無從考之。〔註74〕

二、對《詩經》翻譯成果的分析

（一）對於英國漢學家理雅各《詩經》翻譯的探討

　　針對理雅各《詩經》翻譯的探討，就筆者所見，在 1999 至 2015 年間，有 2 筆資料討論之，分別為林葉連與陳韋縉。前者以〈周南〉至〈衛風〉為討論範圍，探討 64 篇理雅各撰於詩文原句與英譯後的「解題」——以簡要的方式寫該首詩的主旨以及重要的相關問題，探討理雅各對中國傳統《詩經》學的解說情形，林氏先說明理雅各解題的主要結構——標示文體、以「短序」說明主旨、簡介、部分用「結語筆記（concluding note）」作補述，並以多樣化的方式論證「解題」，包含引詩句內容、引動物學知識、引周朝禮制、引植物學知識、中國古代傳說、古書故事等，豐富其解題的內涵，在《詩序》與朱《傳》方面，理雅各對《詩序》與朱《傳》皆有所承，認為學者不該盲從、失去自我判斷力。〔註75〕

　　陳韋縉針對理雅各《中國經典》第四冊《詩經》、韻體版《詩經》及由德籍學者馬克思・穆勒（friedrich max muller，1823～1900）博士主編《東方盛典叢書》第三冊《儒教典籍》等三部《詩經》譯著，介紹成書過程、內容特色，再針對這三部著作所徵引的西文參考資料，討論對理雅各的《詩

　　　　經・國風》之《詩序》研究》（雲林：國立雲林科技大學漢學應用研究所碩士論文，2015 年 7 月）。

〔註74〕 金培懿：〈「義理人情」的詩教觀——江戶古學派的《詩序》觀研究〉，《臺灣東亞文明研究學刊》第 5 卷第 2 期（2008 年 12 月），頁 173～210。

〔註75〕 林葉連：〈理雅各英譯《詩經》對詩篇的解題——以〈周南〉至〈衛風〉為探討範圍〉，《漢學論壇》第 2 期（2003 年 6 月），頁 29～66。

經》譯著產生的影響。陳氏認為，理雅各引用西文資料時，有明引（直接引用）、暗引（吸收、內化，再以自己方式呈現）與借引（近於六義之「比」）三種方式，引用的書目則以辭典類著作為最多；其次，為傳教士們對中國文化、天文曆算、史地知識的介紹；其三，為外國學者對中國經典與文學的相關著作。〔註76〕

（二）法籍漢學家馬若瑟《詩經》翻譯之討論

馬若瑟翻譯 8 篇的《詩經》作品,收錄於法籍漢學家杜赫德(Jean-Baptiste Du Halde，1674～1743）主編之《中國通誌》。馬若瑟選材集中於〈小雅〉、〈大雅〉與〈頌〉，〔註77〕透過這 8 篇，建構出一個可供西方人想像的上古中國，這些作品中對周朝，尤以周文王推崇備至。由於馬若瑟為索隱派代表，因此，杜欣欣撰文討論馬若瑟《詩經》翻譯的作品時，先闡釋索隱派，其次再陳述馬若瑟字解與經解的詮釋，分析馬若瑟所翻譯的這些詩篇，杜氏發現馬若瑟選譯這些詩篇大多與「王政」相關，文中反覆出現「上帝」、「天」、「皇」等詞，代表一種主宰宇宙的超自然力量，因此，馬氏選譯的這 8 篇詩，意在托喻基督宗教「天主」早已見諸於中國上古經籍。杜氏更進一步指出，〈天作〉、〈皇矣〉二篇的譯文，係對於周文王的讚譽之詞，馬若瑟在譯文中則投射耶穌的形象，隱約指出《詩》中記錄了耶穌在人間的懿德懿行。〔註78〕此外，尚有呂珍玉對於高本漢《詩經注釋》的分析研究，該書係針對《詩經注釋》的訓詁原則及方法進行分析，並指出高氏該書訓釋的優缺點。〔註79〕

〔註76〕陳韋縉：《西文參考資料對理雅各英譯《詩經》之影響研究》（新竹：國立清華大學中國文學系碩士論文，2010 年 8 月）。

〔註77〕《中國通誌》並未寫明所翻譯的詩篇名稱，杜氏比對《中國通誌》法文譯本後，認為馬若瑟翻譯的《詩經》作品，依其翻譯次序為〈周頌・敬之〉、〈周頌・天作〉、〈大雅・皇矣〉、〈大雅・抑〉、〈大雅・瞻卬〉、〈小雅・正月〉、〈大雅・板〉、〈大雅・蕩〉等八篇。

〔註78〕杜欣欣：〈馬若瑟《詩經》翻譯初探〉，《中國文哲研究通訊》第 22 卷第 1 期（2012 年 3 月），頁 43～71；〈索隱翻譯：清初耶穌會士馬若瑟的譯想世界〉，《翻譯學研究集刊》第 17 期（2014 年 6 月），頁 199～224；《探賾索隱，鉤深致遠：論馬若瑟法譯《詩經》八首》（臺北：國立臺灣師範大學翻譯研究所博士論文，2015 年 7 月）。

〔註79〕高本漢為瑞典漢學家，因此將之歸納於此。呂氏著作則詳見氏撰：《高本漢《詩經注釋》研究》（臺北縣永和市：花木蘭文化工作坊，2005 年 12 月，《古典文獻研究輯刊》初編第二七冊），係東海大學中國文學系 1997 年博士論文。

（三）臺灣學者的《詩經》英譯著作

就筆者所見，1999 至 2015 年間，臺灣學者將《詩經》翻譯成外文著作者僅賈福相（1931～2011）所撰之著作一筆。〔註 80〕賈氏為生物學者，他認為《詩經》千年不衰，多少與「鳥獸草木之名」有關，賈氏將 160 篇〈國風〉作品翻譯為白話與英文，賈氏在用字遣詞上力求精準，卻又富含詩味，不僅將詩篇文句透過白話及英文進行翻譯，亦將詩篇篇名用淺顯的文句譯之，一定程度下將〈國風〉詩篇流傳出去。

在本節中，筆者臚列了以東亞《詩經》學家、西方漢學家的《詩經》研究與翻譯為論述對象的作品及當代《詩經》翻譯著作，對於東亞經學家而言，由於與中國距離較近，受到傳統中國文化的影響也較為深遠，如日人清原宣賢以《毛詩注疏》為講授教材，進而撰寫《毛詩抄》；朝鮮時期世宗李裪接受明代制度，將《四書大全》、《五經大全》作為朝鮮國內的科舉取士定本頒布，成為科舉考試標準。幾世以後，正祖李祘撰寫《詩經講義》亦大底根據主朱《傳》的《詩傳大全》而來；日本江戶時代則有赤松太庚、仁井田好古、渡邊蒙菴等氏對於朱《傳》加以批評。而理雅各、馬若瑟等西方漢學家，皆有傳教士的身分，理雅各解經時，常引述自然科學知識、傳說故事等，使經典詮釋添加故事性與趣味；馬若瑟則透過其翻譯的詩篇，將「王」、「皇」等詞彙，直接與基督宗教的上帝作比附，意欲顯示基督宗教的「天主」出現於中國的上古經籍，或許如此可使宗教的傳播更為廣闊。

第五節　名物詁訓

每種語言都在不斷地進行變化，古書中有許多詞義已經產生改變，考證古書中詞彙的當代意義，即稱為「訓詁」，在《詩經》方面的研究亦是如此。根據筆者於本章圖一的統計，已知在 1999 至 2015 年間，臺灣學者的《詩經》學研究，名物詁訓類方面，計有 58 筆資料進行討論，佔近代學者研究論述的40％。據筆者所蒐集之資料顯示，在這 58 筆文獻中，分析單一文字字義者有15 筆；以詞語進行析論者有 11 筆；針對《詩經》篇章中詞語進行質疑者，則有 5 筆，茲分項敘述於次。

〔註80〕賈福相：《《詩經·國風》英文白話新譯》（臺北：書林出版社，2008 年 5 月）。

一、對單一文字的訓詁

　　針對《詩經》篇章中，單一文字所作的討論，呂珍玉以「烝」、「維」二字分別撰文分析，前者析論《詩經》中29處「烝」字涵義，依本義、引申義、通假義次序，區分為「火氣上行」、「細柴」、「冬祭」、「進」、「眾」、「美盛」等意義及存疑部分〔註81〕；後者以《詩經》中253個「維」字進行分析，得出其字形或作「侯」、「唯」、「雖」與「維」，其文法作用有動詞、副詞、語助詞、繫詞、指示代詞、連接詞、介詞等用法，呂氏再對這些「維」字加以闡釋，分析其意義；〔註82〕徐宗潔、侯潔之透過「狐」字析論，徐氏概述《詩經》中九篇出現「狐」字的意象，將其分為自然動物、社會生活與身分表徵等三種型態；〔註83〕侯氏則專以〈衛風・有狐〉分析，提出周秦人肯定「狐死首丘」的行為，藉此否定前賢解「狐」為邪媚象徵的說法，認為應從自然動物與狐裘的角度而言，方能貫穿通篇詩義，突顯婦人憂夫無裳的悲愁。〔註84〕

　　陳正平分析〈關雎〉「思」、「服」二字，引述前賢說法，分析二字，提出此處「思」應解為「思念」、「想念」等本義，對象則是君子心中的「窈窕淑女」，若「思」作為語助詞，常用於句首與句末，再分析「服」字作為「復」、「思」、「衣服」（借代為人）及借代為「之」（此處代指窈窕淑女）等解釋時，二字的對應意義；〔註85〕陳怡芬以「壹」與「一」加以比較，認為二者最大的差別在於詞性不同；〔註86〕施湘靈分析《詩經》中的「言」字，指出「言」在《詩經》中有181處，引述前賢針對「言」字所作的訓釋，發現在《詩經》中的「言」字，除了以名詞、形容詞等詞性的訓解外，亦可使用及物動詞加以詮釋。〔註87〕

〔註81〕呂珍玉：〈《詩經》「烝」字釋義〉，《興大人文學報》第37期（2006年9月），頁47～66。

〔註82〕呂珍玉：〈《詩經》「維」字用法與詞義研究〉，《興大人文學報》第38期（2007年3月），頁33～72。

〔註83〕徐宗潔：〈試論「詩經」中「狐」的意涵〉，《孔孟月刊》第37卷第11期（1999年7月），頁1～8。

〔註84〕侯潔之：〈〈衛風・有狐〉中「狐」字確義〉，《中國語文》第92卷第4期（2003年4月），頁61～66。

〔註85〕陳正平：〈〈關雎〉寤寐「思」「服」之義試析〉，《東海中文學報》第14期（2002年7月），頁25～46。

〔註86〕陳怡芬：〈「詩經」中的「壹」——以「一」為比較〉，《人文及社會學科教學通訊》第13卷第5期（2003年2月），頁202～208。

〔註87〕施湘靈：〈《詩經》「言」字解析〉，《東華中國文學研究》第4期（2006年9月），頁51～75。

　　陳宜青以《詩經》中的「舞」進行析論，認爲這些提及「舞」的詩作，或可多少反映出西周至春秋時期的宮廷、民間生活與不分貴賤的愛情景象；〔註88〕何石松以客語詞彙析論君子「好」逑，先藉由「好」字的一字多音情形，討論在《詩經》各篇章中，「好」字的音讀及意義，又以「好」字在客語中讀爲去聲，作「喜好」解進行分析；〔註89〕莊惠茹透過〈國風〉中提及的 95 個「以」字加以討論，分析其多樣化的詞性及分布比例；〔註90〕趙中偉透過《詩經》、《周易》分析「天」字的本義與發展歷程，認爲「天」字在《詩》、《書》的涵義，均由「天意」轉化成「天道」；〔註91〕楊明璋針對《詩經》中「瓜」、「瓞」及「匏」等瓜類名物進行析論，探討以其形象借指爲多子多孫、綿延不絕與質樸的比、興意義；〔註92〕劉正國整理前賢所言〈召南・行露〉「誰謂雀無角」中「角」的涵義，認爲「角」當釋爲「獸角」較爲恰當；〔註93〕蘇建洲則分析〈小雅・正月〉中的「輔」字，以出土文物與《說文》的角度詮釋「輔」、「車」，討論其意義。〔註94〕譚澎蘭以「孝」字在《詩經》中的意涵加以分析，透過文獻考察，認爲《詩經》中的「孝」與宗廟祭祀有密切關係，行孝的主體爲君及宗子，對象爲歷代祖先，希望能使「國祚永存，子孫永保用之」。與現今的「善事父母」有較大的差異。〔註95〕

〔註88〕陳宜青：〈舞動人生──論《詩經》中的「舞」〉，收入國立高雄師範大學國文所研究生學會編輯組編輯：《謙謙君子──紀念林耀曾教授學術研討會會後論文集》（高雄：國立高雄師範大學國文學系，2009 年 12 月），頁 187～215。

〔註89〕何石松：〈從客語詞彙看君子「好」逑〉，《應用語文學報》第 5 期（2003 年 6 月），頁 85～102。

〔註90〕莊惠茹：〈《詩經・國風》「以」字析論〉，收入國立高雄師範大學經學研究所主編：《第二屆青年經學學術研討會會議論文集》（高雄：國立高雄師範大學經學研究所，2006 年 11 月），頁 25～40。

〔註91〕趙中偉：〈天生烝民，有物有則──由《詩經》及《周易》探析「天」之本體詮釋的發展歷程〉，《先秦兩漢學術》第 9 期（2008 年 3 月），頁 1～31。

〔註92〕楊明璋：〈論《詩經》中的瓜類名物及其比興義〉，《先秦兩漢學術》第 10 期（2008 年 9 月），頁 1～16。

〔註93〕劉正國：〈《詩經》「誰謂雀無角」「角」義舊解析評〉，《東吳中文學報》第 24 期（2012 年 11 月），頁 1～22。

〔註94〕蘇建洲：〈也談「輔車相依」──兼論〈小雅・正月〉的「輔」〉，《國文天地》第 16 卷第 4 期（2000 年 9 月），頁 34～38。

〔註95〕譚澎蘭：〈《詩經》中「孝」字的意涵〉，《筧橋學報》第 6 期（1999 年 9 月），頁 71～84。

二、對詞語的訓詁

　　前面先以討論《詩經》中單一文字的論述爲陳述目標，此處則就此一斷限中，透過詞語進行分析者的論述。施淑婷針對〈周南・葛覃〉中「師氏」分析其義，先提出歷來對於「師氏」此一身分所作的解釋，或曰「教導貴族婦女四德的女師」、或曰「貴族家中管教女奴的管家婆」、或曰「掌教國子的官名」、或曰「司令、將帥等官職」，進而一一分析，認爲釋爲「守王門的武將」較爲恰當；〔註96〕洪章夫以昆蟲學角度對各家注疏中所解釋的「蜉蝣掘閱」進行討論，認爲此處的「蜉蝣」即爲水生昆蟲蜉蝣，「掘閱」則作爲連綿詞，釋爲「體貌俊美」，較合乎蜉蝣的型態與生態；〔註97〕彭美玲針對〈豳風・七月〉之「女心傷悲」加以闡釋，引述歷來對於「女心傷悲」所作的詮解，將之歸納爲「感物說」、「勞作說」、「婚嫁說」等三種類型；〔註98〕葉煬彬以「菁莪」加以考述，認爲《詩序》將「菁菁者莪」解「樂育賢材」並非原始涵義，究其詩文本義，當爲「莪草長得很茂盛」，再藉此引申比喻爲「育才有成」。〔註99〕

　　劉奇慧闡釋《詩經》中的「碩人」一詞，認爲在〈邶風・簡兮〉、〈衛風・考槃〉、〈衛風・碩人〉及〈小雅・白華〉等四篇中所出現的「碩人」，詞義與用法都不盡相同，〈邶風・簡兮〉中釋爲「身材高大的人」、〈衛風・碩人〉解爲「美人」，二者均用於身材、體態方面的形容，〈衛風・考槃〉解爲「賢者」，係品德方面的形容、〈小雅・白華〉則爲地位尊大之稱；〔註100〕林文華分析〈王風・君子陽陽〉「君子陶陶」、「君子陽陽」、〈大雅・大明〉「涼彼武王」、〈大雅・桑柔〉「民之未戾」、〈邶風・雄雉〉「不忮不求」與〈大雅・民勞〉「惠此中國」等詞語的意涵，認爲「君子陶陶」與「君子陽陽」均爲形容君子容貌威儀盛大的樣貌、「涼彼武王」係形容武王強悍武勇之詞、「民之未戾」通「民

〔註96〕施淑婷：〈《詩・周南・葛覃》之「師氏」義解探析〉，《中國學術年刊》第24期（2003年6月），頁21～38、380。

〔註97〕洪章夫：〈從昆蟲學角度平議各家注疏《詩經》「蜉蝣掘閱」一詞之得失〉，《國文學報》第37期（2005年6月），頁1～20。

〔註98〕彭美玲：〈〈豳風・七月〉「女心傷悲」解——《詩經》詮釋史的個案考察〉，《臺大中文學報》第36期（2012年3月），頁65～116。

〔註99〕葉煬彬：〈「菁莪」考〉，《菁莪季刊》第13卷第2期（2001年7月），頁7～10。

〔註100〕劉奇慧：〈試探《詩經》中「碩人」一詞的意蘊〉，《中國語文》101卷5期（2007年11月），頁27～43。

之未和」,「和」爲調和、「不忮不求」解爲沒有任何禍害、「惠此中國」語法與「維此文王」相近,「惠」作爲語氣詞之用,猶如「維此中國」。〔註101〕

陳清茂以〈小雅・采薇〉的「采薇」、「歲亦莫止」、「憂心烈烈」、「歲亦陽止」、「憂心孔疚,我行不來」、「彼爾維何」、「君子所依,小人所腓」、「象弭」、「魚服」與「玁狁孔棘」等詞語加以考述;〔註102〕劉玉國認爲舊注未臻完善,因而重新詮釋〈鄭風・溱洧〉的「士曰既且」、〈鄭風・叔于田〉的「洵美且仁」、〈邶風・谷風〉與〈小雅・小弁〉的「遑恤我後」、〈邶風・柏舟〉「我心匪鑒 不可以茹」等詞語;〔註103〕呂珍玉則分析《詩經》中的疑難與訓解困難如「言告師氏」、「魴魚赬尾」、「退食自公」、「厭浥行露,豈不夙夜?謂行多露」、「相鼠有皮,人而無儀」、「既醉以酒,既飽以德」等三十條詞語,〔註104〕除了探討疑難詞語之外,呂氏亦有討論詩義的相關論述;〔註105〕鄭玉姍針對〈小雅・漸漸之石〉「有豕白蹢,烝涉波矣」一詞的相關解釋與神話傳說加以探討;〔註106〕更有以《詩經》多重解釋的論題進行分析者,如范麗梅探討〈鄘風・鶉之奔奔〉裡「鶉之奔奔」的解釋。〔註107〕除了以上這些針對《詩

〔註101〕林文華:〈《詩經》文字考釋五則〉,《文與哲》第 12 期(2008 年 6 月),頁 1 ～20。

〔註102〕陳清茂:〈《詩經・小雅・采薇》重要詩句考論〉,《人文研究期刊》第 2 期(2007 年 1 月),頁 185～204。

〔註103〕劉玉國:〈「士曰既且」、「洵美且仁」新解〉,收入第四屆全國訓詁學學術研討會編委會主編:《訓詁論叢第四輯》(臺北:文史哲出版社,1999 年 9 月),頁 159～168;〈《詩經》「遑恤我後」「遑」義舊解析評〉,《東吳中文學報》第 26 期(2013 年 11 月),頁 1～10;〈《詩經》「我心匪鑒,不可以茹」「茹」字舊解述評〉,《東吳中文學報》第 29 期(2015 年 5 月),頁 1～13。

〔註104〕呂珍玉:〈《詩經》詞句訓解困難舉隅〉,《東海中文學報》第 19 期(2007 年 7 月),頁 13～36,收入氏撰:《《詩經》訓詁研究》(臺北:文津出版社,2007 年 3 月),頁 315～343;呂珍玉:〈《詩經》疑難詞語辨析(1)〉,《東海中文學報》第 24 期(2012 年 7 月),頁 1～50;〈《詩經》疑難詞語辨析(2)〉,《東海中文學報》第 25 期(2013 年 6 月),頁 27～78;〈《詩經》疑難詞語辨析(3)〉,《東海中文學報》第 27 期(2014 年 6 月),頁 1～48;〈訓詁考據之外——《詩》義解釋背後的一些問題〉,《興大中文學報》第 37 期(2015 年 6 月),頁 1～29。

〔註105〕呂珍玉:〈訓詁考據之外——《詩》義解釋背後的一些問題〉,《興大中文學報》第 37 期(2015 年 6 月),頁 1～29。

〔註106〕鄭玉姍:〈〈小雅・漸漸之石〉「有豕白蹢,烝涉波矣」雨兆探源〉,《彰化師大文學院學報》第 11 期(2015 年 3 月),頁 55～78。

〔註107〕范麗梅:〈閱讀「鶉之奔奔」:《詩經》引用與注解的多層詮釋〉,《中國文化研究所學報》第 58 期(2014 年 1 月),頁 1～39。

經》詞語加以分析的討論之外，還有一些分析《詩經》特定篇章的修辭、分章或以兩派訓詁學家的訓詁方式進行對比的論述，如蔡宗陽、余培林與陳志峰等學者。〔註108〕

三、對《詩經》各品類的探討

在此一斷限中對於《詩經》的相關論述上，出現各類與《詩經》名物的分析，例如，飲食、動植物、玉器、男女性形象與服飾等類別，江雅茹有針對《詩經》中飲食品類的研究；〔註109〕高以璇針對《詩經》裡所提及的玉器加以分析；〔註110〕林治廷透過《詩經》裡的植物，將之與女性的婚戀、品德等進行比附；〔註111〕林慧雯透過皮爾士記號分析花果植物及意義；〔註112〕黃忠天對《詩經》中動植物的象徵加以比較；〔註113〕沈文珍對《詩經》中的女

〔註108〕關於修辭的討論，有蔡宗陽：〈《詩經》互文補義與互文見義的辨析〉，《臺北大學中文學報》第17期（2015年3月），頁1～11；關於分章的論述，有余培林：〈從《孔子詩論》引〈關雎〉詩文看〈關雎〉篇分章〉，收入慶祝黃錦鋐教授九秩嵩慶論文集編輯委員會主編：《慶祝黃錦鋐教授九秩嵩慶論文集》（臺北：洪葉文化事業有限公司，2011年6月），頁9～20。蔡宗陽：〈《詩經·周南·關雎》分章與詮詁的辨析〉，《中國語文》第667期（2013年1月），頁23～32，本篇亦收入《國文天地》第29卷第2期（2013年7月），頁33～37。以兩派訓詁學派為分析目標者，有陳志峰分析段玉裁與王念孫、王引之父子等兩派清代訓詁學家的分析論述，陳氏透過分析統整，提出段、王氏二家雖皆「以聲音通訓詁」，本質上卻有不同：段玉裁多半受限於形體，未能倡言聲音；王氏則純從聲音之立場切入，不強求其形，為此二家同中之異處。詳參氏撰：〈段玉裁與高郵王氏父子《詩經》訓詁之比較研究──兼論其訓詁原理之差異性〉，《興大中文學報》第35期（2014年6月），頁209～245。

〔註109〕江雅茹：《《詩經》飲食品類研究》（花蓮：國立東華大學中國語文學系碩士論文，2009年），收入林慶彰主編：《中國學術思想研究輯刊》（新北：花木蘭文化出版社，2012年3月），第十三編第二冊。

〔註110〕高以璇：《《詩經》玉器研究》（臺北：國立臺灣師範大學國文學系碩士論文，2011年6月）。

〔註111〕林治廷：〈論《詩經》中植物的象徵──品德美、婚戀美及女性美之詮釋（上）〉，《中國語文》115卷4期，總號688期（2014年10月），頁97～102；〈論《詩經》中植物的象徵──品德美、婚戀美及女性美之詮釋（下）〉，《中國語文》115卷5期，總號689期（2014年11月），頁107～118；《《詩經》中植物的象徵美學研究》（臺北：臺北市立大學中國語文學系碩士論文，2015年1月）。

〔註112〕林慧雯：《以皮爾士記號學方法探討《詩經》中常見花果植物字彙名物及其意義》（高雄：東方設計學院文化創意設計研究所碩士論文，2012年1月）。

〔註113〕黃忠天：〈《易經》《詩經》動植物象徵義涵與兩書互動關係比較研究〉，《文與哲》23期（2013年12月），頁1～39。

性角色與婚姻進行分析；〔註 114〕張淑惠、姚芝祺、邱靜子皆有以《詩經》中動植物所隱喻的事件或物品加以討論；〔註 115〕蘇芳蓁對《詩經》裡的女性人物加以分析；〔註 116〕徐俐琪則更進一步以《詩經》裡的棄婦詩進行探討；〔註 117〕張婉瑤有針對《詩經》與服飾文化的論述；〔註 118〕張宗揚則對於《詩經》君子形象進行分析；〔註 119〕譚莊蘭對於《詩經》中的男性形象分類探析；〔註 120〕黃麒羽則特別探討〈國風〉裡的自然意象。〔註 121〕

四、針對《詩經》著作中訓釋之詞語進行質疑與討論

　　除了針對字、詞進行訓釋的著述外，據筆者所蒐集之資料，尚有針對《詩經》字句的訓釋作品提出疑問或質疑的討論，呂珍玉提出對屈萬里《詩經詮釋》疑義的討論，依序闡釋呂氏個人對於是書中〈風〉、〈雅〉、〈頌〉釋義的疑問，再加以詮釋；〔註 122〕江雅茹對《毛傳》、鄭《箋》中〈王風‧丘中有麻〉

〔註 114〕沈文珍：《《詩經》女性角色及其婚姻研究》（新北：華梵大學東方人文思想研究所碩士論文，2008 年）。

〔註 115〕張淑惠：《《詩經》動植物意象的隱喻認知詮釋》（臺中：東海大學中國文學系碩士論文，2005 年）；邱靜子：《《詩經》蟲魚意象研究》（新竹：玄奘大學中國語文學系碩士論文，2005 年）；姚芝祺：《《詩經‧頌》動植物隱喻認知詮釋》（花蓮：國立東華大學中國語文學系碩士論文，2014 年）。

〔註 116〕蘇芳蓁：《《詩經》之女性研究》（臺北：中國文化大學中國文學系碩士論文，2005 年）。

〔註 117〕徐俐琪：《《詩經》及漢魏的棄婦詩研究》（高雄：國立高雄師範大學國文學系國文教學碩士論文，2015 年 1 月）。

〔註 118〕張婉瑤：《《詩經》衣飾文化及華語文教學之應用》（臺北：國立政治大學華語文教學碩士論文，2014 年 7 月）。

〔註 119〕張宗揚：《《詩經‧國風》「君子」研究》（新竹：國立清華大學中國文學系碩士論文，2015 年 6 月）。

〔註 120〕譚莊蘭：《《詩經》男性人物形象研究》（臺中：東海大學中國文學系碩士論文，2008 年），收入林慶彰主編：《中國學術思想研究輯刊》（新北：花木蘭文化出版社，2011 年 9 月），第十二編第八冊、第九冊。

〔註 121〕黃麒羽：《《詩經‧國風》中的自然意象》（高雄：國立高雄師範大學國文教學碩士論文，2014 年）。

〔註 122〕呂珍玉：〈讀屈萬里先生《詩經詮釋》〈國風〉疑義〉，原發表於第五屆中國訓詁學會全國學術研討會（2000 年 12 月 16 日），收入龍宇純先生七秩晉五壽慶論文集編輯委員會編：《龍宇純先生七秩晉五壽慶論文集》（臺北：臺灣學生書局，2002 年 11 月），頁 57〜78；呂珍玉：〈讀屈萬里先生《詩經詮釋‧雅頌》疑義〉，《東海大學文學院學報》43 期（2002 年 7 月），頁 1〜22，二文均收入氏撰：《《詩經》訓詁研究》（臺北：文津出版社，2007 年 3 月），頁 179〜225。

之訓釋提出討論；〔註123〕姜龍翔分析〈漢廣〉「漢有游女」、〈車攻〉「徒御不驚」與〈皇矣〉「比于文王」等三句詞語。透過考察，提出〈漢廣〉的「漢有游女」的游女當釋爲「出遊之女」，非「潛行游水之女」、〈車攻〉的「徒御不驚」之「驚」字，已具有「警戒」之義，不必改爲警字、〈皇矣〉的「比于文王」之「比」係「占筮親信」之意，具有「以上比下」的意涵，故不必從《左傳》改「維此王季」作「維此文王」；〔註124〕邱德修闡釋如何透過「據借字求本字明本義」，探求《毛詩》詞義；〔註125〕李添富則對於歷來頗受爭議的「思無邪」一詞再重作解釋，試圖將「思無邪」的意義釐清。〔註126〕

根據上述論述，此一斷限中的名物詁訓類研究，莫不透過前賢著述的訓釋加以闡釋，再以詞性進行分析、歸納，或針對前賢著述提出質疑與討論，進而提出新解。

第六節 小 結

1999 至 2015 年間的臺灣《詩經》學研究，在經學方面，除了對歷代《詩經》著述進行詮釋之外，也有學者提出新《詩》說、後來研究者對近代《詩經》研究者的評價、透過東亞、西方等地域之《詩經》學著述加以探討及針對《詩經》的名物詁訓等方面的相關討論。

筆者在本章中，先就民國以來學者撰作的《詩經》學注釋、考證、對古今《詩經》學論著的評介與《詩經》的著述目錄與圖鑑陳述其特點，其次，以今人對現代《詩經》學者及其著述的評價加以論述，再透過臺灣學者對於《詩經》域外漢學方面的論述陳述其特色，最後再討論針對《詩經》的名物詁訓方面的論述。

針對民國以來學者所撰作的著述，非以傳統《詩》說而加以闡釋的，就

〔註123〕江雅茹：〈《詩經‧王風‧丘中有麻》毛傳、鄭箋訓釋商榷〉，《東華中國文學研究》7 期（2009 年 7 月），頁 25～47。

〔註124〕姜龍翔：〈《詩經》詁訓疑義探析三則〉，《東吳中文學報》20 期（2010 年 11月），頁 1～22。

〔註125〕邱德修：〈如何利用「據借字求本字明本義」——揭開《毛詩》詞義之謎〉，《中等教育》51 卷 4 期（2000 年 8 月），頁 106～126。

〔註126〕李添富：〈「思無邪」申議〉，收入慶祝黃錦鋐教授九秩嵩慶論文集編輯委員會主編：《慶祝黃錦鋐教授九秩嵩慶論文集》（臺北：洪葉文化事業有限公司，2011 年 6 月），頁 49～70。

筆者觀察，在《詩經》注釋方面，作者均採取將歷代經學家詮解《詩經》時的說法並陳的方式，不做孰優孰劣的評論，頗有「《詩》無達詁」的韻味，亦將歷來《詩經》爲研究者所爭論的問題，在其著作中以簡要文字闡釋之，對於作爲《詩經》授課教材，對教學有相當大的助益；在《詩經》的考證方面，可看到研究者整理古說，並以自我觀點加以突破，增進研究者的思辨能力；在《詩經》的圖鑑與目錄方面，對於文獻及圖片蒐羅相當詳盡，分類亦清晰明白，若要翻查資料時，透過這些工具書，可獲取極大之協助。

其次，根據此一斷限間，臺灣地區學者對於臺灣、中國大陸兩個地域的《詩經》學家所做的評介，揆諸這些學者的《詩經》研究成果，筆者發現在民國以來學者的《詩經》著作中，呈現較爲多樣化的面貌，除了針對傳統《詩》說的「漢學派」、「宋學派」與詩教觀外，尚有認爲《詩》本義的探求必須回歸於周秦；或將《詩經》文本全然視爲文學作品而析論者；或透過中國儒家傳統的《詩經》觀與西方文學理論進行比較、分析者，可看出在這個時期的《詩經》學詮釋，已跳脫既有侷限於經學框架的面貌，也有更多學者採取不同角度、方法來詮釋《詩經》。

針對域外漢學的《詩經》學論述方面，筆者臚列了以東亞《詩經》學者、西方漢學家的《詩經》研究與翻譯爲論述對象的作品及當代《詩經》翻譯著作，對於東亞經學家而言，由於與中國距離較近，受到傳統中國文化的影響也較爲深遠。

針對《詩經》名物詁訓類的討論，據筆者所見之論述文獻，大多均透過前賢著述的訓釋加以闡釋，再以詞性進行分析、歸納，亦有對於《詩經》各品類的統整及分析，整體來說，對於《詩經》各類的分析均有所涉獵。

第五章　結　論

第一節　研究所得之成果

　　透過對於前賢既有成果的梳理，以及實際研究的撰寫過程，本論文發現，關於 1999 至 2015 年臺灣《詩經》學在經學論述方面的研究，表現在以下四方面：

一、經學家《詩經》論著的詮釋

　　臺灣地區學者在 1999 至 2015 年間，以經學面向對《詩經》進行論述的計有 434 筆，對傳統《詩經》著述的詮釋，計有 288 筆資料，佔透過經學取向加以論述之總數的 66%，在此 288 筆的數據中，又以針對漢、宋、清三代之《詩經》著述進行的相關論述為多。筆者將這些論述數據，依照專書及專書論文、期刊論文與學位論文等著作種類、朝代之先後次序與該時期《詩經》論述之類別，統計、整理成表，詳見下表：〈1999 至 2015 年《詩經》研究經學論述概況及總數〉所示。

表 5－1：〈1999 至 2015 年《詩經》研究經學論述概況及總數 〉

朝代 ＼ 著作種類	類　別	總　數	專書及專書論文	期刊論文	學位論文
周秦	儒家詩教	24	7	12	5
	史事比較	10	3	6	1

朝代＼著作種類	類 別	總 數	專書及專書論文	期刊論文	學位論文
漢代	綜論	2	0	1	1
	四始	1	0	1	0
	經學家	10	3	3	4
	〈詩序〉	14	7	4	3
	六義	10	0	9	1
	美、刺說《詩》	11	2	6	3
南朝梁	經學家	2	1	1	0
唐代	經學家	3	1	2	0
宋代	著述	2	1	1	0
	經筵	2	0	0	2
	新派學說	1	0	0	1
	經學家	69	11	53	5
元代	綜論	1	0	0	1
	經學家	3	0	2	1
明代	綜論	3	0	3	0
	經學家	12	2	6	4
	著述考證	2	2	0	0
清代	綜論	4	1	3	0
	經學家	82	23	39	20
跨代《詩經》學比較	周秦兩漢	1	1	0	0
	周秦、宋	1	0	1	0
	漢、唐	1	0	1	0
	漢、宋	5	3	1	1
	宋、清	2	1	1	0
	元、明	1	0	1	0
	明、清	2	0	0	2

著作種類 朝代	類　別	總　數	專書及 專書論文	期刊論文	學位論文
跨代《詩經》學比較	漢、宋、清	4	2	1	1
	清、民國	3	2	1	0
臺灣《詩經》研究發展		6	2	2	2
今人著述	綜論	4	3	1	0
	注釋	4	4	0	0
	評介	1	1	0	0
今人著述	考證	6	3	3	0
	圖鑑及目錄	7	4	3	0
	詩經與宗教	4	0	3	1
對近人《詩經》研究評價		39	16	15	8
域外漢學		17	3	11	3
名物詁訓		58	9	37	12
合　　計		352	96	192	64

資料來源：筆者分類、統計。

　　根據上表所示，在 1999 年至 2015 年間，臺灣地區學者在《詩經》方面的研究，在周秦方面主要以儒家詩教爲論述主軸，或以《論語》討論《詩經》、或以儒家觀點討論現代倫理觀念，並透過《左傳》、《史記》等史傳與《詩經》文本所載比對，分析周代相關史事；在漢代方面以〈詩序〉、詩「六義」與美、刺說《詩》的討論爲多；六朝方面僅有對南朝梁劉勰的經學論述做爲討論對象者；在唐代方面則僅有針對陸德明、孔穎達二氏，探討其經學觀、著作的著錄特點及詮釋得失。

　　針對宋、元、明三代《詩經》學方面的論述，在此一斷限間，則以經學家的《詩經》學著述爲主，依據黃師忠慎的研究，雖然宋代雖然尊、反〈序〉辯駁相當激烈，二派卻仍對傳統持尊重態度；元代因以朱《傳》爲科舉考試參考本，多數經學家皆爲朱子《詩集傳》做箋疏；明代時，雖然朱《傳》已作爲科舉之用，但有幾位經學家開始認爲漢代去古未遠，漸漸偏向漢學派的解《詩》系統。

在清代方面，此斷限間針對清代《詩經》著述的詮釋共計 86 筆，在此一斷限間對傳統《詩》說的詮釋部分佔 30%，且多爲經學家及其治《詩》作品的分析。筆者透過分析這些論述，參酌歷來學者對這些經學家的研究，將之分爲：漢學派、宋學派、漢宋兼採、漢宋分治與非漢非宋等五項來討論。除了堅守漢、宋分隔的經學家外，仍有治《詩》兼採漢宋、非漢非宋及部分著述以漢學爲出發，部分則用宋學角度詮解。

針對跨代《詩經》學的分析，在此一斷限中，則有 20 筆資料，整體來說，以針對漢、宋、清三代所作的討論或者用漢學系統、宋學系統來治《詩》的差異來比較的著述與方法所做的探討占這領域的大多數。

至於針對民國以來學者所撰作的著述，除卻以傳統《詩》說進行闡釋的，在《詩經》注釋方面，作者採取將歷代經學家詮解《詩經》之說法並陳，不評斷孰優孰劣，讓讀者逕行思考，頗有「《詩》無達詁」的韻味，對於做爲《詩經》授課教材，在教學上有相當助益；在《詩經》的考證方面，可看到研究者整理古說，並以自我觀點加以突破，增進研究者的思辨能力；在《詩經》的圖鑑與目錄方面，對於文獻及圖片蒐羅相當詳盡，分類亦清晰明白，若要翻查資料時，透過這些工具書，可獲取極大之協助。

二、經學家《詩經》研究的發展歷程

臺灣地區學者對臺灣、中國大陸兩個地域的《詩經》學家所做的評介，揆諸這些學者的《詩經》研究成果，筆者發現在民國以來學者的《詩經》著述中，呈現較爲多樣化的面貌，除了傳統《詩》說的「漢學派」、「宋學派」與詩教觀外，或認爲《詩》本義的探求須回歸周秦者；或將《詩經》視爲文學作品而析論者；或透過中國儒家傳統的《詩經》與西方文學理論進行比較、分析者，可看出《詩經》的詮釋，逐漸跳脫出既有侷限於經學框架的面貌，也有更多學者採取不同角度、面向來詮釋《詩經》。

三、臺灣地區學者對於《詩經》域外漢學的討論

臺灣地區學者對於《詩經》域外漢學的探討，筆者臚列了以東亞《詩經》學家、西方漢學家的《詩經》研究與翻譯爲論述對象的作品及當代《詩經》翻譯著作。對於東亞經學家而言，受到傳統中國文化的影響也較爲深遠，日人清原宣賢以《毛詩注疏》做爲教材、朝鮮正祖李祘根據主朱《傳》的《詩

傳大全》撰寫《詩經講義》等，均可見傳統中國文化對於東亞經學的影響。
至於理雅各、馬若瑟等西方漢學家，在解經時，經常搭配自然科學知識、傳
說故事等，使經典詮釋添加故事性與趣味，或將《詩經》中的文句與《聖經》
之語句相比附，意欲顯示基督宗教的「天主」出現於中國的上古經籍，或許
藉由此舉，可使宗教的傳播更爲廣闊。

四、詩文訓詁的探討

　　針對《詩經》名物詁訓類的討論，據筆者所見之論述文獻，此一斷限中
的莫不透過前賢著述的訓釋加以闡釋，再以詞性進行分析、歸納。在此方面，
不乏有認爲舊注無法確切解釋《詩經》文句，因而自行重新提出新解的論述。

第二節　後續研究之開展

一、《民國時期經學叢書》的《詩經》學研究

　　雖然 1905 年廢除科舉制度，《詩經》不再作爲取得官職的工具之一，但
從清末到民國時期的知識分子，仍持續研究《詩經》，並將其所知所學撰述成
書。林慶彰先生等人將該時期諸家研究《詩經》的成果，編入《民國時期經
學叢書》之中，截至 2016 年，已出版至第六輯。筆者認爲，吾人可以透過這
套叢書，了解民國時期《詩經》學的研究成果。因此，筆者將之列爲本研究
後續可持續進行的第一項課題，希望能夠進一步了解這一群《詩經》研究前
輩的論述理路與學思歷程。

二、臺灣學者在同一時期針對《詩經》文學方面的論述

　　《詩經》學的研究，在民國初期，胡適、顧頡剛等學者所倡導的新文化
運動後，大量引進西方思潮，受到西方進化論的影響，重視西方傳入的現代
知識，產生「重現代科學知識」，而「輕傳統道德教化」的思想，反對《詩經》
教化觀之態度，進而產生《詩經》學研究上關注面向的轉變，轉而以文學取
向、民俗學觀點、文化學角度等面向來詮釋《詩經》。筆者在蒐集此一斷限間
的臺灣《詩經》學文獻時，即發現有近 300 筆資料以此觀點進行討論。

三、臺灣學者與中國大陸學者在《詩經》研究進路上的異同

　　自從海東文獻初祖沈光文（1612～1688）將漢文化帶入臺灣，爾後四百年，傳統知識分子繼承《詩經》興、觀、群、怨之情緒功能與實用功能，在其日常生活中，廣泛運用。而 1949 年隨國民政府播遷來臺的第一代學者，也將當時他們研究的《詩經》學傳入臺灣，並在各大學講授其研究心得。與此相對，1949 年後部分留在中國的學者，於 1966 至 1976 年的十年浩劫中飽受迫害，喪失學術研究的自由，兼以 1949 年後，中國大陸學者已較少採取傳統的《詩》教價值觀作爲論述的進路，長此以往，臺灣與中國兩地的《詩經》研究面向、論述手法也就有所差異，吾人除針對臺灣的《詩經》學研究成果進行論述之外，亦可就臺灣與中國大陸的《詩經》學研究成果加以比較，因此，筆者將此項作爲日後可持續關注的課題之一。

四、華人地區、域外《詩經》研究的特色

　　筆者順著楊晉龍依據杜正勝所提出的地區同心圓觀念進行統整討論，先就臺灣學者的《詩經》學研究論述加以統計、分析，未來除了依次擴大地域，從事臺灣與中國的《詩經》學研究進路的殊異比較外，亦可針對華人地區與域外《詩經》研究的成果，加以比較、分析。

徵引文獻

一、古籍

1. 〔漢〕毛亨傳、鄭玄箋，〔唐〕孔穎達疏：《毛詩正義》（北京：北京大學出版社，2000 年 12 月）。
2. 〔宋〕朱熹：《詩集傳》（北京：中華書局，1958 年 7 月）。
3. 〔宋〕朱熹：《四書章句集注》（北京：中華書局，1983 年 10 月）。
4. 〔清〕朱彝尊原著，許維萍等點校：《經義考》（臺北：中央研究院中國文哲研究所籌備處，1997 年 6 月）。
5. 〔清〕阮元校刻：《十三經注疏》（北京：中華書局，1980 年 10 月）。
6. 〔清〕紀昀總纂：《四庫全書總目提要》（石家莊：河北人民出版社，2000 年 3 月）。
7. 〔清〕皮錫瑞撰，周予同注釋：《經學歷史》（北京：中華書局，1959 年 12 月）。

二、專書及專書論文（依作者姓氏筆畫順序排列）

1. 丁亞傑：〈《詩經》的自然意象與女性詮釋〉，收入元培科學技術學院國文組主編：《自然的書寫——第三屆主題文學學術研討會論文集》（臺北：萬卷樓圖書股份有限公司，2005 年 3 月），頁 165～186。
2. 丁亞傑：〈美刺、垂戒與虛實分指——方苞的詩用觀〉，收入元培科學技術學院國文組主編：《主題文學學術研討會論文集》（臺北：萬卷樓圖書股份有限公司，2002 年 8 月），頁 239～257。
3. 文幸福：〈孔子詩義精神闡微〉，收入紀念陳伯元教授榮譽退休學術研討會論文集編輯委員會編：《紀念陳伯元教授榮譽退休學術研討會論文集》（臺北：洪葉文化，2000 年 7 月），頁 1～21。

4. 王珮翎：《《詩經》祖先崇拜研究》（新竹：玄奘大學中國語文學系碩士論文，2008 年），收入林慶彰主編：《中國學術思想研究輯刊》（新北：花木蘭文化出版社，2015 年 3 月），第二十編第六冊。

5. 江素卿：〈論魏源治《詩》之特色〉，收入國立中山大學中國文學系主編：《第二屆國際清代學術研討會論文集》（高雄：國立中山大學中國文學系，1999 年），頁 217～244。

6. 江乾益：〈《詩經》雅俗之辨——論「經典」的與「文學」的《詩經》〉，收入國立中興大學中國文學系主編：《通俗文學與雅正文學全國學術研討會論文集》（臺中：國立中興大學中國文學系，2001 年 2 月），頁 211～232。

7. 江乾益：《詩經之經義與文學述論》（臺北：文史哲出版社，2004 年 2 月）。

8. 江乾益：〈《詩經》六義之經義與文學觀〉，收入陳器文主編：《通俗文學與雅正文學——文學與經學第六屆全國學術研討會論文集》（臺中：國立中興大學中國文學系，2006 年 9 月），頁 159～208。

9. 江乾益：《陳壽祺父子三家詩遺說研究》（臺北縣永和市：花木蘭文化出版社，2010 年 3 月）。

10. 江雅茹：《《詩經》飲食品類研究》（花蓮：國立東華大學中國語文學系碩士論文，2009 年），另由花木蘭文化出版社於 2012 年 3 月出版（《中國學術思想研究輯刊》第十三編第二冊）。

11. 朱孟庭：〈民初《詩經》白話譯註的形成與發展——以疑古思潮的影響為論〉，收入楊晉龍主編：《變動時代的經學與經學家——民國時期（1912～1949）經學研究》（臺北：萬卷樓圖書股份有限公司，2014 年 11 月），第二冊，頁 253～317。

12. 朱孟庭：〈民國初期《詩經》民俗文化研究——以聞一多《詩經》婚嫁民俗闡釋為例〉，收入楊晉龍主編：《變動時代的經學與經學家——民國時期（1912～1949）經學研究》（臺北：萬卷樓圖書股份有限公司，2014 年 11 月），第二冊，頁 319～358。

13. 余培林：〈從《孔子詩論》引〈關雎〉詩文看〈關雎〉篇分章〉，收入慶祝黃錦鋐教授九秩嵩慶論文集編輯委員會主編：《慶祝黃錦鋐教授九秩嵩慶論文集》（臺北：洪葉文化事業有限公司，2011 年 6 月），頁 9～20。

14. 呂珍玉：〈讀屈萬里先生《詩經詮釋》〈國風〉疑義〉，收入龍宇純先生七秩晉五壽慶論文集編輯委員會編：《龍宇純先生七秩晉五壽慶論文集》（臺北：臺灣學生書局，2002 年 11 月），頁 57～78。

15. 呂珍玉：《高本漢《詩經注釋》研究》（新北：花木蘭文化工作坊，2005 年 12 月，《古典文獻研究輯刊》初編第二七冊）。

16. 呂珍玉：《《詩經》詳析》（臺北：五南圖書出版股份有限公司，2010 年 11 月）。

17. 呂珍玉：〈聞一多《詩經詞類》刊誤〉，收入東海大學中國文學系主編：《語言文字與文學詮釋國際學術研討會論文集》（臺中：東海大學中國文學系，2011 年），頁 343～372。

18. 呂珍玉：〈吳闓生《詩義會通》研究〉，《東海中文學報》第 26 期（2013 年 12 月），頁 89～141，收入楊晉龍主編：《變動時代的經學與經學家——民國時期（1912～1949）經學研究》（臺北：萬卷樓圖書股份有限公司，2014 年 11 月），第二冊，頁 177～235。

19. 呂珍玉：〈聞一多說《詩》中的原始社會與生殖文化〉，《臺北大學中文學報》第 13 期（2013 年 3 月），頁 33～63，收入楊晉龍主編：《變動時代的經學與經學家——民國時期（1912～1949）經學研究》（臺北：萬卷樓圖書股份有限公司，2014 年 11 月），第二冊，頁 359～401。

20. 李威熊：《中國經學發展史論（上冊）》（臺北：文史哲出版社，1988 年 12 月）。

21. 李威熊：〈陸德明之經學觀及其在經學史上之貢獻〉，收入逢甲大學中國文學系主編：《六朝隋唐學術研討會論文集》（臺北：文史哲出版社，2004 年 7 月），頁 351～371。

22. 李添富：〈「思無邪」申議〉，收入慶祝黃錦鋐教授九秩嵩慶論文集編輯委員會主編：《慶祝黃錦鋐教授九秩嵩慶論文集》（臺北：洪葉文化事業有限公司，2011 年 6 月），頁 49～70。

23. 何澤恆：《王應麟之經史學》（臺北縣永和市：花木蘭文化出版社，2009 年 3 月）。

24. 吳佳鴻：〈〈小雅・十月之交〉「日有食之」及其相關議題〉，收入國立高雄師範大學國文學系主編：《青年經學學術研討會會後論文集》（高雄：國立高雄師範大學國文系，2009 年）。

25. 車行健：〈從「歷史的緘默」中傾聽「發聲的歷史」——以馬、班論漢代獄治與《毛詩序》詮釋《詩經・鄭風》二事為例〉，收入元培科學技術學院國文組主編：《主題文學學術研討會論文集》（臺北：萬卷樓圖書股份有限公司，2002 年 8 月），頁 213～238。

26. 車行健：〈紅尾魴魚游向那？——論《詩經・汝墳》的歷代詮釋所蘊含的家、國矛盾〉，收入元培科學技術學院國文組主編：《生命的書寫——第二屆主題文學學術研討會論文集》（臺北：萬卷樓圖書股份有限公司，2003 年 8 月），頁 363～384。

27. 車行健：《毛鄭《詩經》解經學研究》（臺北縣永和市：花木蘭文化出版社，2007 年 3 月，《古典文獻研究輯刊》第四編第九冊）。

28. 車行健：《詩本義析論：以歐陽修與龔橙詩義論述為中心》（臺北：里仁書局，2002 年 2 月）。

29. 車行健:《釋經以立論:漢代毛鄭詩經經解的思想探索》(臺北:里仁書局,2011 年)。

30. 車行健:《現代學術視域中的民國經學:以課程、學風與機制為主要觀照點》(臺北:萬卷樓圖書公司,2011 年 9 月)。

31. 林葉連:《中國歷代詩經學》(臺北:臺灣學生書局,1993 年 3 月)。

32. 林葉連:〈《四家詩恉會歸》不贊同《毛詩》為本義之篇旨探析〉,收入陳器文主編:《王禮卿教授百年誕辰紀念文集》(臺中:國立中興大學中國文學系,2011 年 12 月),頁 165～206。

33. 林慶彰主編:《經學研究論著目錄(1912～1987)》(臺北:漢學研究中心,1994 年,再版)。

34. 林慶彰主編:《經學研究論著目錄(1988～1992)》(臺北:漢學研究中心,1995 年)。

35. 林慶彰主編:《經學研究論著目錄(1993～1997)》(臺北:漢學研究中心,2002 年)。

36. 林慶彰:〈李先芳《讀詩私記》研究〉,收入中國詩經學會編:《第五屆詩經國際學術研討會論文集》(北京:學苑出版社,2002 年 7 月),頁 294～306。

37. 林慶彰:〈袁仁《毛詩或問》研究〉,收入龍宇純先生七秩晉五壽慶論文及編輯委員會編:《龍宇純先生七秩晉五壽慶論文集》(臺北:臺灣學生書局,2002 年 11 月),頁 45～56。

38. 林素英:〈論〈衛風〉史事詩的禮教思想〉,收入龐君豪總編輯:《臺灣學術新視野:經學之部》(臺北:五南圖書出版股份有限公司,2007 年 6 月),頁 83～105。

39. 林雅淳:〈《詩經·小雅·都人士》疑義辯證〉,收入國立高雄師範大學國文學系主編:《青年經學學術研討會會後論文集》(高雄:國立高雄師範大學國文系,2009 年)。

40. 林佳蓉:《《詩經》雅頌中德治思想研究》(新北:花木蘭文化出版社,2013 年 3 月,《中國學術思想研究輯刊》第十五編第一冊)。

41. 林慧修:《陳奐之《詩經》訓詁研究》(臺北縣永和市:花木蘭文化出版社,2008 年 3 月,《古典文獻研究輯刊》第六編第十一冊)。

42. 林耀潾:《先秦儒家詩教研究》(臺北縣永和市:花木蘭文化出版社,2008 年 9 月,《中國學術思想研究輯刊》初編第八冊)。

43. 林美蘭:《魏源《詩古微》研究》(臺北縣永和市:花木蘭文化出版社,2008 年 9 月,《中國學術思想研究輯刊》第七編第五冊)。

44. 林淑貞:〈吳闓生《詩義會通》對《詩經》學之演繹、收攝與發皇──兼論與桐城之關涉及解詩觀點〉,收入張曉生主編:《儒學研究論叢》第三輯(臺北:臺北市立教育大學人文藝術學院儒學中心,2010 年 12 月),頁 143～167。

45. 邱惠芬：〈民國學者以古文字訓詁《詩經》的實際情形〉，收入楊晉龍主編：《變動時代的經學與經學家——民國時期（1912～1949）經學研究》（臺北：萬卷樓圖書股份有限公司，2014 年 11 月），第二冊，頁 49～109。

46. 邱惠芬：〈郭沫若《詩經》研究〉，收入楊晉龍主編：《變動時代的經學與經學家——民國時期（1912～1949）經學研究》（臺北：萬卷樓圖書股份有限公司，2014 年 11 月），第二冊，頁 507～604。

47. 邱惠芬：〈二十世紀二、三〇年代詩經學的接受與影響——以蔣善國《三百篇演論》為考察中心〉，收入楊晉龍主編：《變動時代的經學與經學家——民國時期（1912～1949）經學研究》（臺北：萬卷樓圖書股份有限公司，2014 年 11 月），第二冊，頁 635～671。

48. 胡正之：〈略論《韓詩外傳》所反映之時代問題〉，收入輔仁大學中國文學系主編：《先秦兩漢論叢》第一輯（臺北：洪葉文化出版社，1999 年），頁 27～47。

49. 胡楚生：〈詩序與詩教——從《詩序》內容看《詩經》的教化理想〉，收入龍宇純先生七秩晉五壽慶論文集編輯委員會編：《龍宇純先生七秩晉五壽慶論文集》（臺北：臺灣學生書局，2002 年 11 月），頁 1～16。

50. 洪文婷：〈論《毛詩傳箋通釋》〉，收入洪順隆教授逝世周年紀念文集編輯委員會編：《論學談言見摯情——洪順隆教授逝世周年紀念文集》（臺北：萬卷樓圖書有限公司，2002 年 1 月），頁 486～516。

51. 洪春音：〈王禮卿《詩經》學舉要〉，收入陳器文主編：《王禮卿教授百年誕辰紀念文集》（臺中：國立中興大學中國文學系，2011 年 12 月），頁 245～280。

52. 侯美珍：《聞一多《詩經》學研究》（新北：花木蘭文化出版社，2010 年 9 月，《中國學術思想研究輯刊》第九編第十四冊）。

53. 姜龍翔：〈關於《詩經·閟宮》的幾點疑義探究〉，收入國立高雄師範大學國文學系主編：《高雄師範大學國文系碩博士班第十七屆所友暨第四屆研究生學術討論會》（高雄：國立高雄師範大學國文學系，2010 年），頁 43～56。

54. 夏傳才：《二十世紀《詩經》學》，（北京：學苑出版社，2005 年 7 月）。

55. 馬輝洪、寇淑慧編著：《中國香港、臺灣地區《詩經》研究文獻目錄（1950～2010）》（北京：學苑出版社，2012 年 10 月）。

56. 翁麗雪：《詩經問答》（臺北：里仁書局，2010 年 9 月）。

57. 翁燕玲：《從引詩賦詩到詩本義探求的詮釋轉向——《詩經》詮釋典範轉移中的文化意識、文本觀及存在闡釋的界域》（花蓮：國立東華大學中國語文學系博士論文，2013 年），另由花木蘭文化出版社於 2015 年 3 月出版（《中國學術思想研究輯刊》第二十編第五冊）。

58. 馮曉庭：〈臺儒洪棄生論《詩》、《書》〉，收入葉純芳、張曉生主編：《儒學研究論叢：日據時期臺灣儒學研究專號》（臺北：臺北市立教育大學人文藝術學院儒學中心，2008 年 12 月），頁 13～29。

59. 國立編譯館主編：《十三經論著目錄》（臺北：洪葉文化有限公司，2000 年 6 月）。

60. 陳新雄：〈從〈燕燕〉詩看〈詩序〉的價值〉，收入中國詩經學會編：《第五屆詩經國際學術研討會論文集》（北京：學苑出版社，2002 年 7 月），頁 439～450。

61. 陳文采：《兩宋《詩經》著述考》（臺北縣永和市：花木蘭文化工作坊，2005 年 12 月）。

62. 陳文采：《清末民初《詩經》學史論》（臺北縣永和市：花木蘭文化出版社，2007 年 9 月）。

63. 陳文采：〈《續修四庫全書總目提要（稿本）》「詩經類」之分析研究〉，收入楊晉龍主編：《變動時代的經學與經學家——民國時期（1912～1949）經學研究》（臺北：萬卷樓圖書股份有限公司，2014 年 11 月），第二冊，頁 1～33。

64. 陳文采：〈從析分禮制到孔經天學——試論廖平《詩經》研究的轉折〉，收入楊晉龍主編：《變動時代的經學與經學家——民國時期（1912～1949）經學研究》（臺北：萬卷樓圖書股份有限公司，2014 年 11 月），第二冊，頁 141～175。

65. 陳文采：〈張壽林《詩經》學研究〉，收入楊晉龍主編：《變動時代的經學與經學家——民國時期（1912～1949）經學研究》（臺北：萬卷樓圖書股份有限公司，2014 年 11 月），第二冊，頁 469～505。

66. 陳章錫：《王船山《詩廣傳》義理疏解》（臺北縣永和市：花木蘭文化出版社，2009 年 3 月）。

67. 陳明義：《蘇轍《詩集傳》研究》（臺北縣永和市：花木蘭文化出版社，2007 年 9 月，《古典文獻研究輯刊》第五編第十五冊）。

68. 陳昀昀：《王質《詩總聞》研究》（臺北縣永和市：花木蘭文化出版社，2008 年 3 月，《古典文獻研究輯刊》第六編第六冊）。

69. 陳明義：《朱熹《詩經》學與《詩經》漢學傳統異同之研究》（臺北縣永和市：花木蘭文化出版社，2008 年 9 月，《中國學術思想研究輯刊》初編，第九冊、第十冊）。

70. 陳宜青：〈舞動人生——論《詩經》中的「舞」〉，收入國立高雄師範大學國文所研究生學會編輯組編輯：《謙謙君子——紀念林耀曾教授學術研討會會後論文集》（高雄：國立高雄師範大學國文學系，2009 年 12 月），頁 187～215。

71. 陳冠甫（慶煌）：《劉申叔先生之經學》（臺北縣永和市：花木蘭文化出版社，2010 年 3 月，《中國學術思想研究輯刊》第七編第二四冊）。

72. 陳瑩珍：《王禮卿先生《四家詩恉會歸》研究》（雲林：國立雲林科技大學漢學資料整理研究所碩士論文，2008 年），另由花木蘭文化出版社於 2011 年 3 月出版，《中國學術思想研究輯刊》第十一編第五冊）。

73. 陳瑩珍：〈《四家詩恉會歸》對《詩序》的闡揚〉，收入陳器文主編：《王禮卿教授百年誕辰紀念文集》（臺中：國立中興大學中國文學系，2011 年 12 月），頁 207～244。

74. 張學波：〈六十年來之詩學〉，收入程發軔主編：《六十年來之國學（一）》（臺北：正中書局，1975 年 2 月，臺二版）。

75. 張成秋：《詩序闡微》（臺北縣永和市：花木蘭文化出版社，2006 年 9 月，《古典文獻研究輯刊》第三編第十四冊）。

76. 張寶三：〈《毛詩・關雎》篇《序》、《傳》、《箋》、《疏》之詮解及其解經性格〉，收入龍宇純先生七秩晉五壽慶論文及編輯委員會編：《龍宇純先生七秩晉五壽慶論文集》（臺北：臺灣學生書局，2002 年 11 月），頁 17～44。

77. 張寶三：《東亞《詩經》學論集》（臺北：國立臺灣大學出版中心，2009 年 7 月）。

78. 張政偉：〈清初《詩經》學研究的觀點與方法論問題：以毛奇齡與李光地為例〉，收入東海大學中國文學系主編：《語言文字與文學詮釋國際學術研討會論文集》（臺中：東海大學中國文學系，2011 年），頁 121～135。

79. 張素卿：〈惠棟《毛詩古義》與清代《詩經》學〉，收入中國詩經學會編：《第六屆詩經國際學術研討會論文集》（北京：學苑出版社，2005 年 7 月），頁 472～492。

80. 張曉芬：《牟庭《詩切》研究》（新北：花木蘭文化出版社，2012 年 3 月，《中國學術思想研究輯刊》第十三編第三冊）。

81. 郭麗娟：《呂祖謙《詩經》學研究》（新北：花木蘭文化出版社，2011 年 3 月，《中國學術思想研究輯刊》第十一編第四冊）。

82. 寇淑慧：《二十世紀詩經研究文獻目錄》（北京：學苑出版社，2001 年 5 月）。

83. 莊惠茹：〈《詩經・國風》「以」字析論〉，收入國立高雄師範大學經學研究所主編：《第二屆青年經學學術研討會會議論文集》（高雄：國立高雄師範大學經學研究所，2006 年 11 月），頁 25～40。

84. 黃師忠慎：《朱子《詩經》學新探》（臺北：五南圖書出版股份有限公司，2002 年 1 月）。

85. 黃師忠慎：《《詩經》選注》（臺北：五南圖書出版股份有限公司，2002 年 9 月）。

86. 黃師忠慎：〈姚際恆、崔述、方玉潤的說《詩》取向及其在學術史上的意義〉，收入龐君豪總編輯：《臺灣學術新視野：經學之部》（臺北：五南圖書出版股份有限公司，2007 年 6 月），頁 172～194。

87. 黃師忠慎：《嚴粲《詩緝》新探》（臺北：文史哲出版社，2008 年 2 月）。

88. 黃師忠慎：《《詩經》全注》（臺北：五南圖書出版股份有限公司，2008 年 9 月）。

89. 黃師忠慎：《范處義《詩補傳》與王質《詩總聞》比較研究》（臺北：文津出版社，2009 年 2 月）。

90. 黃師忠慎：《宋代《詩經》學探析——以歐陽修、蘇轍等六家爲中心的考察》（臺北縣永和市：花木蘭文化出版社，2009 年 9 月）。

91. 黃師忠慎：〈貫通與整合：王先謙與王禮卿之《詩經》學比較研究〉，收入陳器文主編：《王禮卿教授百年誕辰紀念文集》（臺中：國立中興大學中國文學系，2011 年 12 月），頁 133～163。

92. 黃師忠慎：《清代《詩經》學論稿》（臺北：文津出版社，2011 年 12 月）。

93. 黃師忠慎：《清代獨立治《詩》三大家研究——姚際恆、崔述、方玉潤》（臺北：五南圖書出版股份有限公司，2012 年 7 月）。

94. 黃師忠慎：〈學術史上的典範塑造——以民國學者評論王夫之等人之《詩經》學爲例〉，收入楊晉龍主編：《變動時代的經學與經學家——民國時期（1912～1949）經學研究》（臺北：萬卷樓圖書股份有限公司，2014 年 11 月），第二冊，頁 107～140。

95. 黃靖玟：〈王安石《詩經新義》在宋代詩經學研究之定位商榷〉，收入國立高雄師範大學經學研究所主編：《青年經學學術研討會會後論文集》（高雄：國立高雄師範大學國文系，2009 年）。

96. 程元敏：《詩序新考》（臺北：五南圖書出版股份有限公司，2005 年 1 月）。

97. 彭維杰：《朱子詩教思想研究》（臺北縣永和市：花木蘭文化出版社，2009 年 3 月）。

98. 彭維杰：《漢代詩教思想探微》（臺北縣永和市：花木蘭文化出版社，2010 年 9 月，《中國學術思想研究輯刊》第九編第十二冊）。

99. 楊晉龍：〈《毛詩蒙引》攷辨〉，收入張以仁先生七秩壽慶論文集編輯委員會編：《張以仁先生七秩壽慶論文集》（臺北：臺灣學生書局，1999 年 1 月），頁 217～255。

100. 楊晉龍：〈論《詩問略》之作者與內容〉，收入鍾彩鈞主編：《傳承與創新——中央研究院中國文哲研究所十周年紀念論文集》（臺北：中央研究院中國文哲研究所籌備處，1999 年 12 月），頁 653～697。

101. 楊晉龍：〈《詩經》學之刪《詩》問題述評〉，收入張曉生主編：《儒學研究論叢》第四輯（臺北：臺北市立教育大學人文藝術學院儒學中心，2011 年 12 月），頁 65～83。

102. 葉致均：〈《曹風，鳲鳩》美刺説探源〉，收入國立高雄師範大學經學研究所主編：《第三屆青年經學學術研討會會議論文集》（高雄：國立高雄師範大學經學研究所，2007 年），頁 141～158。

103. 貫福相：《《詩經·國風》英文白話新譯》（臺北：書林出版社，2008 年 5 月）。

104. 賴欣陽：〈《文心雕龍》的《詩經》論述〉，收入中國詩經學會編：《第五屆詩經國際學術研討會論文集》（北京：學苑出版社，2002 年 7 月），頁 233～269。

105. 蔣秋華：〈閻若璩《毛朱詩説》撰成刊行考〉，收入中國詩經學會編：《第五屆詩經國際學術研討會論文集》（北京：學苑出版社，2002 年 7 月），頁 307～317。

106. 蔣秋華：〈讀陳澧《東塾讀詩日錄》〉，收入中國詩經學會編：《第六屆詩經國際學術研討會論文集》（北京：學苑出版社，2005 年 7 月），頁 504～511。

107. 鄒純敏：《鄭玄王肅《詩經》學比較研究》（臺北縣永和市：花木蘭文化出版社，2009 年 3 月）。

108. 趙制陽：《詩經名著評介》（臺北：臺灣學生書局，1983 年 10 月）。

109. 趙制陽：《詩經名著評介》（第二集）（臺北：五南圖書出版有限公司，1993 年 7 月）。

110. 趙制陽：《詩經名著評介》（第三集）（臺北：萬卷樓圖書有限公司，1999 年 11 月）。

111. 趙明媛：《歐陽修《詩本義》探究》（臺北縣永和市：花木蘭文化出版社，2009 年 3 月）。

112. 趙明媛：《《詩經》詮釋與《詩》説批評：姚際恆《詩經通論》研究（臺北縣永和市：花木蘭文化出版社，2010 年 3 月）。

113. 蔡信發：〈「鄭聲淫」之商兌〉，收入第四屆全國訓詁學學術研討會編委會主編：《訓詁論叢第四輯》（臺北：文史哲出版社，1999 年 9 月），頁 203～216。

114. 蔡長林：〈莊存與《詩經》學初探〉，收入中國詩經學會編：《第六屆詩經國際學術研討會論文集》（北京：學苑出版社，2005 年 7 月），頁 456～471。

115. 蔡敏琳：《高亨《詩經今注》研究》（臺北縣永和市：花木蘭文化出版社，2008 年 9 月，另由花木蘭文化出版社於 2008 年 9 月出版《古典文獻研究輯刊》七編，第六冊）。

116. 蔡淑閔：〈王船山之「興觀群怨」説〉，收入銘傳大學應用中國文學系主編：《中華文化的傳承與拓新——經學的流衍與應用國際學術研討會論文集》（桃園縣龜山鄉：銘傳大學應用中國文學系，2009 年 4 月），頁 455～467。

117. 潘富俊等：《詩經植物圖鑑》（臺北：貓頭鷹出版社，2001 年 6 月）。

118. 潘秀玲：《《詩經》存古史考辨──《詩經》與《史記》所載史事之比較》（臺北縣永和市：花木蘭文化出版社，2006 年 9 月，《古典文獻研究輯刊》第三編第十八冊）。

119. 劉玉國：〈「士曰既且」、「洵美且仁」新解〉，收入第四屆全國訓詁學學術研討會編委會主編：《訓詁論叢第四輯》（臺北：文史哲出版社，1999 年 9 月），頁 159～168。

120. 劉毓慶：《歷代《詩經》著述考（先秦──元代）》（北京：中華書局，2002 年 5 月）。

121. 鄭伊庭：〈論毛奇齡對朱子《詩經》學的批評〉，收入國立高雄師範大學經學研究所主編：《青年經學學術研討會會後論文集》（高雄：國立高雄師範大學國文系，2009 年）。

122. 鄭岳和：《《詩經·周南》詩篇研究──對人的肯定與祝福》（臺北縣永和市：花木蘭文化出版社，2010 年 9 月，《中國學術思想研究輯刊》第九編第十三冊）。

123. 鄭月梅：〈朱東潤《詩三百篇探故》的特色〉，收入楊晉龍主編：《變動時代的經學與經學家──民國時期（1912～1949）經學研究》（臺北：萬卷樓圖書股份有限公司，2014 年 11 月），第二冊，頁 605～633。

124. 鄭月梅：〈從《詩經六論》看張西堂對《詩經》的見解〉，收入楊晉龍主編：《變動時代的經學與經學家──民國時期（1912～1949）經學研究》（臺北：萬卷樓圖書股份有限公司，2014 年 11 月），第二冊，頁 685～712。

125. 糜文開、裴普賢撰：《詩經欣賞與研究》（臺北：三民書局，1991 年 8 月，再版）。

126. 謝奇懿：《先秦兩漢天人意識與《詩經》學之研究》（臺北縣永和市：花木蘭文化出版社，2009 年 3 月）。

127. 顏重威等：《《詩經》裡的鳥類》（臺中：鄉宇文化事業，2004 年 9 月）。

128. 譚莊蘭：《《詩經》男性人物形象研究》（臺中：東海大學中國文學系碩士論文，2008 年），另由花木蘭文化出版社於 2011 年 9 月出版（《中國學術思想研究輯刊》第十二編第八冊、第九冊）。

129. 簡良如：《《詩經》論稿》（新北：Airiti Press 華藝數位股份有限公司，2011 年 2 月）。

三、期刊論文（依作者姓氏筆畫順序排列）

1. 丁威仁：〈關於《詩經》「興」義的再詮釋〉，《乾坤詩刊》第 14 期（2000 年 4 月），頁 19～25。

2. 丁威仁：〈元末明初詩學的《詩經》詮釋〉，《興大中文學報》第 33 期（2013 年 6 月），頁 77～120。

3. 丁威仁：〈李東陽詩論中的《詩經》詮釋〉，《文學新鑰》第 19 期（2014 年 6 月），頁 1～32。

4. 丁亞傑：〈士大夫生命的自我投射——方苞《朱子詩義補正》的女性認知〉，《東華漢學》第 2 期（2004 年 5 月），頁 201～226。

5. 丁亞傑：〈方苞述朱之學：詩經的歷史想像與文化建構〉，《當代儒學研究》第 1 期（2007 年 1 月），頁 51～110。

6. 王榮正：〈《詩·魏風·碩鼠》中的「碩鼠」〉，《中國語文》第 92 卷第 4 期（2003 年 4 月），頁 83～88。

7. 王靖丰：〈詩經比興辨說〉，《文學前瞻》第 5 期（2004 年 7 月），頁 1、3～16。

8. 王玲月：〈《詩經》孝道思想研究〉，《嶺東通識教育研究學刊》第 1 卷第 3 期（2006 年 2 月），頁 168～179。

9. 王嘉慧：〈窮則變，變則通——沈守正《詩經說通》之《詩》學評析研究〉，《東吳中文線上學術論文》第 23 期（2013 年 9 月），頁 49～81。

10. 史甄陶：〈陳子展研究《詩經》方法述評〉，《中國學術年刊》第 34 期（2012 年 9 月），頁 165～190。

11. 史甄陶：〈「興於《詩》」——論朱熹讀《詩經》之法〉，《當代儒學研究》第 17 期（2014 年 12 月），頁 21～48。

12. 江菊松：〈振振君子·歸哉歸哉——詩經召南殷其靁篇中的眞情呼喚〉，《淡水牛津臺灣文學研究集刊》第 2 期（1999 年 8 月），頁 123～136。

13. 江雅茹：〈試探《詩經》、《左傳》對三良事件的看法（一）〉，《孔孟月刊》第 47 卷第 7、8 期（2009 年 4 月），頁 8～15。

14. 江雅茹：〈試探《詩經》、《左傳》對三良事件的看法（二）〉，《孔孟月刊》第 47 卷第 9、10 期（2009 年 6 月），頁 27～32。

15. 江衍良：〈孔子論《詩經》——以《論語》十九章爲例〉，《長庚科技學刊》第 8 期（2008 年 6 月），頁 1～10。

16. 江江明：〈論王夫之《詩廣傳》借經說史之詮釋義涵〉，《興大中文學報》第 25 期（2009 年 6 月），頁 237～250。

17. 江乾益：〈鄭玄「風雅正變說」中〈毛詩序〉探論〉，《興大中文學報》第 27 期（2010 年 6 月），頁 67～88。

18. 伍純嫻：〈《詩傳大全》與《詩經傳說彙纂》關係探論：簡析明代《詩經》官學的延續與發展〉，《中山人文學報》第 20 期（2005 年 6 月），頁 81～118。

19. 朱孟庭：〈《詩經》興取義析論〉，《東吳中文學報》第 10 期（2004 年 5 月），頁 1～36。

20. 朱孟庭：〈胡適《詩經》新解對傳統的繼承與創新——以〈周南新解〉為論〉，《臺北大學中文學報》第 11 期（2012 年 3 月），頁 235～272。

21. 朱孟庭：〈先大膽假設，再求證刪改——論胡適〈談談詩經〉的易稿異版〉，《書目季刊》第 46 卷第 1 期（2012 年 6 月），頁 15～33。

22. 何石松：〈從客語詞彙看君子「好」述〉，《應用語文學報》第 5 期（2003 年 6 月），頁 85～102。

23. 何淑蘋：〈民國以來海峽兩岸《詩經》工具書編纂之回顧與展望〉，《古典文獻與民俗藝術集刊》第 2 期（2013 年 10 月），頁 137～162。

24. 車行健：〈論《詩經》多重義與「詩」本義的詮釋〉，《中央大學人文學報》第 23 期（2001 年 6 月），頁 97～130。

25. 車行健：〈論鄭玄箋《詩》所表露的經學思想〉，《經學研究集刊》第 4 期（2008 年 5 月），頁 165～194。

26. 車行健：〈何定生與《古史辨》的《詩經》研究〉，《中國文哲研究通訊》第 24 卷第 1 期（2014 年 3 月），頁 107～132。

27. 車行健：〈經典詮釋中的思想史——關於《釋經以立論——漢代毛鄭詩經經解的思想探索》〉，《人文與社會科學簡訊》第 16 卷第 1 期（2014 年 12 月），頁 59～66。

28. 李時銘：〈「鄭聲淫」在經學上的糾葛及其音樂問題〉，《逢甲人文社會學報》第 2 期（2001 年 5 月），頁 39～71。

29. 李威熊：〈胡適的經學觀〉，《逢甲人文社會學報》第 4 期（2002 年 5 月），頁 1～14。

30. 李正治：〈兩漢比興解詩的模式及其形成因素〉，《文學新鑰》第 11 期（2010 年 6 月），頁 31～55。

31. 李純祺：〈《詩經》〈江漢〉「浮浮」、「滔滔」詞義解析〉，《新生學報》第 14 期（2014 年 9 月），頁 69～77。

32. 李鵑娟：〈王船山「叶韻十蔽」述評〉，《輔仁國文學報》第 40 期（2015 年 4 月），頁 17～35。

33. 呂珍玉：〈讀屈萬里先生《詩經詮釋·雅頌》疑義〉，《東海大學文學院學報》第 43 期（2002 年 7 月），頁 1～22。

34. 呂珍玉：〈馬其昶《毛詩學》研究〉，《興大中文學報》第 25 期（2009 年 6 月），頁 281～313。

35. 呂珍玉：〈《詩經》疑難詞語辨析（1）〉，《東海中文學報》第 24 期（2012 年 7 月），頁 1～50。

36. 呂珍玉：〈新中國時期（1950～1970）《詩經》研究現象探討〉，《經學研究集刊》第 14 期（2013 年 5 月），頁 53～90。

37. 呂珍玉：〈《詩經》疑難詞語辨析（2）〉，《東海中文學報》第 25 期（2013 年 6 月），頁 27～78。

38. 呂珍玉：〈《詩經》疑難詞語辨析（3）〉，《東海中文學報》27 期（2014 年 6 月），頁 1～48。

39. 呂珍玉：〈訓詁考據之外——《詩》義解釋背後的一些問題〉，《興大中文學報》第 37 期（2015 年 6 月），頁 1～29。

40. 吳盈靜：〈「毛詩」鄭箋、孔疏「興」義之比較〉，《嘉義大學學報》第 68 期（2000 年 2 月），頁 155～160。

41. 吳佳芳：〈論王先謙對《詩經·國風》今古文四家詩旨取捨之態度與方法〉，《世新中文研究集刊》第 3 期（2007 年 6 月），頁 237～269。

42. 杜欣欣：〈馬若瑟《詩經》翻譯初探〉，《中國文哲研究通訊》第 22 卷第 1 期（2012 年 3 月），頁 43～71。

43. 杜欣欣：〈索隱翻譯：清初耶穌會士馬若瑟的譯想世界〉，《翻譯學研究集刊》第 17 期（2014 年 6 月），頁 199～224。

44. 林坤鎮：〈談詩經的諷刺詩與讚美詩〉，《國立空中大學共同科學報》第 1 期（1999 年 6 月），頁 119～137。

45. 林慶彰：〈姚際恆與顧頡剛〉，《中國文哲研究集刊》第 15 期（1999 年 9 月），頁 431～458。

46. 林慶彰：〈顧頡剛論《詩序》〉，《應用語文學報》第 3 期（2001 年 6 月），頁 77～86。

47. 林葉連：〈高田眞治《詩經》初探——以〈周南〉至〈鄭風〉爲範圍〉，《漢學論壇》第 3 期（2003 年 12 月），頁 19～52。

48. 林葉連：〈《詩經》學的指南——《詩序》〉，《文理通識學術論壇》第 5 期（2001 年 10 月），頁 7～19。

49. 林葉連：〈理雅各英譯《詩經》對詩篇的解題——以〈周南〉至〈衛風〉爲探討範圍〉，《漢學論壇》第 2 期（2003 年 6 月），頁 29～66。

50. 林葉連：〈《四家詩恉會歸》所論《詩經》篇章作者之研究〉，《漢學研究集刊》第 2 期（2006 年 6 月），頁 49～98。

51. 林葉連：〈《詩經》興義的定義、實例及其影響〉，《漢學研究集刊》第 20 期（2015 年 6 月），頁 35～72。

52. 林文華：〈戴震《詩經》研究在清代詩經學上的地位與價值〉，《美和技術學院學報》第 25 卷第 1 期（2006 年 4 月），頁 13～31。

53. 林義正：〈孔子對《詩》的詮釋方法〉，《國立臺灣大學哲學論評》第 35 期（2008 年 3 月），頁 105～154。

54. 林文華：〈《詩經》文字考釋五則〉，《文與哲》第 12 期（2008 年 6 月），頁 1～20。

55. 林素英：〈論〈王風〉詩中的禮教思想〉，《經學研究集刊》第 6 期（2009 年 5 月），頁 191～206。

56. 林偉雄：〈近四十年（一九六九～二〇〇七）臺灣詩經學博碩士學位論文研究概述〉，《孔孟月刊》第 49 卷第 1、2 期（2010 年 10 月），頁 36～47。

57. 林均珈：〈朱熹的《詩經》觀（1）〉，《孔孟月刊》第 49 卷第 7、8 期（2011 年 4 月），頁 35～40。

58. 林均珈：〈朱熹的《詩經》觀（2）〉，《孔孟月刊》第 49 卷第 9、10 期（2011 年 6 月），頁 11～18。

59. 林宏佳：〈〈汝墳〉詩旨試探〉，《東華漢學》第 16 期（2012 年 12 月），頁 53～88。

60. 林宏佳：〈〈女曰雞鳴〉敘寫異詮〉，《清華學報》第 45 卷第 3 期（2015 年 9 月），頁 343～380。

61. 林治廷：〈論《詩經》中植物的象徵——品德美、婚戀美及女性美之詮釋（上）〉，《中國語文》第 115 卷第 4 期，總號 688 期（2014 年 10 月），頁 97～102。

62. 林治廷：〈論《詩經》中植物的象徵——品德美、婚戀美及女性美之詮釋（下）〉，《中國語文》115 卷 5 期，總號 689 期（2014 年 11 月），頁 107～118。

63. 孟麗娟：〈元朱倬《詩疑問》之國風考〉，《思辨集》第 16 期（2013 年 3 月），頁 102～119。

64. 邱德修：〈如何利用「據借字求本字明本義」——揭開《毛詩》詞義之謎〉，《中等教育》第 51 卷第 4 期（2000 年 8 月），頁 106～126。

65. 邱惠芬：〈俞樾的詩經研究〉，《長庚科技學刊》第 8 期（2008 年 6 月），頁 11～32。

66. 邱惠芬：〈林義光《詩經通解》研究〉，《輔仁國文學報》第 32 期（2011 年 4 月），頁 105～133，收入楊晉龍主編：《變動時代的經學與經學家——民國時期（1912～1949）經學研究》（臺北：萬卷樓圖書股份有限公司，2014 年 11 月），第二冊，頁 421～455。

67. 邱培超：〈二程《詩經》學中的經世思想〉，《空大人文學報》第 23 期（2014 年 12 月），頁 97～125。

68. 邱碧瑩：〈《四庫全書總目》對鄭樵《詩經》學評價析論〉，《有鳳初鳴年刊》第 11 期（2015 年 10 月），頁 1～18。

69. 金培懿：〈「義理人情」的詩教觀——江戶古學派的《詩序》觀研究〉，《臺灣東亞文明研究學刊》第 5 卷第 2 期（2008 年 12 月），頁 173～210。

70. 卓惠婷：〈王船山《詩經稗疏》訓釋評議〉，《問學》第 13 期（2009 年 6 月），頁 137～169。

71. 段雅馨：〈翁方綱《詩附記》之《詩序》觀〉，《國文天地》第 29 卷第 2 期（2013 年 7 月），頁 58～64。

72. 洪國樑：〈《詩經·衛風·河廣》義探〉，《人文社會學報（世新大學）》第 3 期（2001 年 5 月），頁 1～26。

73. 洪國樑：〈《詩經·小雅》〈出車〉及〈六月〉之若干問題考辨〉，《輔仁國文學報》增刊（2006 年 1 月），頁 1～52。

74. 洪國樑：〈《詩經·秦風·黃鳥》「三良」死因衡論〉，《世新中文研究集刊》第 9 期（2013 年 7 月），頁 1～37。

75. 洪章夫：〈從昆蟲學角度平議各家注疏《詩經》「蜉蝣掘閱」一詞之得失〉，《國文學報》第 37 期（2005 年 6 月），頁 1～20。

76. 洪文雄：〈劉敞《七經小傳·毛詩》在唐宋《詩經》學轉變的地位探析〉，《興大中文學報》第 23 期（2008 年 6 月），頁 235～262。

77. 洪博昇：〈《詩經·商頌·殷武》之「景山」地望說商榷〉，《世新中文研究集刊》第 9 期（2013 年 7 月），頁 137～157。

78. 侯作珍：〈從詩序地位的轉變看「詩經」價值之重估〉，《孔孟月刊》第 40 卷第 5 期（2002 年 1 月），頁 26～34。

79. 侯潔之：〈「衛風·有狐」中「狐」字確義〉，《中國語文》第 92 卷第 4 期（2003 年 4 月），頁 61～66。

80. 侯美珍：〈明代鄉會試《詩經》義出題的考察〉，《國文學報》第 55 期（2014 年 6 月），頁 131～163。

81. 施淑婷：〈《詩·周南·葛覃》之「師氏」義解探析〉，《中國學術年刊》第 24 期（2003 年 6 月），頁 21～38、380。

82. 施盈佑：〈王船山《詩經》學之開展運用——試析《宋論》中的「主體——《詩》——歷史」〉，《有鳳初鳴年刊》第 4 期（2009 年 9 月），頁 109～122。

83. 姜龍翔：〈惠周惕《詩經》學詮釋方法析論〉，《問學》第 13 期（2009 年 6 月），頁 77～93。

84. 姜龍翔：〈朱子由《四書》所建構之《詩經》學基礎思維探源〉，《新竹教育大學人文社會學報》第 5 卷第 2 期（2012 年 9 月），頁 1～49。

85. 姜龍翔：〈朱子「淫奔詩」篇章界定再探〉，《臺北大學中文學報》第 12 期（2012 年 9 月），頁 77～102。

86. 姜龍翔：〈論朱子詮釋〈國風〉怨刺詩之教化意涵〉，《臺中教育大學學報·人文藝術類》第 28 卷第 1 期（2014 年 6 月），頁 1～22。

87. 姜龍翔：〈趙戫《詩辨說》初探〉，《中正漢學研究》2015 年第 2 期（2015 年 12 月），頁 1～36。

88. 胡婉庭：〈顧頡剛《詩經》研究的現代意義〉，《輔仁國文學報》第 30 期 （2010 年 4 月），頁 43～64。

89. 胡瀚平、閻耀棕：〈心學、理學、史學兼綜之《詩》本義探尋——王應麟 《詩經》學試析〉，《國立彰化師範大學文學院學報》第 5 期（2012 年 3 月），頁 37～52。

90. 范麗梅：〈閱讀「鶉之奔奔」：《詩經》引用與注解的多層詮釋〉，《中國文 化研究所學報》第 58 期（2014 年 1 月），頁 1～39。

91. 徐宗潔：〈試論「詩經」中「狐」的意涵〉，《孔孟月刊》第 37 卷第 11 期 （1999 年 7 月），頁 1～8。

92. 孫嘉鴻：〈詩經采詩說與中國諷諫傳統〉，《嘉南學報・人文類》第 30 期 （2004 年 12 月），頁 381～393。

93. 夏　鄉：〈皮錫瑞《經學歷史》之作意——由「通經」而「致用」之津梁〉， 《孔孟月刊》第 41 卷第 9 期（2003 年 5 月），頁 1～7。

94. 張慧美：〈評介「詩經今論」〉，《興大中文學報》第 12 期（1999 年 6 月）， 頁 97～115。

95. 張淑惠：〈淺述楊伯峻先生之經學〉，《東吳中文研究集刊》第 7 期（2000 年 6 月），頁 21～44。

96. 張寶三：〈《詩經》詮釋傳統中之「風雅正變」說研究〉，《國立臺灣大學 文史哲學報》第 52 期（2000 年 6 月），頁 1～3、5～40。

97. 張寶三：〈《毛詩注疏》之《詩經》詮釋及其得失〉，《臺大中文學報》第 20 期（2004 年 6 月），頁 1～40。

98. 張寶三：〈清原宣賢《毛詩抄》研究：以和《毛詩注疏》之關係為中心〉， 《臺灣東亞文明研究學刊》第 1 卷第 2 期（2004 年 12 月），頁 159～198。

99. 張寶三：〈吉川幸次郎之《詩經》研究方法〉，《臺灣東亞文明研究學刊》 第 2 卷第 2 期（2005 年 12 月），頁 47～75。

100. 張鴻愷：〈王安石「以《禮》解《詩》」的《詩經》學〉，《弘光人文社會 學報》第 5 期（2006 年 11 月），頁 87～101。

101. 張鴻愷：〈從經學到詩學看「興」義內涵之轉變〉，《華梵人文學報》第 8 期（2007 年 1 月），頁 89～119。

102. 張鴻愷：〈《詩經》「正變說」析論〉，《國文天地》第 24 卷第 3 期（2008 年 8 月），頁 48～52。

103. 張鴻愷：〈從詩教傳統論《詩經》「風雅正變」〉，《中華人文社會學報》第 10 期（2009 年 3 月），頁 170～184。

104. 張政偉：〈黃忠慎教授《詩經》研究之路〉，《國文天地》第 24 卷第 7 期（2008 年 12 月），頁 98～102。

105. 張政偉：〈毛奇齡《白鷺洲主客說詩》研究〉，《彰化師大國文學誌》第 24 期（2012 年 6 月），頁 31～48。

106. 張政偉：〈清代《詩經》考據學家對孔穎達《毛詩正義》之評價〉，《靜宜中文學報》第 3 期（2013 年 6 月），頁 117～139。

107. 張琬瑩：〈王安石《詩經新義》的「君臣」與「君子小人」觀〉，《東吳中文研究集刊》第 18 期（2012 年 9 月），頁 129～158。

108. 張錦少：〈兩漢典籍引《詩》頻率考〉，《先秦兩漢學術》第 20 期（2013 年 9 月），頁 77～103。

109. 張文朝：〈以不錄批朱──試就〈二南〉論赤松太庚《詩經述》對朱熹《詩集傳》的無言批判〉，《中國文哲研究通訊》第 25 卷第 4 期（2015 年 12 月），頁 111～136。

110. 張文朝：〈仁井田好古的《詩經》觀及其對朱熹之批評〉，《中國文哲研究集刊》第 47 期（2015 年 9 月），頁 173～216。

111. 張文朝：〈渡邊蒙菴《詩傳惡石》對朱熹《詩集傳》之批判──兼論其對古文辭學派《詩經》觀之繼承〉，《漢學研究》第 32 卷第 1 期（2014 年 3 月），頁 173～208。

112. 張文朝：〈朱熹《詩集傳》在日本江戶時代（1603～1868）的流傳〉，《漢學研究通訊》第 32 卷第 1 期（2013 年 2 月），頁 9～22。

113. 陳智賢：〈「鄭聲淫」析論〉，《文藻學報》第 13 期（1999 年 3 月），頁 15～24。

114. 陳正平：〈〈關雎〉寤寐「思」「服」之義試析〉，《東海中文學報》第 14 期（2002 年 7 月），頁 25～46。

115. 陳怡芬：〈「詩經」中的「壹」──以「一」為比較〉，《人文及社會學科教學通訊》第 13 卷第 5 期（2003 年 2 月），頁 202～208。

116. 陳文采：〈夏傳才對現代《詩經》學的思考與貢獻〉，《國文天地》第 22 卷第 2 期（2006 年 7 月），頁 102～106。

117. 陳文采：〈談談胡適與郭沫若的《詩經》新解〉，《國文天地》第 22 卷第 10 期（2007 年 3 月），頁 37～44。

118. 陳文采：〈李家樹教授《詩經》研究的歷程〉，《國文天地》第 24 卷第 2 期（2008 年 7 月），頁 4～9。

119. 陳文采：〈康有爲《毛詩》辨僞學之淵源及其內容與方法〉，《東華漢學》第 17 期（2013 年 6 月），頁 171～211。

120. 陳清茂：〈《詩經·小雅·采薇》重要詩句考論〉，《人文研究期刊》第 2 期（2007 年 1 月），頁 185～204。

121. 陳清茂：〈從《詩緝》論嚴粲《詩經》學重要觀念〉，《中國學術年刊》第 30 期（2008 年 3 月），頁 1～30。

122. 陳瑩珍：〈王禮卿先生之「興」義研究〉，《先秦兩漢學術》第 9 期（2008 年 3 月），頁 157～208。

123. 陳鴻森：〈《經義考》札迻〉，《經學研究集刊》第 5 期（2008 年 11 月），頁 101～124。

124. 陳惠美：〈《古今圖書集成·經籍典·詩經部》徵引文獻之探討〉，《遠東通識學報》第 4 卷第 1 期（2010 年 1 月），頁 41～52。

125. 陳明義：〈輔廣《詩童子問》初探〉，《修平人文社會學報》第 7 期（2006 年 9 月），頁 55～103。

126. 陳明義：〈劉沅《詩經恒解》初探〉，《經學研究集刊》第 2 期（2006 年 10 月），頁 19～55。

127. 陳明義：〈程俊英《詩經注析》略論〉，《修平人文社會學報》第 18 期（2012 年 3 月），頁 57～86。

128. 陳志信：〈詩境想像、辭氣諷詠與性情涵濡——《詩集傳》展示的詩歌詮釋進路〉，《漢學研究》第 29 卷第 1 期（2011 年 3 月），頁 1～34。

129. 陳志信：〈未歇的風化力量，未竭的經典意涵——論《毛詩鄭箋》、《詩集傳》與《杲溪詩經補注》的〈二南〉注釋〉，《鵝湖學誌》第 47 期（2011 年 12 月），頁 41～70。

130. 陳志峰：〈段玉裁與高郵王氏父子《詩經》訓詁之比較研究——兼論其訓詁原理之差異性〉，《興大中文學報》第 35 期（2014 年 6 月），頁 209～245。

131. 郭明芳：〈明代馮復京著述及其《六家詩名物疏》版本著錄考述〉，《東吳中文線上學術論文》第 23 期（2013 年 9 月），頁 83～108。

132. 郭明芳：〈彰顯臺港《詩經》研究，填補《詩經》目錄一隅——馬輝宏、寇淑慧著《中國香港、臺灣地區詩經研究文獻目錄（1950～2010）》〉，《東海大學圖書館館訊》第 154 期（2014 年 7 月），頁 64～69。

133. 郭明芳：〈《讀詩疏箋鈔》鈔者與流傳考述〉，《有鳳初鳴年刊》第 10 期（2015 年 10 月），頁 183～210。

134. 許慧玲：〈《詩廣傳·頌》「神」義之兩種類型及其意涵〉，《崑山科技大學人文暨社會科學學報》第 5 期（2014 年 4 月），頁 181～197。

135. 康凱淋：〈板蕩之朝與黍離之痛：謝枋得《詩傳注疏》析論〉，《彰化師大國文學誌》第 18 期（2009 年 6 月），頁 165～193。

136. 連文萍：〈明神宗與《詩經》講習〉，《國文學報》第 49 期（2011 年 6 月），頁 65～86。

137. 連文萍：〈《詩經》與明代内廷女教——以女教書爲中心的考察〉,《書目季刊》第 49 卷第 1 期（2015 年 6 月）,頁 41〜71。

138. 黃錦鋐：〈孔穎達《毛詩正義》的特點〉,《孔孟月刊》第 37 卷第 12 期（1999年 8 月）,頁 1〜4。

139. 黃忠天：〈清儒《詩》《易》互證會通的學術意義與價值初探〉,《國文學報》第 54 期（2013 年 12 月）,頁 33〜56。

140. 黃忠天：〈《易經》《詩經》動植物象徵義涵與兩書互動關係比較研究〉,《文與哲》第 23 期（2013 年 12 月）,頁 1〜39。

141. 黃師忠慎：〈董仲舒「《詩》無達詁」說析論〉,《鵝湖》第 25 卷第 5 期（1999年 11 月）,頁 1〜15。

142. 黃師忠慎：〈季本「詩說解頤·總論」析評〉,《國文學誌》第 5 期（2001年 12 月）,頁 1〜40。

143. 黃師忠慎：〈馬瑞辰《毛詩傳箋通釋》對通假字的判讀問題〉,《彰化師大文學院學報》第 2 期（2003 年 11 月）,頁 1〜20。

144. 黃師忠慎：〈王夫之「詩經」學新探〉,《國文學誌》第 8 期（2004 年 6月）,頁 299〜322。

145. 黃師忠慎：〈嚴粲《詩緝》新探——從經學、理學與文學三重面向作全方位之考察〉,《彰化師大文學院學報》第 4 期（2005 年 11 月）,頁 32〜96。

146. 黃師忠慎：〈嚴粲《詩緝》的以理學說《詩》及其在經學史上的意義〉,《彰化師大國文學誌》第 11 期（2005 年 12 月）,頁 85〜114。

147. 黃師忠慎：〈嚴粲《詩緝》的解經態度與方法及其在經學史上的意義〉,《興大中文學報》第 19 期（2006 年 6 月）,頁 55〜96。

148. 黃師忠慎：〈嚴粲《詩緝》以文學說《詩》及其在經學史上的意義〉,《逢甲人文社會學報》第 14 期（2007 年 6 月）,頁 25〜54。

149. 黃師忠慎：〈論宋儒與清儒對詩旨的解放——從朱子到姚際恒、崔述、方玉潤〉,《興大中文學報》第 22 期（2007 年 12 月）,頁 125〜158。

150. 黃師忠慎：〈范處義《詩補傳》與王質《詩總聞》的解經取向及其在《詩經》學史上的定位〉,《彰化師大國文學誌》第 15 期（2007 年 12 月）,頁 137〜170。

151. 黃師忠慎：〈王質《詩總聞》新論〉,《國家圖書館館刊》97 年第 1 期（2008年 6 月）,頁 113〜138。

152. 黃師忠慎：〈范處義《詩補傳》的解經特質及其在《詩經》學史上的存在意義〉,《逢甲人文社會學報》第 16 期（2008 年 6 月）,頁 25〜52。

153. 黃師忠慎：〈論「涵泳、玩味」的讀《詩》法——以姚際恒、崔述與方玉潤的相關論述爲評析對象〉,《文與哲》第 12 期（2008 年 6 月）,頁 529〜578。

154. 黃師忠愼:〈馬瑞辰《毛詩傳箋通釋·雜考各說》三文析論〉,《明道通識論叢》第 5 期 (2008 年 11 月),頁 5～26。

155. 黃師忠愼:〈典範的選擇——以民國學者評論清代獨立治《詩》三大家爲例〉,《經學研究集刊》第 6 期 (2009 年 5 月),頁 41～54。

156. 黃師忠愼:〈戴溪《續呂氏家塾讀詩記》的解經特質及其在《詩經》學史上的定位〉,《東華漢學》第 9 期 (2009 年 6 月),頁 49～89。

157. 黃師忠愼:〈傳統與變異——論姚際恆、崔述、方玉潤的解《詩》基調〉,《東海中文學報》第 21 期 (2009 年 7 月),頁 37～66。

158. 黃師忠愼:〈方玉潤《詩經原始》析評:以方法論爲核心的考察〉,《中國學術年刊》第 32 期 (春季號,2010 年 3 月),頁 1～28。

159. 黃師忠愼:〈心學語境下的《詩經》詮釋——楊簡《慈湖詩傳》析論〉,《東吳中文學報》第 19 期 (2010 年 5 月),頁 231～254。

160. 黃師忠愼:〈輔廣《詩童子問》新論〉,《臺大中文學報》第 32 期 (2010 年 6 月),頁 325～358。

161. 黃師忠愼:〈以史觀詩,以詩興史——崔述《讀風偶識》析評〉,《漢學研究》第 29 卷第 1 期 (2011 年 3 月),頁 225～256。

162. 黃師忠愼:〈《詩經》註我,我註《詩經》——楊簡《慈湖詩傳》再探〉,《東吳中文學報》第 21 期 (2011 年 5 月),頁 147～172。

163. 黃師忠愼:〈姚際恆《詩經通論》的《詩》教觀及其反漢學色彩〉,《國文學報》第 49 期 (2011 年 6 月),頁 87～106。

164. 黃師忠愼:〈輔廣《詩童子問》與楊簡《慈湖詩傳》之比較研究——以解經方法、態度與風格爲核心的考察〉,《文與哲》第 19 期 (2011 年 12 月),頁 229～259。

165. 黃師忠愼:〈經典、道與文字——輔廣與楊簡《詩經》學之比較研究〉,《政大中文學報》第 16 期 (2011 年 12 月),頁 137～166。

166. 黃師忠愼:〈經典的重構:論呂祖謙《呂氏家塾讀詩記》在《詩經》學史上的承衍與新變〉,《清華學報》新 42 卷第 1 期 (2012 年 3 月),頁 45～77。

167. 黃師忠愼:〈尊《序》?反《序》?——析論《毛詩李黃集解》的解《詩》立場〉,《臺大文史哲學報》第 76 期 (2012 年 5 月),頁 1～27。

168. 黃師忠愼:〈謝枋得《詩傳注疏》新探〉,《中國文哲研究集刊》第 41 期 (2012 年 9 月),頁 109～143。

169. 黃師忠愼:〈理解、運用與解釋:析論孔孟荀在《詩經》學史上的貢獻與意義〉,《東吳中文學報》第 25 期 (2013 年 5 月),頁 1～29。

170. 黃師忠愼:〈《毛詩李黃集解》析論——以書寫體例與解釋方法爲考察中心〉,《臺大中文學報》第 42 期 (2013 年 10 月),頁 113～153。

171. 黃師忠慎：〈呂祖謙、嚴粲《詩經》學之比較研究〉，《東吳中文學報》第 27 期（2014 年 5 月），頁 73～100。

172. 黃師忠慎：〈析論《毛詩李黃集解》對北宋《詩》解的取捨現象——以李樗爲主的考察〉，《國文學報》第 55 期（2014 年 6 月），頁 99～129。

173. 黃師忠慎：〈從《玉海》、《困學紀聞》看王應麟的《詩經》文獻學〉，《中國文哲研究集刊》第 45 期（2014 年 9 月），頁 171～205。

174. 黃師忠慎：〈王安石以「法」解《詩》的詮釋精神與特質〉，《臺大中文學報》第 47 期（2014 年 12 月），頁 47～88。

175. 黃師忠慎：〈朱熹「淫詩說」衡論〉，《靜宜中文學報》第 6 期（2014 年 12 月），頁 1～28。

176. 黃師忠慎：〈輔廣、朱鑑之《詩經》朱學編纂比較研究〉，《東吳中文學報》第 30 期（2015 年 11 月），頁 157～184。

177. 黃師忠慎：〈南宋《詩經》集解體作者解經立場與方法之比較研究——以李樗、嚴粲爲中心的考察〉，《成大中文學報》第 51 期（2015 年 12 月），頁 121～158。

178. 黃智群：〈從《朱子語類》看朱熹論程頤說《詩》之超越〉，《東方人文學誌》第 4 卷第 4 期（2005 年 12 月），頁 149～166。

179. 黃智明：〈吳闓生《詩義會通》對《詩序》的詮解〉，《樹人學報》第 8 期（2010 年 7 月），頁 161～172。

180. 黃佳雯：〈詩經學「四始」說之探考〉，《中國語文》第 685 期（2014 年 7 月），頁 88～93。

181. 曾守正：〈孔孟說詩活動的言志思想〉，《鵝湖月刊》第 25 卷第 6 期（1999 年 12 月），頁 5～20。

182. 彭維杰：〈朱子詩傳舊說探析〉，《國文學誌》第 3 期（1999 年 6 月），頁 75～102。

183. 彭維杰：〈孔子與朱子的詩教思想比較——兼及對現代詩歌教育的啓示〉，《國文學誌》第 6 期（2002 年 12 月），頁 53～76。

184. 彭維杰：〈朱熹「淫詩說」理學釋義〉，《彰化師大國文學誌》第 11 期（2005 年 12 月），頁 63～83。

185. 彭美玲：〈〈豳風・七月〉「女心傷悲」解——《詩經》詮釋史的個案考察〉，《臺大中文學報》第 36 期（2012 年 3 月），頁 65～116。

186. 彭美玲：〈〈豳風〉傳統《詩》說與周公形象〉，《臺大中文學報》第 40 期（2013 年 3 月），頁 1～53。

187. 賀廣如：〈「詩經說義」與「詩古微」——論康有爲的「詩經」學（上）〉，《大陸雜誌》第 104 卷第 2 期（2002 年 2 月），頁 36～48。

188. 賀廣如：〈「詩經說義」與「詩古微」——論康有為的「詩經」學（下）〉，《大陸雜誌》第 104 卷第 3 期（2002 年 3 月），頁 11～21。

189. 賀廣如：〈馮登府的三家《詩》輯佚學〉，《中國文哲研究集刊》第 23 期（2003 年 9 月），頁 305～336。

190. 賀廣如：〈范家相《三家詩拾遺》及其相關問題〉，《漢學研究》第 22 卷第 1 期（2004 年 6 月），頁 219～251。

191. 馮曉庭：〈臺灣研究宋代經學概況〉，《中國文哲研究通訊》第 12 卷第 3 期（2002 年 9 月），頁 7～46。

192. 葉煬彬：〈「菁莪」考〉，《菁莪季刊》第 13 卷第 2 期（2001 年 7 月），頁 7～10。

193. 楊晉龍：〈從《四庫全書總目》對明代經學的評價析論其評價內涵的意義〉，《中國文哲研究集刊》第 16 期（2000 年 3 月），頁 523～585。

194. 楊晉龍：〈臺灣近五十年詩經學研究概述一九四九～一九九八〉，《漢學研究通訊》第 20 卷第 3 期（2001 年 8 月），頁 28～50。

195. 楊晉龍：〈何楷《詩經世本古義》引用《化書》及其相關問題探究〉，《中國文哲研究集刊》第 21 期（2002 年 9 月），頁 293～338。

196. 楊晉龍：〈明代學者〈秦風‧蒹葭〉詮釋析論——明代詩經學史研究的進一步探討〉，《臺北大學中文學報》第 5 期（2008 年 9 月），頁 1～46。

197. 楊晉龍：〈陳奐及《詩毛氏傳疏》的評論與傳播〉，《中國文哲研究集刊》第 39 期（2011 年 9 月），頁 147～186。

198. 楊晉龍：〈論《埤雅》及其在宋代《詩經》專著中的傳播〉，《中國學術年刊》第 35 卷春（2013 年 3 月），頁 25～61。

199. 楊晉龍：〈臺灣地區光復前基督徒的儒家經學傳播一斑——李春生著作中的詩經學訊息〉，《文與哲》第 24 期（2014 年 6 月），頁 153～192。

200. 楊晉龍：〈臺灣光復前竹塹地區詩文應用《詩經》探論——以現存古典詩集和鸞書為對象的觀察〉，《東吳中文學報》第 28 期（2014 年 11 月），頁 271～306。

201. 楊晉龍：〈民國肇建前新竹地區鸞書使用《詩經》表現探論〉，《清華中文學報》第 13 期（2015 年 6 月），頁 107～152。

202. 楊　菁：〈李光地《詩經》學研究〉，《國文學報》第 41 期（2007 年 6 月），頁 1～35。

203. 楊明璋：〈論《詩經》中的瓜類名物及其比興義〉，《先秦兩漢學術》第 10 期（2008 年 9 月），頁 1～16。

204. 楊子慧：〈宋代「淫詩說」〉，《東吳中文線上學術論文》第 27 期（2014 年 9 月），頁 87～100。

205. 廖育菁：〈胡一桂引〔（宋）王安石著〕《詩經新義》佚文考〉，《書目季刊》第 43 卷第 4 期（2010 年 3 月），頁 47～62。

206. 廖育菁：〈論王安石崇尚周公人臣之勇——以《詩經新義》爲本〉，《臺北大學中文學報》第 14 期（2013 年 9 月），頁 119～139。

207. 廖育菁：〈論王安石治《詩》的歷程〉，《孔孟月刊》第 52 卷第 1、2 期（2013 年 10 月），頁 45～52。

208. 廖育菁：〈王安石《詩經新義》解經特色——循古篇〉，《中國文化大學中文學報》第 27 期（2013 年 10 月），頁 75～92。

209. 廖育菁：〈古法釀新義——論王安石解《詩》〉，《孔孟月刊》第 52 卷第 11、12 期（2014 年 8 月），頁 40～51。

210. 廖育菁：〈王安石以禮解《詩》——以《詩經新義》爲本〉，《嘉大中文學報》第 10 期（2015 年 3 月），頁 1～40。

211. 趙制陽：〈「賦比興」問題探討〉，《孔孟月刊》第 46 卷第 5、6 期（2008 年 2 月），頁 16～24。

212. 趙中偉：〈天生烝民，有物有則——由《詩經》及《周易》探析「天」之本體詮釋的發展歷程〉，《先秦兩漢學術》第 9 期（2008 年 3 月），頁 1～31。

213. 蔡恆海：〈《詩經·鄭風》是否多爲淫詩之芻議〉，《重高學報》第 5 期（2002 年 6 月），頁 93～120。

214. 蔡敏琳：〈高亨《詩經今注》的缺失探討〉，《板中學報》第 5 期（2006 年 5 月），頁 49～72。

215. 蔡宗陽：〈《詩經·周南·關雎》分章與詮詁的辨析〉，《中國語文》第 667 期（2013 年 1 月），頁 23～32。

216. 蔡宗陽：〈《詩經·周南·關雎》分章與詮詁的辨析〉，《國文天地》第 29 卷第 2 期（2013 年 7 月），頁 33～37。

217. 蔡宗陽：〈《詩經》比與興的辨析〉，《中國語文》第 674 期（2013 年 8 月），頁 22～32。

218. 蔡宗陽：〈《詩經》互文補義與互文見義的辨析〉，《臺北大學中文學報》第 17 期（2015 年 3 月），頁 1～11。

219. 蔡根祥：〈江永與戴震學術關係研究——以《詩經》學説爲討論範圍〉，《經學研究集刊》第 14 期（2013 年 5 月），頁 91～125。

220. 鄧佳萍：〈淺析〈毛詩序〉中樂的本質與作用〉，《孔孟月刊》第 45 卷第 1、2 期（2006 年 10 月），頁 18～24。

221. 劉精盛：〈釋《詩經·小雅·無羊》篇「牧人所夢」〉，《中國語文通訊》第 67 期（2003 年 9 月），頁 47～49。

222. 劉月珠：〈「詩經」中禮樂觀之探討〉，《孔孟月刊》第 43 卷第 4 期（2004 年 12 月），頁 8〜14。

223. 劉月珠：〈「詩經」中禮樂內涵之探討〉，《崇右學報》第 11 期（2005 年 2 月），頁 179〜196。

224. 劉月珠：〈《詩經》在《論語》中的重要性〉，《孔孟月刊》第 50 卷第 3、4 期（2011 年 12 月），頁 12〜16、53。

225. 劉奇慧：〈試探《詩經》中「碩人」一詞的意蘊〉，《中國語文》第 101 卷第 5 期（2007 年 11 月），頁 27〜43。

226. 劉原池：〈朱熹之《詩》學解釋學〉，《人文社會科學研究》第 3 卷第 1 期（2009 年 3 月），頁 37〜50。

227. 劉德曜：〈民國以前各家《詩經》正變說概述〉，《輔大中研所學刊》第 24 期（2010 年 10 月），頁 17〜33。

228. 劉成群：〈胡一桂《詩集傳附錄纂疏》初探〉，《中國文哲研究通訊》第 23 卷第 2 期（2013 年 6 月），頁 203〜223。

229. 劉鎮溢：〈季本及《詩說解頤》之詩學觀〉，《東吳中文研究集刊》第 19 期（2013 年 10 月），頁 141〜174。

230. 劉逸文：〈《詩經・檜風》詩旨於春秋檜史之研究〉，《龍陽學術研究集刊》第 8 期（2013 年 12 月），頁 37〜50。

231. 劉逸文：〈《詩經・唐風》詩旨於春秋晉史之研究〉，《華梵人文學報》第 21 期（2014 年 1 月），頁 78〜140。

232. 劉逸文：〈《詩經・曹風》詩旨於春秋曹史之研究〉，《元培學報》第 21 期（2014 年 12 月），頁 75〜93。

233. 劉玉國：〈《詩經》「遑恤我後」「遑」義舊解析評〉，《東吳中文學報》第 26 期（2013 年 11 月），頁 1〜10。

234. 劉玉國：〈《詩經》「我心匪鑒，不可以茹」「茹」字舊解述評〉，《東吳中文學報》第 29 期（2015 年 5 月），頁 1〜13。

235. 鄭芳祥：〈蘇軾《詩》論〉析探〉，《大陸雜誌》第 104 卷第 1 期（2002 年 1 月），頁 34〜43。

236. 鄭富春：〈廣心餘情，裕於死生之際——王船山《詩廣傳》中的生死觀〉，《鵝湖月刊》第 34 卷第 6 期（2008 年 12 月），頁 32〜42。

237. 鄭玉姍：〈〈小雅・漸漸之石〉「有豕白蹢，烝涉波矣」雨兆探源〉，《彰化師大文學院學報》第 11 期（2015 年 3 月），頁 55〜78。

238. 賴欣陽：〈劉勰的《詩經》論述〉，《淡江人文社會學刊》第 13 期（2002 年 12 月），頁 1〜30。

239. 盧景商：〈「毛詩序」的詮釋系統及價值問題〉，《輔仁國文學報》第 15 期（1999 年 10 月），頁 203〜232。

240. 盧景商：〈戰國諸子對《詩經》的評價〉，《醒吾學報》第 23 期（2000 年 8 月），頁 79～100。

241. 盧淑美：〈論朱熹解《詩經》的觀念與方法〉，《遠東通識學報》第 3 卷第 2 期（2009 年 7 月），頁 85～103。

242. 歐天發：〈《詩》「興而比」、「興兼比」說析論〉，《嘉南學報》第 27 期（2001 年 11 月），頁 307～317。

243. 謝貴文：〈論清代今文經學之演變趨勢〉，《孔孟月刊》第 40 卷第 2 期（2001 年 10 月），頁 31～38。

244. 謝大寧：〈比興的現象學——《詩經》詮釋進路底再檢討〉，《南華通識教育研究》第 2 期（2004 年 9 月），頁 1～24。

245. 謝春聘：〈《論語》一書引《詩》論《詩》之探討〉，《國防大學通識教育學報》第 2 期（2012 年 6 月），頁 62～81。

246. 鍾志偉：〈明清之際，遺民說經：賀貽孫《詩經觸義》評析〉，《中正大學中文學術年刊》第 17 期（2011 年 6 月），頁 1～26。

247. 簡澤峰：〈方玉潤《詩經原始》詮釋觀及其相關問題探析——以十五〈國風〉詩旨為例〉，《白沙人文社會學報》第 3 期（2004 年 10 月），頁 189～214。

248. 簡澤峰：〈《荀子》引《詩》用《詩》及其相關問題〉，《興大中文學報》第 19 期（2006 年 6 月），頁 265～292。

249. 簡澤峰：〈胡承珙《毛詩後箋》徵引宋人說《詩》意見考〉，《中國文哲研究通訊》第 25 卷第 2 期（2015 年 6 月），頁 57～97。

250. 簡怡美：〈《詩經》三《頌》所呈現的憂患意識〉，《孔孟月刊》第 45 卷第 5、6 期（2007 年 2 月），頁 1～9。

251. 蘇建洲：〈也談「輔車相依」——兼論〈小雅・正月〉的「輔」〉，《國文天地》第 16 卷 4 期（2000 年 9 月），頁 34～38。

252. 蘇伊文、盧詩青：〈為政治服務的漢代《詩》教實踐〉，《育達科大學報》第 32 期（2012 年 9 月），頁 79～92。

四、學位論文（依作者姓氏筆畫順序排列）

1. 王怡惠：《顧炎武《詩經》學述評》（彰化：國立彰化師範大學國文教育研究所碩士論文，2003 年 7 月）。

2. 王淑麗：《《詩經》中倫理關係與詩教之研究》（臺北：國立臺灣師範大學國文學系碩士論文，2005 年 6 月）。

3. 王珮娟：《論《詩》毛氏傳「興」詩與「興、觀、群、怨」之關係》（桃園：銘傳大學應用中國文學系碩士論文，2011 年 12 月）。

4. 王嘉慧：《沈守正《詩經說通》研究》（彰化：國立彰化師範大學國文學系碩士論文，2013 年 1 月）。

5. 田紓凡：《高田眞治《詩經・國風》之《詩序》研究》（雲林：國立雲林科技大學漢學應用研究所碩士論文，2015 年 7 月）。

6. 伍純嫻：《《詩傳大全》與《詩經傳說會纂》比較研究》（臺北：中國文化大學中國文學研究所碩士論文，2000 年 6 月）。

7. 伍純嫻：《明代《詩經》專著與《詩傳大全》關係之研究》（臺北：中國文化大學中國文學系博士論文，2014 年 6 月）。

8. 江昭蓉：《顧棟高《詩經》著述研究》（臺北縣淡水鎮：淡江大學中國文學系碩士論文，2008 年 6 月）。

9. 呂美琪：《惠棟《毛詩古義》研究》（彰化：國立彰化師範大學國文研究所碩士論文，1999 年 6 月）。

10. 呂昱瑱：《許謙《詩集傳名物鈔》研究》（彰化：國立彰化師範大學國文研究所碩士論文，2008 年 6 月）。

11. 何佳薇：《肅雝顯相——從《詩經》編纂問題論其文本特性》（新竹：國立清華大學中國文學系碩士論文，2012 年 7 月）。

12. 吳淑銘：《屈萬里《詩經詮釋》研究》（彰化：國立彰化師範大學國文學系碩士論文，2006 年 8 月）。

13. 吳叔樺：《蘇轍學術思想研究》（高雄：國立高雄師範大學國文學系博士論文，2006 年 6 月）。

14. 吳依凡：《《三經新義》與王安石新學的形成》（臺北：國立政治大學中國文學系碩士論文，2011 年 7 月）。

15. 吳玟燕：《鄭樵《詩經》學研究》（嘉義：國立嘉義大學中國文學系碩士論文，2013 年 1 月）。

16. 竺靜華：《王先謙經學之研究》（臺北：國立臺灣大學中國文學研究所博士論文，2009 年 6 月）。

17. 沈文珍：《《詩經》女性角色及其婚姻研究》（臺北縣石碇鄉：華梵大學東方人文思想研究所碩士論文，2008 年）。

18. 沈加佳：《《詩經》繫年之研究》（雲林：國立雲林科技大學漢學資料整理研究所碩士論文，2011 年）。

19. 李名媛：《臺灣地區 1999 至 2012 年《詩經》學研究探論》（彰化：國立彰化師範大學臺灣文學研究所碩士論文，2014 年 6 月）。

20. 邱靜子：《《詩經》蟲魚意象研究》（新竹：玄奘大學中國語文學系碩士論文，2005 年）。

21. 邱惠芬：《胡承珙馬瑞辰陳奐三家詩經學研究》（臺北：國立臺灣師範大學國文研究所博士論文，2003 年 6 月）。

22. 邱東福：《《毛詩序》中的周天子形象研究》（臺北：銘傳大學應用中國文學系碩士論文，2014 年 1 月）。

23. 杜欣欣：《探賾索隱，鉤深致遠：論馬若瑟法譯《詩經》八首》（臺北：國立臺灣師範大學翻譯研究所博士論文，2015 年 7 月）。

24. 林詩娟：《王夫之《詩經稗疏》研究》（彰化：國立彰化師範大學國文學系碩士論文，2004 年 6 月）。

25. 林東山：《詩經詮釋方法析論》（宜蘭縣礁溪鄉：佛光人文社會學院文學研究所碩士論文，2004 年 7 月）。

26. 林文華：《戴震經學之研究》（臺北：國立政治大學中國文學研究所博士論文，2005 年 5 月，另由臺北縣永和市：花木蘭文化出版社於 2008 年 9 月出版（《中國學術思想研究輯刊》初編，第二六、二七冊）。

27. 林思妤：《《詩經》、《詩序》、《左傳》關聯問題研究》（雲林縣斗六市：國立雲林科技大學漢學資料整理研究所碩士論文，2008 年 6 月，另由花木蘭文化出版社於 2011 年 3 月出版（《中國學術思想研究輯刊》第十一編第三冊）。

28. 林宜鈴：《裴普賢的《詩經》研究探討》（臺中：東海大學中國文學系碩士論文，2008 年 1 月）。

29. 林素玲：《《詩經》十五國風審美意識研究》（臺北：中國文化大學中國文學研究所碩士在職專班碩士論文，2008 年 6 月）。

30. 林怡芬：《《四庫全書》的《詩經》學觀點研究》（雲林縣斗六市：國立雲林科技大學漢學資料整理研究所碩士論文，2009 年 6 月，另由花木蘭文化出版社於 2011 年 3 月出版（《古典文獻研究輯刊》十二編，第三冊）。

31. 林芹竹：《《詩經》諷刺詩研究》（臺中：東海大學中國文學系碩士論文，2010 年 6 月）。

32. 林慧雯：《以皮爾士記號學方法探討《詩經》中常見花果植物字彙名物及其意義》（高雄：東方設計學院文化創意設計研究所碩士論文，2012 年 1 月）。

33. 林菁菁：《漢代毛傳鄭箋比興說《詩》研究》（花蓮：國立東華大學中國語文學系博士論文，2013 年 7 月）。

34. 林秉正：《龍起濤《毛詩補正》研究》（臺中：東海大學中國文學系碩士論文，2013 年 8 月）。

35. 林治廷：《《詩經》中植物的象徵美學研究》（臺北：臺北市立大學中國語文學系碩士論文，2015 年 1 月）。

36. 孟麗娟：《姚際恆《詩經》辨偽及其治經方法》（臺中：逢甲大學中國文學所碩士論文，2004 年 6 月）。

37. 段雅馨:《翁方綱《詩附記》研究》(臺北:國立臺灣師範大學國文學系碩士論文,2013 年 1 月)。

38. 胡婉庭(胡幸玟):《顧頡剛詮釋《詩經》的淵源及其意義》(南投縣埔里鎮:國立暨南國際大學中國語文學系碩士論文,2000 年 6 月)。

39. 胡琬瑞:《〈邶〉、〈鄘〉、〈衛〉怨刺詩研究》(臺北:國立臺灣師範大學國文學系在職進修碩士班碩士論文,2010 年 6 月)。

40. 柯岳君:《毛《傳》說詩義研究〉(新竹:玄奘大學中國語文學系碩士論文,2005 年 6 月)。

41. 洪文婷:《陳啟源《毛詩稽古編》研究》,(桃園縣中壢市:國立中央大學中國文學研究所博士論文,2007 年 7 月)。

42. 洪楷萱:《毛奇齡詩經學研究》(臺北:國立臺北市立教育大學中國語文學系碩士論文,2009 年 6 月)。

43. 姜龍翔:《莊述祖《詩經》學之研究》(高雄:國立高雄師範大學經學研究所碩士論文,2006 年)。

44. 姜龍翔:《朱子《詩》《書》學義理思想研究》(高雄:國立高雄師範大學國文學系博士論文,2011 年)。

45. 姚芝祺:《《詩經·頌》動植物隱喻認知詮釋》(花蓮:國立東華大學中國語文學系碩士論文,2014 年)。

46. 涂雲清:《蒙元統治下的士人及其經學發展》(臺北:國立臺灣大學中國文學研究所博士論文,2009 年 6 月)。

47. 倪瑋均:《徐光啟詩經學研究》(高雄:國立高雄師範大學經學研究所碩士論文,2009 年)。

48. 高以璇:《《詩經》玉器研究》(臺北:國立臺灣師範大學國文學系碩士論文,2011 年 6 月)。

49. 徐俐琪:《《詩經》及漢魏的棄婦詩研究》(高雄:國立高雄師範大學國文學系國文教學碩士論文,2015 年 1 月)。

50. 張淑惠:《鍾惺的詩經學》(臺北:東吳大學中國文學系碩士論文,2000 年 6 月)。

51. 張政偉:《戴震、段玉裁、陳奐〈周南〉、〈召南〉論述辨異》(南投:國立暨南國際大學中國語文學系碩士論文,2001 年 6 月)。

52. 張淑惠:《《詩經》動植物意象的隱喻認知詮釋》(臺中:東海大學中國文學系碩士論文,2005 年)。

53. 張惠婷:《錢鍾書的《詩經》研究探析》(臺中:東海大學中國文學系碩士論文,2007 年 6 月)。

54. 張雅蘋:《《詩經》時空敘寫探析》(臺中:東海大學中國文學系碩士論文,2012 年 8 月)。

55. 張圻清：《胡一桂《詩集傳附錄纂疏》研究》（臺北：臺北市立大學中國語文學系碩士論文，2014 年 1 月）。

56. 張婉瑤：《《詩經》衣飾文化及華語文教學之應用》（臺北：國立政治大學華語文教學碩士論文，2014 年 7 月）。

57. 張宗揚：《《詩經·國風》「君子」研究》（新竹：國立清華大學中國文學系碩士論文，2015 年 6 月）。

58. 陳文采：《清末民初《詩經》學史論》（臺北：東吳大學中國文學博士論文，2003 年 10 月）。

59. 陳文珍：《詩經》三百篇結語研究（新竹：玄奘人文社會學院中國語文研究所碩士論文，2004 年 6 月）。

60. 陳秀英：《十五〈國風〉詩篇作者身分探究》（新竹：玄奘大學中國語文研究所碩士論文，2004 年 7 月）。

61. 陳韋縉：《西文參考資料對理雅各英譯《詩經》之影響研究》（新竹：國立清華大學中國文學系碩士論文，2010 年 8 月）。

62. 陳濬寬：《阮元《毛詩注疏校勘記》探析》（臺中：東海大學中國文學系碩士論文，2011 年 2 月）。

63. 陳思葦：《《詩經》與《舊約聖經》的比較──以上帝屬性、民族遷徙、愛情詩、箴言為考察》（臺中：東海大學中國文學系碩士論文，2013 年 6 月）。

64. 許瑞誠：《聞一多《詩經》詮釋研究》（臺南：國立成功大學中國文學系碩士論文，2008 年 6 月）。

65. 商　瑈：《黃式三學術思想研究》（彰化：國立彰化師範大學國文學系博士論文，2010 年 7 月）。

66. 郭怡君：《當代《詩經》數位化研究》（臺中：逢甲大學中國文學系碩士論文，2015 年 6 月）。

67. 黃皓杏：《《韓詩外傳》引《詩》說理研究》（臺中：國立中興大學中國文學系碩士論文，2011 年 6 月）。

68. 黃玉芳：《何楷《詩經世本古義》詩旨與世次研究》（臺中：國立中興大學中國文學系碩士論文，2013 年 7 月）。

69. 黃智明：《林義光《詩經通解》研究》（臺北：東吳大學中國文學系博士論文，2014 年 7 月）。

70. 黃麒羽：《《詩經·國風》中的自然意象》（高雄：國立高雄師範大學國文教學碩士論文，2014 年）。

71. 彭成錦：《翁方綱《詩附記》手稿及其海外流布研究》（臺北：國立臺灣師範大學國際漢學研究所碩士論文，2011 年 6 月）。

72. 彭莉婷：《宋代經筵講義探析——以廖剛《詩經講義》與袁燮《絜齋毛詩經筵講義》爲例》（新北：淡江大學中國文學系碩士論文，2015 年 6 月）。

73. 楊瑞嘉：《龔橙《詩本誼》研究》（彰化：國立彰化師範大學國文研究所碩士論文，1999 年 6 月）。

74. 趙明媛：《姚際恆《詩經通論》研究》（桃園縣中壢市：國立中央大學中國文學研究所博士論文，2000 年 12 月）。

75. 廖崇斐：《熊十力經學思想研究》（臺中：國立中興大學中國文學研究所博士論文，2009 年 1 月）。

76. 廖敬娟：《志情合一：〈詩序〉的歷史記憶》（南投：國立暨南國際大學中國語文學系學士論文，2011 年 6 月）。

77. 廖育菁：《王安石《詩經新義》研究》（臺北：國立政治大學中國文學研究所博士論文，2012 年 10 月）。

78. 鄭靖暄：《先秦稱詩及其詩經詮釋之研究》（臺北：國立臺灣大學中國文學研究所碩士論文，2004 年 7 月）。

79. 鄭逢炫：《《詩經·國風》毛傳朱注「興詩」辨異》（臺北：國立臺灣師範大學國文學系碩士論文，2013 年）。

80. 蔡敏琳：《高亨《詩經今注》研究》（彰化：國立彰化師範大學國文學系碩士論文，2003 年 6 月）。

81. 蔡宜君：《袁燮《絜齋毛詩經筵講義》述論》（嘉義：國立嘉義大學中國文學系碩士論文，2015 年 7 月）。

82. 盧詩青：《詩序毛傳鄭箋詩教意識形態之探析》（臺中：國立臺中教育大學語文教育學系博士論文，2010 年 6 月）。

83. 盧啓聰：《《詩經傳說彙纂》研究——以編撰背景、體式內涵與思想特質爲中心》（臺北：國立政治大學中國文學系碩士論文，2013 年 6 月）。

84. 蕭開元：《晚明學者的《詩序》觀》（臺北：東吳大學中國文學系碩士論文，2000 年）。

85. 蕭怡君：《屈萬里之《詩經》古史學》（臺北：世新大學中國文學系碩士論文，2013 年 7 月）。

86. 謝奇懿：《先秦兩漢天人意識與《詩經》學之研究》（臺北：國立臺灣師範大學國文研究所博士論文，2004 年）。

87. 簡澤峰：《胡承珙《毛詩後箋》析論》（南投：國立暨南國際大學中文研究所碩士論文，2001 年）。

88. 簡澤峰：《宋代《詩經》學新說研究》（彰化：國立彰化師範大學國文學系博士論文，2008 年 5 月）。

89. 鐘瓊華：《《詩經·二雅》西周晚期怨刺詩研究》（臺北：國立臺灣師範大學國文學系碩士論文，2010 年 6 月）。

90. 蘇芳蓁：《《詩經》之女性研究》（臺北：中國文化大學中國文學系碩士論文，2005 年）。

91. 蘇鈺閔：《《詩經·氓》與〈孔雀東南飛〉比較研究》（臺北：國立臺北教育大學語文與創作學系語文教學碩士論文，2012 年 12 月）。

92. 羅崑林：《《詩經·大雅》周民族史詩研究》（新竹：玄奘大學中國語文學系碩士論文，2012 年 6 月）。

93. 龔家祺：《漢代《詩經》學與誄銘文關係研究》（高雄：國立高雄師範大學經學研究所碩士論文，2014 年 7 月）。

五、多媒體資源

1. 全國圖書書目資訊網（網址：http://nbinet.ncl.edu.tw/，最後查詢日期：2016 年 6 月 14 日）。

2. 經學研究論著目錄資料庫（網址：http://ccs.ncl.edu.tw/ccs/topic_03.html，最後查詢日期：2016 年 2 月 7 日）。

3. 臺灣博碩士論文知識加值系統（網址：http://ndltd.ncl.edu.tw/cgi-bin/gs32/gsweb.cgi/login?o=dwebmge，最後查詢日期：2016 年 6 月 14 日）。

4. 臺灣期刊論文索引系統（網址：http://readopac.ncl.edu.tw/nclJournal/index.htm，最後查詢日期：2016 年 6 月 14 日）。

5. 師範校院聯合博碩士論文系統（網址：http://140.122.127.247/cgi~bin/gs/gsweb.cgi?o=d1，最後查詢日期：2016 年 6 月 14 日）。

6. 中央研究院圖書資源整合查詢系統（網址：http://sinica.summon.serialssolu-tions.com/zh-CN/search/advanced?advanced=true，最後查詢日期：2016 年 6 月 14 日）。

7. HyRead 臺灣全文資料庫（網址：http://www.hyread.com.tw/hypage.cgi?hyqstr=aihggjoibkdjhgerhrlfekgpkkdwjlmkgkjkmigrexmogximmkhrewmnhjipilhmhxmognfvjhdpfrjhdofjjjdjfjjkdmfijgdrfm，最後查詢日期：2016 年 6 月 14 日）。

8. 東洋學文獻類目（網址：http://ruimoku.zinbun.kyoto-u.ac.jp/ruimoku/、http://ruimoku.zinbun.kyoto~u.ac.jp/ruimoku6/index.html.ja，最後查詢日期：2016 年 6 月 14 日）。

9. 港澳期刊網（網址：http://hkmpnpub.lib.cuhk.edu.hk/search.jsp，最後查詢日期：2016 年 6 月 7 日）。

10. 香港中文大學「大學圖書館系統」（網址：http://www.lib.cuhk.edu.hk/Common/Reader/Channel/ShowCalendar.jsp?Cid=763&Pid=46&Version=0&Charset=big5_hkscs，最後查詢日期：2016 年 6 月 12 日）。

11. CNKI 中國知網（網址：http://big5.oversea.cnki.net/kns55/，最後查詢日期：2016 年 6 月 12 日）。

12. 學術會議論文摘要資料庫（網址：http://sticnet.stpi.narl.org.tw/sticloc/ttsweb?@0:0:1:meetill_2004@@@0.668198934115614/，最後查詢日期：2016 年 6 月 14 日）。

13. 臺灣人文及社會科學引文索引資料庫（http://192.83.186.15/cgi-bin/gs32/gsweb.cgi/ccd=zmlKRQ/tcisearcharea?opt1&mode=basic/，最後查詢日期，2016 年 6 月 13 日）

附錄：1999 至 2015 年臺灣《詩經》學論述及著作

先秦

儒家詩教

文幸福：〈孔子詩義精神闡微〉，收入紀念陳伯元教授榮譽退休學術研討會論文集編輯委員會編：《紀念陳伯元教授榮譽退休學術研討會論文集》（臺北：洪葉文化，2000 年 7 月），頁 1～21。

王玲月：〈《詩經》孝道思想研究〉，《嶺東通識教育研究學刊》第 1 卷第 3 期（2006 年 2 月），頁 168～179。

王淑麗：《《詩經》中倫理關係與詩教之研究》（臺北：國立臺灣師範大學國文學系碩士論文，2005 年 6 月）。

王珮翎：《《詩經》祖先崇拜研究》（新竹：玄奘大學中國語文學系碩士論文，2008 年），收入林慶彰主編：《中國學術思想研究輯刊》（新北：花木蘭文化出版社，2015 年 3 月），第二十編第六冊。

江衍良：〈孔子論《詩經》──以《論語》十九章為例〉，《長庚科技學刊》第 8 期（2008 年 6 月），頁 1～10。

何佳薇：《肅雝顯相──從《詩經》編纂問題論其文本特性》（新竹：國立清華大學中國文學系碩士論文，2012 年 7 月）。

吳如梅：〈詩經對中學生美感價值觀影響之研究〉，《壢商學報》第 11 期（2003 年 5 月），頁 13～24。

林耀潾：《先秦儒家詩教研究》（臺北縣永和市：花木蘭文化出版社，2008 年
　　9 月，《中國學術思想研究輯刊》初編第八冊）。

林素英：〈論〈衛風〉史事詩的禮教思想〉，收入龐君豪總編輯：《臺灣學術新
　　視野：經學之部》（臺北：五南圖書出版股份有限公司，2007 年 6
　　月），頁 83～105。

林素英：〈論〈王風〉詩中的禮教思想〉，《經學研究集刊》第 6 期（2009 年 5
　　月），頁 191～206。

林佳蓉：《《詩經》雅頌中德治思想研究》（新北：花木蘭文化出版社，2013 年
　　3 月，《中國學術思想研究輯刊》第十五編第一冊）。

陳智賢：〈「鄭聲淫」析論〉，《文藻學報》第 13 期（1999 年 3 月），頁 15～24。

許美珠：《借鏡《詩經》——探究古今環境倫理思想》（雲林縣斗六市：國立
　　雲林科技大學文化資產維護系碩士論文，2004 年 6 月）。

張淑湍：《論《詩經》中的品德教育思想》（雲林縣斗六市：國立雲林科技大
　　學漢學資料整理研究所碩士論文，2011 年 1 月）。

曾守正：〈孔孟說詩活動的言志思想〉，《鵝湖月刊》第 25 卷第 6 期（1999 年
　　12 月），頁 5～20。

黃師忠慎：〈理解、運用與解釋：析論孔孟荀在《詩經》學史上的貢獻與意義〉，
　　《東吳中文學報》第 25 期（2013 年 5 月），頁 1～29。

劉月珠：〈「詩經」中禮樂觀之探討〉，《孔孟月刊》第 43 卷第 4 期（2004 年
　　12 月），頁 8～14。

劉月珠：〈「詩經」中禮樂內涵之探討〉，《崇右學報》第 11 期（2005 年 2 月），
　　頁 179～196。

劉月珠：《《詩經》在《論語》中的重要性〉，《孔孟月刊》第 50 卷第 3、4 期
　　（2011 年 12 月），頁 12～16、53。

蔡信發：〈「鄭聲淫」之商兌〉，收入第四屆全國訓詁學學術研討會編委會主編：
　　《訓詁論叢第四輯》（臺北：文史哲出版社，1999 年 9 月），頁 203
　　～216。

鄭靖暄：《先秦稱詩及其詩經詮釋之研究》（臺北：國立臺灣大學中國文學研
　　究所碩士論文，2004 年 7 月）。

鄭岳和：《《詩經・周南》詩篇研究——對人的肯定與祝福》（臺北縣永和市：
　　花木蘭文化出版社，2010 年 9 月，《中國學術思想研究輯刊》第九編
　　第十三冊）。

盧景商：〈戰國諸子對《詩經》的評價〉，《醒吾學報》第 23 期（2000 年 8 月），頁 79～100。

謝春聘：〈《論語》一書引《詩》論《詩》之探討〉，《國防大學通識教育學報》第 2 期（2012 年 6 月），頁 62～81。

簡澤峰：〈《荀子》引《詩》用《詩》及其相關問題〉，《興大中文學報》第 19 期（2006 年 6 月），頁 265～292。

史事比較及文化

江雅茹：〈試探《詩經》、《左傳》對三良事件的看法（一）〉，《孔孟月刊》第 47 卷第 7、8 期（2009 年 4 月），頁 8～15。

江雅茹：〈試探《詩經》、《左傳》對三良事件的看法（二）〉，《孔孟月刊》第 47 卷第 9、10 期（2009 年 6 月），頁 27～32。

季旭昇：《《詩經》吉禮研究》（臺北縣永和市：花木蘭文化出版社，2010 年 9 月，《中國學術思想研究輯刊》第九編第十三冊）。

姜龍翔：〈關於《詩經·閟宮》的幾點疑義探究〉，收入國立高雄師範大學國文學系主編：《高雄師範大學國文系碩博士班第十七屆所友暨第四屆研究生學術討論會》（高雄：國立高雄師範大學國文學系，2010 年），頁 43～56。

潘秀玲：《《詩經》存古史考辨——《詩經》與《史記》所載史事之比較》（臺北縣永和市：花木蘭文化出版社，2006 年 9 月，《古典文獻研究輯刊》第三編第十八冊）

彭美玲：〈〈豳風〉傳統《詩》說與周公形象〉，《臺大中文學報》第 40 期（2013 年 3 月），頁 1～53。

劉逸文：〈《詩經·檜風》詩旨於春秋檜史之研究〉，《龍陽學術研究集刊》第 8 期（2013 年 12 月），頁 37～50。

劉逸文：〈《詩經·唐風》詩旨於春秋晉史之研究〉，《華梵人文學報》第 21 期（2014 年 1 月），頁 78～140。

劉逸文：〈《詩經·曹風》詩旨於春秋曹史之研究〉，《元培學報》第 21 期（2014 年 12 月），頁 75～93。

羅崑林：《《詩經·大雅》周民族史詩研究》（新竹：玄奘大學中國語文學系碩士論文，2012 年 6 月）。

洪國樑：〈《詩經·秦風·黃鳥》「三良」死因衡論〉，《世新中文研究集刊》第
　　　　9 期（2013 年 7 月），頁 1～37。

漢代

綜論

張錦少：〈兩漢典籍引《詩》頻率考〉，《先秦兩漢學術》第 20 期（2013 年 9
　　　　月），頁 77～103。

龔家祺：《漢代《詩經》學與誄銘文關係研究》（高雄：國立高雄師範大學經
　　　　學研究所碩士論文，2014 年 7 月）。

四始

黃佳雯：〈詩經學「四始」說之探考〉，《中國語文》第 685 期（2014 年 7 月），
　　　　頁 88～93。

經學家

韓嬰（200B.C.?～130B.C.）

胡正之：〈略論《韓詩外傳》所反映之時代問題〉，收入輔仁大學中國文學系
　　　　主編：《先秦兩漢論叢》第一輯（臺北：洪葉文化出版社，1999 年），
　　　　頁 27～47。

黃皓杏：《《韓詩外傳》引《詩》說理研究》（臺中：國立中興大學中國文學系
　　　　碩士論文，2011 年 6 月）。

董仲舒（179B.C.～104B.C.）

黃師忠慎：〈董仲舒「《詩》無達詁」說析論〉，《鵝湖》第 25 卷第 5 期（1999
　　　　年 11 月），頁 1～15。

毛亨（生卒年不詳）

柯岳君：《毛《傳》說詩義研究》（新竹：玄奘大學中國語文學系碩士論文，
　　　　2005 年 6 月）。

鄭玄（127～200）

車行健：〈論鄭玄箋《詩》所表露的經學思想〉，《經學研究集刊》第 4 期（2008
　　　　年 5 月），頁 165～194。

毛亨（生卒年不詳）、鄭玄（127～200）

車行健：《毛鄭《詩經》解經學研究》（臺北縣永和市：花木蘭文化出版社，
　　　　2007 年 3 月，《古典文獻研究輯刊》第四編第九冊）。

車行健：《釋經以立論：漢代毛鄭詩經經解的思想探索》（臺北：里仁書局，
　　　　2011 年）。

車行健：〈經典詮釋中的思想史——關於《釋經以立論——漢代毛鄭詩經經解
　　　　的思想探索》〉，《人文與社會科學簡訊》第 16 卷第 1 期（2014 年 12
　　　　月），頁 59～66。

江乾益：〈鄭玄「風雅正變說」申〈毛詩序〉探論〉，《興大中文學報》第 27
　　　　期（2010 年 6 月），頁 67～88。

盧詩青：《詩序毛傳鄭箋詩教意識形態之探析》（臺中：國立臺中教育大學語
　　　　文教育學系博士論文，2010 年 6 月）。

林菁菁：《漢代毛傳鄭箋比興說《詩》研究》（花蓮：國立東華大學中國語文
　　　　學系博士論文，2013 年 7 月）。

鄭玄（127～200）、王肅（195～256）

鄒純敏：《鄭玄王肅《詩經》學比較研究》（臺北縣永和市：花木蘭文化出版
　　　　社，2009 年 3 月）。

詩序

丁亞傑：〈《詩經》的自然意象與女性詮釋〉，收入元培科學技術學院國文組主
　　　　編：《自然的書寫——第三屆主題文學學術研討會論文集》（臺北：
　　　　萬卷樓圖書股份有限公司，2005 年 3 月），頁 165～186。

車行健：〈從「歷史的緘默」中傾聽「發聲的歷史」——以馬、班論漢代獄治
　　　　與《毛詩序》詮釋《詩經·鄭風》二事為例〉，收入元培科學技術學
　　　　院國文組主編：《主題文學學術研討會論文集》（臺北：萬卷樓圖書
　　　　股份有限公司，2002 年 8 月），頁 213～238。

林葉連：〈《詩經》學的指南——《詩序》〉，《文理通識學術論壇》第 5 期（2001
　　　　年 10 月），頁 7～19。

林思妤：《《詩經》、《詩序》、《左傳》關聯問題研究》（雲林縣斗六市：國立雲
　　　　林科技大學漢學資料整理研究所碩士論文，2008 年 6 月），另由花木
　　　　蘭文化出版社於 2011 年 3 月出版（《中國學術思想研究輯刊》第十
　　　　一編第三冊）。

侯作珍：〈從詩序地位的轉變看「詩經」價值之重估〉，《孔孟月刊》第 40 卷第 5 期（2002 年 1 月），頁 26～34。

陳新雄：〈從〈燕燕〉詩看〈詩序〉的價值〉，收入中國詩經學會編：《第五屆詩經國際學術研討會論文集》（北京：學苑出版社，2002 年 7 月），頁 439～450。

張成秋：《詩序闡微》（臺北縣永和市：花木蘭文化出版社，2006 年 9 月，《古典文獻研究輯刊》第三編第十四冊）。

程元敏：《詩序新考》（臺北：五南圖書出版股份有限公司，2005 年 1 月）。

盧景商：〈「毛詩序」的詮釋系統及價值問題〉，《輔仁國文學報》第 15 期（1999 年 10 月），頁 203～232。

廖敬娟：《志情合一：〈詩序〉的歷史記憶》（南投：國立暨南國際大學中國語文學系學士論文，2011 年 6 月）。

蕭開元：《晚明學者的《詩序》觀》（臺北：東吳大學中國文學系碩士論文，2000 年）。

鄧佳萍：〈淺析〈毛詩序〉中樂的本質與作用〉，《孔孟月刊》第 45 卷第 1、2 期（2006 年 10 月），頁 18～24。

彭維杰：《漢代詩教思想探微》（新北：花木蘭文化出版社，2010 年 9 月，《中國學術思想研究輯刊》第九編第十二冊）。

邱東福：《《毛詩序》中的周天子形象研究》（臺北：銘傳大學應用中國文學系碩士論文，2014 年 1 月）。

六義

丁威仁：〈關於《詩經》「興」義的再詮釋〉，《乾坤詩刊》第 14 期（2000 年 4 月），頁 19～25。

王靖丰：〈詩經比興辨說〉，《文學前瞻》第 5 期（2004 年 7 月），頁 1、3～16。

王珮娟：《論《詩》毛氏傳「興」詩與「興、觀、群、怨」之關係》（桃園：銘傳大學應用中國文學系碩士論文，2011 年 12 月）。

朱孟庭：〈《詩經》興取義析論〉，《東吳中文學報》第 10 期（2004 年 5 月），頁 1～36。

李正治：〈兩漢比興解詩的模式及其形成因素〉，《文學新鑰》第 11 期（2010 年 6 月），頁 31～55。

吳盈靜：〈「毛詩」鄭箋、孔疏「興」義之比較〉，《嘉義大學學報》第 68 期（2000
　　　年 2 月），頁 155～160。

趙制陽：〈「賦比興」問題探討〉，《孔孟月刊》第 46 卷第 5、6 期（2008 年 2
　　　月），頁 16～24。

歐天發：〈《詩》「興而比」、「興兼比」說析論〉，《嘉南學報》第 27 期（2001
　　　年 11 月），頁 307～317。

林葉連：〈《詩經》興義的定義、實例及其影響〉，《漢學研究集刊》第 20 期（2015
　　　年 6 月），頁 35～72。

蔡宗陽：〈《詩經》比與興的辨析〉，《中國語文》第 674 期（2013 年 8 月），頁
　　　22～32。

美、刺說詩

林坤鎮：〈談詩經的諷刺詩與讚美詩〉，《國立空中大學共同科學報》第 1 期（1999
　　　年 6 月），頁 119～137。

林芹竹：《《詩經》諷刺詩研究》（臺中：東海大學中國文學系碩士論文，2010
　　　年 6 月）。

胡琬瑞：《《邶》、《鄘》、《衛》怨刺詩研究》（臺北：國立臺灣師範大學國文學
　　　系在職進修碩士班碩士論文，2010 年 6 月）。

胡楚生：〈詩序與詩教——從《詩序》內容看《詩經》的教化理想〉，收入龍
　　　宇純先生七秩晉五壽慶論文集編輯委員會編：《龍宇純先生七秩晉五
　　　壽慶論文集》（臺北：臺灣學生書局，2002 年 11 月），頁 1～16。

孫嘉鴻：〈詩經采詩說與中國諷諫傳統〉，《嘉南學報‧人文類》第 30 期（2004
　　　年 12 月），頁 381～393。

張鴻愷：〈《詩經》「正變說」析論〉，《國文天地》第 24 卷第 3 期（2008 年 8
　　　月），頁 48～52。

張鴻愷：〈從詩教傳統論《詩經》「風雅正變」〉，《中華人文社會學報》第 10
　　　期（2009 年 3 月），頁 170～184。

葉致均：〈〈曹風‧鳲鳩〉美刺說探源〉，收入國立高雄師範大學經學研究所主
　　　編：《第三屆青年經學學術研討會會議論文集》（高雄：國立高雄師
　　　範大學經學研究所，2007 年），頁 141～158。

劉德曜：〈民國以前各家《詩經》正變說概述〉，《輔大中研所學刊》第 24 期
　　　（2010 年 10 月），頁 17～33。

蘇伊文、盧詩青：〈爲政治服務的漢代《詩》教實踐〉，《育達科大學報》第 32 期（2012 年 9 月），頁 79～92。

賈承恩：〈《詩經・十月之交》中的人物問題〉，《中國語文》第 108 卷第 4 期（2011 年 4 月），頁 63～69。

鐘瓊華：《《詩經・二雅》西周晚期怨刺詩研究》（臺北：國立臺灣師範大學國文學系碩士論文，2010 年 6 月）。

南朝梁

經學家

劉勰（465？～？）

賴欣陽：〈《文心雕龍》的《詩經》論述〉，收入中國詩經學會編：《第五屆詩經國際學術研討會論文集》（北京：學苑出版社，2002 年 7 月），頁 233～269。

賴欣陽：〈劉勰的《詩經》論述〉，《淡江人文社會學刊》第 13 期（2002 年 12 月），頁 1～30。

唐代

經學家

陸德明（550？～630？）

李威熊：〈陸德明之經學觀及其在經學史上之貢獻〉，收入逢甲大學中國文學系主編：《六朝隋唐學術研討會論文集》（臺北：文史哲出版社，2004 年 7 月），頁 351～371。

孔穎達（574～648）

黃錦鋐：〈孔穎達《毛詩正義》的特點〉，《孔孟月刊》第 37 卷第 12 期（1999 年 8 月），頁 1～4。

張寶三：〈《毛詩注疏》之《詩經》詮釋及其得失〉，《臺大中文學報》第 20 期（2004 年 6 月），頁 1～40。

宋代

著述

陳文采：《兩宋《詩經》著述考》（臺北縣永和市：花木蘭文化工作坊，2005
年 12 月）。

楊晉龍：〈論《埤雅》及其在宋代《詩經》專著中的傳播〉，《中國學術年刊》
第 35 卷春（2013 年 3 月），頁 25～61。

經筵

彭莉婷：《宋代經筵講義探析——以廖剛《詩經講義》與袁燮《絜齋毛詩經
筵講義》爲例》（新北：淡江大學中國文學系碩士論文，2015 年 6
月）。

蔡宜君：《袁燮《絜齋毛詩經筵講義》述論》（嘉義：國立嘉義大學中國文學
系碩士論文，2015 年 7 月）。

新派學說

簡澤峰：《宋代《詩經》學新說研究》（彰化：國立彰化師範大學國文學系博
士論文，2008 年 5 月）。

經學家

程顥（1032～1085）、程頤（1033～1107）

邱培超：〈二程《詩經》學中的經世思想〉，《空大人文學報》第 23 期（2014
年 12 月），頁 97～125。

歐陽修（1007～1072）

趙明媛：《歐陽修《詩本義》探究》（臺北縣永和市：花木蘭文化出版社，2009
年 3 月，《中國學術思想研究輯刊》第四編第十三冊）。

劉敞（1019～1068）

洪文雄：〈劉敞《七經小傳・毛詩》在唐宋《詩經》學轉變的地位探析〉，《興
大中文學報》第 23 期（2008 年 6 月），頁 235～262。

王安石（1021～1086）

吳依凡：《《三經新義》與王安石新學的形成》（臺北：國立政治大學中國文學
系碩士論文，2011 年 7 月）。

張鴻愷：〈王安石「以《禮》解《詩》」的《詩經》學〉，《弘光人文社會學報》第 5 期（2006 年 11 月），頁 87～101。

張琬瑩：〈王安石《詩經新義》的「君臣」與「君子小人」觀〉，《東吳中文研究集刊》第 18 期（2012 年 9 月），頁 129～158。

黃靖玟：〈王安石《詩經新義》在宋代詩經學研究之定位商榷〉，收入國立高雄師範大學經學研究所主編：《青年經學學術研討會會後論文集》（高雄：國立高雄師範大學國文系，2009 年）。

黃師忠慎：〈王安石以「法」解《詩》的詮釋精神與特質〉，《臺大中文學報》第 47 期（2014 年 12 月），頁 47～88。

廖育菁：〈胡一桂引〔（宋）王安石著〕《詩經新義》佚文考〉，《書目季刊》第 43 卷第 4 期（2010 年 3 月），頁 47～62。

廖育菁：《王安石《詩經新義》研究》（臺北：國立政治大學中國文學研究所博士論文，2012 年 10 月）。

廖育菁：〈論王安石崇尚周公人臣之勇——以《詩經新義》爲本〉，《臺北大學中文學報》第 14 期（2013 年 9 月），頁 119～139。

廖育菁：〈論王安石治《詩》的歷程〉，《孔孟月刊》第 52 卷第 1、2 期（2013 年 10 月），頁 45～52。

廖育菁：〈王安石《詩經新義》解經特色——循古篇〉，《中國文化大學中文學報》第 27 期（2013 年 10 月），頁 75～92。

廖育菁：〈古法釀新義——論王安石解《詩》〉，《孔孟月刊》第 52 卷第 11、12 期（2014 年 8 月），頁 40～51。

廖育菁：〈王安石以禮解《詩》——以《詩經新義》爲本〉，《嘉大中文學報》第 10 期（2015 年 3 月），頁 1～40。

蘇軾（1037～1101）

鄭芳祥：〈蘇軾〈《詩》論〉析探〉，《大陸雜誌》第 104 卷第 1 期（2002 年 1 月），頁 34～43。

蘇轍（1039～1112）

吳叔樺：《蘇轍學術思想研究》（高雄：國立高雄師範大學國文學系博士論文，2006 年 6 月）。

陳明義：《蘇轍《詩集傳》研究》（臺北縣永和市：花木蘭文化出版社，2007 年 9 月，《古典文獻研究輯刊》第五編第十五冊）。

鄭樵（1104～1162）

吳玫燕：《鄭樵《詩經》學研究》（嘉義：國立嘉義大學中國文學系碩士論文，
　　　　2013 年 1 月）。

邱碧瑩：〈《四庫全書總目》對鄭樵《詩經》學評價析論〉，《有鳳初鳴年刊》
　　　　第 11 期（2015 年 10 月），頁 1～18。

李樗（生卒年不詳，1111 年以前出生）

黃師忠慎：〈析論《毛詩李黃集解》對北宋《詩》解的取捨現象──以李樗為
　　　　主的考察〉，《國文學報》第 55 期（2014 年 6 月），頁 99～129。

朱熹（1130～1200）

林均珈：〈朱熹的《詩經》觀（1）〉，《孔孟月刊》第 49 卷第 7、8 期（2011 年
　　　　4 月），頁 35～40。

林均珈：〈朱熹的《詩經》觀（2）〉，《孔孟月刊》第 49 卷第 9、10 期（2011
　　　　年 6 月），頁 11～18。

姜龍翔：〈朱子由《四書》所建構之《詩經》學基礎思維探源〉，《新竹教育大
　　　　學人文社會學報》第 5 卷第 2 期（2012 年 9 月），頁 1～49。

姜龍翔：《朱子《詩》《書》學義理思想研究》（高雄：國立高雄師範大學國文
　　　　學系博士論文，2011 年）。

姜龍翔：〈朱子「淫奔詩」篇章界定再探〉，《臺北大學中文學報》第 12 期（2012
　　　　年 9 月），頁 77～102。

姜龍翔：〈論朱子詮釋〈國風〉怨刺詩之教化意涵〉，《臺中教育大學學報‧人
　　　　文藝術類》第 28 卷第 1 期（2014 年 6 月），頁 1～22。

黃師忠慎：《朱子《詩經》學新探》（臺北：五南圖書出版股份有限公司，2002
　　　　年 1 月）。

黃師忠慎：〈朱熹「淫詩說」衡論〉，《靜宜中文學報》第 6 期（2014 年 12 月），
　　　　頁 1～28。

黃智群：〈從《朱子語類》看朱熹論程頤說《詩》之超越〉，《東方人文學誌》
　　　　第 4 卷第 4 期（2005 年 12 月），頁 149～166。

彭維杰：〈朱子詩傳舊說探析〉，《國文學誌》第 3 期（1999 年 6 月），頁 75～
　　　　102。

彭維杰：〈朱熹「淫詩說」理學釋義〉，《彰化師大國文學誌》第 11 期（2005
　　　　年 12 月），頁 63～83。

彭維杰：《朱子詩教思想研究》（臺北縣永和市：花木蘭文化出版社，2009 年
　　3 月）。

劉原池：〈朱熹之《詩》學解釋學〉，《人文社會科學研究》第 3 卷第 1 期（2009
　　年 3 月），頁 37～50。

盧淑美：〈論朱熹解《詩經》的觀念與方法〉，《遠東通識學報》第 3 卷第 2 期
　　（2009 年 7 月），頁 85～103。

史甄陶：〈「興於《詩》」——論朱熹讀《詩經》之法〉，《當代儒學研究》第 17
　　期（2014 年 12 月），頁 21～48。

楊子慧：〈宋代「淫詩說」〉，《東吳中文線上學術論文》第 27 期（2014 年 9 月），
　　頁 87～100。

范處義（生卒年不詳，南宋紹興 24 年〔1154〕進士）

黃師忠慎：〈范處義《詩補傳》的解經特質及其在《詩經》學史上的存在意義〉，
　　《逢甲人文社會學報》第 16 期（2008 年 6 月），頁 25～52。

王質（1135～1188）

陳昀昀：《王質《詩總聞》研究》（臺北縣永和市：花木蘭文化出版社，2008
　　年 3 月，《古典文獻研究輯刊》第六編第六冊）。

黃師忠慎：〈王質《詩總聞》新論〉，《國家圖書館館刊》97 年第 1 期（2008
　　年 6 月），頁 113～138。

呂祖謙（1137～1181）

郭麗娟：《呂祖謙《詩經》學研究》（新北：花木蘭文化出版社，2011 年 3 月，
　　《中國學術思想研究輯刊》第十一編第四冊）。

黃師忠慎：〈經典的重構：論呂祖謙《呂氏家塾讀詩記》在《詩經》學史上的
　　承衍與新變〉，《清華學報》新 42 卷第 1 期（2012 年 3 月），頁 45～
　　77。

楊簡（1141～1226）

黃師忠慎：〈心學語境下的《詩經》詮釋——楊簡《慈湖詩傳》析論〉，《東吳
　　中文學報》第 19 期（2010 年 5 月），頁 231～254。

黃師忠慎：〈《詩經》註我，我註《詩經》——楊簡《慈湖詩傳》再探〉，《東
　　吳中文學報》第 21 期（2011 年 5 月），頁 147～172。

輔廣（生卒年不詳，南宋寧宗嘉定年間〔1208～1214〕尚在）

陳明義：〈輔廣《詩童子問》初探〉，《修平人文社會學報》第 7 期（2006 年 9
　　　月），頁 55～103。

黃師忠慎：〈輔廣《詩童子問》新論〉，《臺大中文學報》第 32 期（2010 年 6
　　　月），頁 325～358。

嚴粲（1197～？）

黃師忠慎：〈嚴粲《詩緝》新探——從經學、理學與文學三重面向作全方位之
　　　考察〉，《彰化師大文學院學報》第 4 期（2005 年 11 月），頁 32～96。

黃師忠慎：〈嚴粲《詩緝》以文學說《詩》及其在經學史上的意義〉，《逢甲人
　　　文社會學報》第 14 期（2007 年 6 月），頁 25～54。

黃師忠慎：《嚴粲《詩緝》新探》（臺北：文史哲出版社，2008 年 2 月）。

陳清茂：〈從《詩緝》論嚴粲《詩經》學重要觀念〉，《中國學術年刊》第 30
　　　期（2008 年 3 月），頁 1～30。

黃師忠慎：〈嚴粲《詩緝》的以理學說《詩》及其在經學史上的意義〉，《彰化
　　　師大國文學誌》第 11 期（2005 年 12 月），頁 85～114。

黃師忠慎：〈嚴粲《詩緝》的解經態度與方法及其在經學史上的意義〉，《興大
　　　中文學報》第 19 期（2006 年 6 月），頁 55～96。

戴溪（？～1215）

黃師忠慎：〈戴溪《續呂氏家塾讀詩記》的解經特質及其在《詩經》學史上的
　　　定位〉，《東華漢學》第 9 期（2009 年 6 月），頁 49～89。

謝枋得（1226～1289）

康凱淋：〈板蕩之朝與黍離之痛：謝枋得《詩傳注疏》析論〉，《彰化師大國文
　　　學誌》第 18 期（2009 年 6 月），頁 165～193。

黃師忠慎：〈謝枋得《詩傳注疏》新探〉，《中國文哲研究集刊》第 41 期（2012
　　　年 9 月），頁 109～143。

歐陽修、蘇轍、鄭樵、程大昌、朱熹、嚴粲

黃師忠慎：《宋代《詩經》學探析——以歐陽修、蘇轍等六家為中心的考察》
　　　（臺北縣永和市：花木蘭文化出版社，2009 年 9 月）。

王應麟（1222～1296）

何澤恆：《王應麟之經史學》（臺北縣永和市：花木蘭文化出版社，2009 年 3
　　　月）。

胡瀚平、閻耀棕:〈心學、理學、史學兼綜之《詩》本義探尋——王應麟《詩
　　經》學試析〉,《國立彰化師範大學文學院學報》第 5 期(2012 年 3
　　月),頁 37～52。

黃師忠慎:〈從《玉海》、《困學紀聞》看王應麟的《詩經》文獻學〉,《中國文
　　哲研究集刊》第 45 期(2014 年 9 月),頁 171～205。

胡一桂(1247～?)

劉成群:〈胡一桂《詩集傳附錄纂疏》初探〉,《中國文哲研究通訊》第 23 卷
　　第 2 期(2013 年 6 月),頁 203～223。

張圻清:《胡一桂《詩集傳附錄纂疏》研究》(臺北:臺北市立大學中國語文
　　學系碩士論文,2014 年 1 月)。

范處義(生卒年不詳,南宋紹興 24 年〔1154〕進士)、王質(1135～1188)

黃師忠慎:《范處義《詩補傳》與王質《詩總聞》比較研究》(臺北:文津出
　　版社,2009 年 2 月)。

黃師忠慎:〈范處義《詩補傳》與王質《詩總聞》的解經取向及其在《詩經》
　　學史上的定位〉,《彰化師大國文學誌》第 15 期(2007 年 12 月),頁
　　137～170。

李樗、嚴粲比較

黃師忠慎:〈南宋《詩經》集解體作者解經立場與方法之比較研究——以李樗、
　　嚴粲為中心的考察〉,《成大中文學報》第 51 期(2015 年 12 月),頁
　　121～158。

呂祖謙、嚴粲比較

黃師忠慎:〈呂祖謙、嚴粲《詩經》學之比較研究〉,《東吳中文學報》第 27
　　期(2014 年 5 月),頁 73～100。

輔廣、朱鑑比較

黃師忠慎:〈輔廣、朱鑑之《詩經》朱學編纂比較研究〉,《東吳中文學報》第
　　30 期(2015 年 11 月),頁 157～184。

輔廣、楊簡比較

黃師忠慎:〈輔廣《詩童子問》與楊簡《慈湖詩傳》之比較研究——以解經方
　　法、態度與風格為核心的考察〉,《文與哲》第 19 期(2011 年 12 月),
　　頁 229～259。

黃師忠慎：〈經典、道與文字──輔廣與楊簡《詩經》學之比較研究〉，《政大
　　中文學報》第 16 期（2011 年 12 月），頁 137～166。

李樗、黃□（生卒年不詳，1177 年尚在世）

黃師忠慎：〈尊《序》？反《序》？──析論《毛詩李黃集解》的解《詩》立
　　場〉，《臺大文史哲學報》第 76 期（2012 年 5 月），頁 1～27。

黃師忠慎：〈《毛詩李黃集解》析論──以書寫體例與解釋方法爲考察中心〉，
　　《臺大中文學報》第 42 期（2013 年 10 月），頁 113～153。

元代

綜論

涂雲清：《蒙元統治下的士人及其經學發展》（臺北：國立臺灣大學中國文學
　　研究所博士論文，2009 年 6 月）。

經學家

許謙（1270～1337）

呂昱瑱：《許謙《詩集傳名物鈔》研究》（彰化：國立彰化師範大學國文研究
　　所碩士論文，2008 年 6 月）。

朱倬

孟麗娟：〈元朱倬《詩疑問》之國風考〉，《思辨集》第 16 期（2013 年 3 月），
　　頁 102～119。

趙□

姜龍翔：〈趙悳《詩辨說》初探〉，《中正漢學研究》2015 年第 2 期（2015 年
　　12 月），頁 1～36。

明代

綜論

楊晉龍：〈從《四庫全書總目》對明代經學的評價析論其評價內涵的意義〉，《中
　　國文哲研究集刊》第 16 期（2000 年 3 月），頁 523～585。

侯美珍：〈明代鄉會試《詩經》義出題的考察〉，《國文學報》第 55 期（2014
　　年 6 月），頁 131～163。

連文萍：〈《詩經》與明代內廷女教——以女教書爲中心的考察〉，《書目季刊》
　　第 49 卷第 1 期（2015 年 6 月），頁 41～71。

經學家

李東陽（1447～1516）

丁威仁：〈李東陽詩論中的《詩經》詮釋〉，《文學新鑰》第 19 期（2014 年 6
　　月），頁 1～32。

袁仁（1479～1545）

林慶彰：〈袁仁《毛詩或問》研究〉，收入龍宇純先生七秩晉五壽慶論文及編
　　　輯委員會編：《龍宇純先生七秩晉五壽慶論文集》（臺北：臺灣學生
　　　書局，2002 年 11 月），頁 45～56。

季本（1485～1563）

黃師忠愼：〈季本「詩說解頤‧總論」析評〉，《國文學誌》第 5 期（2001 年
　　12 月），頁 1～40。

劉鎭溢：〈季本及《詩說解頤》之詩學觀〉，《東吳中文研究集刊》第 19 期（2013
　　年 10 月），頁 141～174。

徐光啟（1562～1633）

倪瑋均：《徐光啓詩經學研究》（高雄：國立高雄師範大學經學研究所碩士論
　　文，2009 年）。

馮復京（1573～1623）

郭明芳：〈明代馮復京著述及其《六家詩名物疏》版本著錄考述〉，《東吳中文
　　　線上學術論文》第 23 期（2013 年 9 月），頁 83～108。

鍾惺（1574～1624）

張淑惠：《鍾惺的詩經學》（臺北：東吳大學中國文學系碩士論文，2000 年 6
　　月）。

李先芳（1510～1594）

林慶彰：〈李先芳《讀詩私記》研究〉，收入中國詩經學會編：《第五屆詩經國
　　　際學術研討會論文集》（北京：學苑出版社，2002 年 7 月），頁 294
　　　～306。

沈守正（1572～1623）

王嘉慧：《沈守正《詩經說通》研究》（彰化：國立彰化師範大學國文學系碩
　　　　士論文，2013 年 1 月）。

王嘉慧：〈窮則變，變則通——沈守正《詩經說通》之《詩》學評析研究〉，《東
　　　　吳中文線上學術論文》第 23 期（2013 年 9 月），頁 49～81。

何楷（1594～1645）

楊晉龍：〈何楷《詩經世本古義》引用《化書》及其相關問題探究〉，《中國文
　　　　哲研究集刊》第 21 期（2002 年 9 月），頁 293～338。

黃玉芳：《何楷《詩經世本古義》詩旨與世次研究》（臺中：國立中興大學中
　　　　國文學系碩士論文，2013 年 7 月）。

針對著述內容進行考證

楊晉龍：〈《毛詩蒙引》攷辨〉，收入張以仁先生七秩壽慶論文集編輯委員會編：
　　　　《張以仁先生七秩壽慶論文集》（臺北：臺灣學生書局，1999 年 1
　　　　月），頁 217～255。

楊晉龍：〈論《詩問略》之作者與內容〉，收入鍾彩鈞主編：《傳承與創新——
　　　　中央研究院中國文哲研究所十周年紀念論文集》（臺北：中央研究院
　　　　中國文哲研究所籌備處，1999 年 12 月），頁 653～697。

清代

清代《詩經》學發展

黃師忠慎：《清代《詩經》學論稿》（臺北：文津出版社，2011 年 12 月）。

謝貴文：〈論清代今文經學之演變趨勢〉，《孔孟月刊》第 40 卷第 2 期（2001
　　　　年 10 月），頁 31～38。

黃忠天：〈清儒《詩》《易》互證會通的學術意義與價值初探〉，《國文學報》
　　　　第 54 期（2013 年 12 月），頁 33～56。

張政偉：〈清代《詩經》考據學家對孔穎達《毛詩正義》之評價〉，《靜宜中文
　　　　學報》第 3 期（2013 年 6 月），頁 117～139。

經學家

顧炎武（1613～1682）

王怡惠：《顧炎武《詩經》學述評》（彰化：國立彰化師範大學國文教育研究所，2003 年 7 月）。

王夫之（1619～1692）

江江明：〈論王夫之《詩廣傳》借經說史之詮釋義涵〉，《興大中文學報》第 25 期（2009 年 6 月），頁 237～250。

林詩娟：《王夫之《詩經稗疏》研究》（彰化：國立彰化師範大學國文學系碩士論文，2004 年 6 月）。

卓惠婷：〈王船山《詩經稗疏》訓釋評議〉，《問學》第 13 期（2009 年 6 月），頁 137～169。

施盈佑：〈王船山《詩經》學之開展運用——試析《宋論》中的「主體——《詩》——歷史」〉，《有鳳初鳴年刊》第 4 期（2009 年 9 月），頁 109～122。

陳章錫：《王船山《詩廣傳》義理疏解》（臺北縣永和市：花木蘭文化出版社，2009 年 3 月，《中國學術思想研究輯刊》第四編第十三冊）。

黃師忠愼：〈王夫之「詩經」學新探〉，《國文學誌》第 8 期（2004 年 6 月），頁 299～322。

黃師忠愼：〈學術史上的典範塑造——以民國學者評論王夫之等人之《詩經》學爲例〉，收入楊晉龍主編：《變動時代的經學與經學家——民國時期（1912～1949）經學研究》（臺北：萬卷樓圖書股份有限公司，2014 年 11 月），第二冊，頁 107～140。

蔡淑閔：〈王船山之「興觀群怨」說〉，收入銘傳大學應用中國文學系主編：《中華文化的傳承與拓新——經學的流衍與應用國際學術研討會論文集》（桃園：銘傳大學應用中國文學系，2009 年 4 月），頁 455～467。

鄭富春：〈廣心餘情，裕於死生之際——王船山《詩廣傳》中的生死觀〉，《鵝湖月刊》第 34 卷第 6 期（2008 年 12 月），頁 32～42。

李鵑娟：〈王船山「叶韻十蔽」述評〉，《輔仁國文學報》第 40 期（2015 年 4 月），頁 17～35。

許慧玲：〈《詩廣傳・頌》「神」義之兩種類型及其意涵〉，《崑山科技大學人文暨社會科學學報》第 5 期（2014 年 4 月），頁 181～197。

賀貽孫（生卒年不詳，1637 年前後在世）

鍾志偉：〈明清之際，遺民說經：賀貽孫《詩經觸義》評析〉，《中正大學中文學術年刊》第 17 期（2011 年 6 月），頁 1～26。

惠周惕（？～1694）

姜龍翔：〈惠周惕《詩經》學詮釋方法析論〉，《問學》第 13 期（2009 年 6 月），頁 77～93。

毛奇齡（1623～1716）

洪楷萱：《毛奇齡詩經學研究》（臺北：國立臺北市立教育大學中國語文學系碩士論文，2009 年 6 月）。

張政偉：〈毛奇齡《白鷺洲主客說詩》研究〉，《彰化師大國文學誌》第 24 期（2012 年 6 月），頁 31～48。

鄭伊庭：〈論毛奇齡對朱子《詩經》學的批評〉，收入國立高雄師範大學經學研究所主編：《青年經學學術研討會會後論文集》（高雄：國立高雄師範大學國文系，2009 年）。

李光地（1642～1718）

楊菁：〈李光地《詩經》學研究〉，《國文學報》第 41 期（2007 年 6 月），頁 1～35。

閻若璩（1636～1704）

蔣秋華：〈閻若璩《毛朱詩說》撰成刊行考〉，收入中國詩經學會編：《第五屆詩經國際學術研討會論文集》（北京：學苑出版社，2002 年 7 月），頁 307～317。

王鴻緒（1645～1723）

盧啓聰：《《詩經傳說彙纂》研究——以編撰背景、體式內涵與思想特質爲中心》（臺北：國立政治大學中國文學系碩士論文，2013 年 6 月）。

姚際恆（1647～1715）

孟麗娟：《姚際恆《詩經》辨僞及其治經方法》（臺中：逢甲大學中國文學所碩士論文，2004 年 6 月）。

黃師忠慎：〈姚際恆《詩經通論》的《詩》教觀及其反漢學色彩〉，《國文學報》
　　　第 49 期（2011 年 6 月），頁 87～106。

趙明媛：《姚際恆《詩經通論》研究》（桃園：國立中央大學中國文學研究所
　　　博士論文，2000 年 12 月）。

趙明媛：《《詩經》詮釋與《詩》說批評：姚際恆《詩經通論》研究》（臺北縣
　　　永和市：花木蘭文化出版社，2010 年 3 月，《中國學術思想研究輯刊》
　　　第七編第八冊）。

方苞（1668～1749）

丁亞傑：〈美刺、垂戒與虛實分指——方苞的詩用觀〉，收入元培科學技術學
　　　院國文組主編：《主題文學學術研討會論文集》（臺北：萬卷樓圖書
　　　股份有限公司，2002 年 8 月），頁 239～257。

丁亞傑：〈士大夫生命的自我投射——方苞《朱子詩義補正》的女性認知〉，《東
　　　華漢學》第 2 期（2004 年 5 月），頁 201～226。

丁亞傑：〈方苞述朱之學：詩經的歷史想像與文化建構〉，《當代儒學研究》第
　　　1 期（2007 年 1 月），頁 51～110。

陳啟源（？～1689）

洪文婷：《陳啓源《毛詩稽古編》研究》，（桃園：國立中央大學中國文學研究
　　　所博士論文，2007 年 7 月）。

顧棟高（1679～1759）

江昭蓉：《顧棟高《詩經》著述研究》（臺北縣淡水鎮：淡江大學中國文學系
　　　碩士論文，2008 年 6 月）。

惠棟（1695～1758）

呂美琪：《惠棟《毛詩古義》研究》（彰化：國立彰化師範大學國文研究所碩
　　　士論文，1999 年 6 月）。

張素卿：〈惠棟《毛詩古義》與清代《詩經》學〉，收入中國詩經學會編：《第
　　　六屆詩經國際學術研討會論文集》（北京：學苑出版社，2005 年 7
　　　月），頁 472～492。

范家相（1715？～1769）

賀廣如：〈范家相《三家詩拾遺》及其相關問題〉，《漢學研究》第 22 卷第 1
　　　期（2004 年 6 月），頁 219～251。

程晉芳（1718～1784）／沈炳垣（1784～1857）

郭明芳：〈《讀詩疏箋鈔》鈔者與流傳考述〉，《有鳳初鳴年刊》第 10 期（2015
　　　　年 10 月），頁 183～210。

莊存與（1719～1788）

蔡長林：〈莊存與《詩經》學初探〉，收入中國詩經學會編：《第六屆詩經國際
　　　　學術研討會論文集》（北京：學苑出版社，2005 年 7 月），頁 456～
　　　　471。

戴震（1724～1777）

林文華：〈戴震《詩經》研究在清代詩經學上的地位與價值〉，《美和技術學院
　　　　學報》第 25 卷第 1 期（2006 年 4 月），頁 13～31。

林文華：《戴震經學之研究》（臺北：國立政治大學中國文學研究所博士論文，
　　　　2005 年 5 月），另由臺北縣永和市：花木蘭文化出版社於 2008 年 9
　　　　月出版（《中國學術思想研究輯刊》初編第二六、二七冊）。

翁方綱（1733～1818）

彭成錦：《翁方綱《詩附記》手稿及其海外流布研究》（臺北：國立臺灣師範
　　　　大學國際漢學研究所碩士論文，2011 年 6 月）。

段雅馨：《翁方綱《詩附記》研究》（臺北：國立臺灣師範大學國文學系碩士
　　　　論文，2013 年 1 月）。

段雅馨：〈翁方綱《詩附記》之《詩序》觀〉，《國文天地》第 29 卷第 2 期（2013
　　　　年 7 月），頁 58～64。

崔述（1740～1816）

黃師忠慎：〈以史觀詩，以詩興史——崔述《讀風偶識》析評〉，《漢學研究》
　　　　第 29 卷第 1 期（2011 年 3 月），頁 225～256。

莊述祖（1750～1816）

姜龍翔：《莊述祖《詩經》學之研究》（高雄：國立高雄師範大學經學研究所
　　　　碩士論文，2006 年）。

牟庭（1759～1832）

張曉芬：《牟庭《詩切》研究》（新北：花木蘭文化出版社，2012 年 3 月，《中
　　　　國學術思想研究輯刊》第十三編第三冊）。

阮元（1764～1849）

陳濬寬：《阮元《毛詩注疏校勘記》探析》（臺中：東海大學中國文學系碩士
　　　論文，2011 年 2 月）。

劉沅（1768～1855）

陳明義：〈劉沅《詩經恒解》初探〉，《經學研究集刊》第 2 期（2006 年 10 月），
　　　頁 19～55。

陳壽祺（1771～1834）、陳喬樅（1809～1869）

江乾益：《陳壽祺父子三家詩遺說研究》（臺北縣永和市：花木蘭文化出版社，
　　　2010 年 3 月）。

馬瑞辰（1782～1853）

洪文婷：〈論《毛詩傳箋通釋》〉，收入洪順隆教授逝世周年紀念文集編輯委員
　　　會編：《論學談言見摯情——洪順隆教授逝世周年紀念文集》（臺北：
　　　萬卷樓圖書有限公司，2002 年 1 月），頁 486～516。

黃師忠慎：〈馬瑞辰《毛詩傳箋通釋》對通假字的判讀問題〉，《彰化師大文學
　　　院學報》2 期（2003 年 11 月），頁 1～20。

黃師忠慎：〈馬瑞辰《毛詩傳箋通釋·雜考各說》三文析論〉，《明道通識論叢》
　　　第 5 期（2008 年 11 月），頁 5～26。

馮登府（1783～1841）

賀廣如：〈馮登府的三家《詩》輯佚學〉，《中國文哲研究集刊》第 23 期（2003
　　　年 9 月），頁 305～336。

陳奐（1786～1863）

林慧修：《陳奐之《詩經》訓詁研究》（臺北縣永和市：花木蘭文化出版社，
　　　2008 年 3 月，《古典文獻研究輯刊》第六編第十一冊）。

楊晉龍：〈陳奐及《詩毛氏傳疏》的評論與傳播〉，《中國文哲研究集刊》第 39
　　　期（2011 年 9 月），頁 147～186。

黃式三（1789～1862）

商瑈：《黃式三學術思想研究》（彰化：國立彰化師範大學國文學系博士論文，
　　　2010 年 7 月）。

魏源（1794～1856）

江素卿：〈論魏源治《詩》之特色〉，收入國立中山大學中國文學系主編：《第
　　　　二屆國際清代學術研討會論文集》（高雄：國立中山大學中國文學
　　　　系，1999 年），頁 217～244。

林美蘭：《魏源《詩古微》研究》（臺北縣永和市：花木蘭文化出版社，2008
　　　　年 9 月，《中國學術思想研究輯刊》第七編第五冊）。

胡承珙（1776～1832）

簡澤峰：《胡承珙《毛詩後箋》析論》（南投：國立暨南國際大學中文研究所
　　　　碩士論文，2001 年）。

簡澤峰：〈胡承珙《毛詩後箋》徵引宋人說《詩》意見考〉，《中國文哲研究通
　　　　訊》第 25 卷第 2 期（2015 年 6 月），頁 57～97。

陳澧（1810～1882）

蔣秋華：〈讀陳澧《東塾讀詩日錄》〉，收入中國詩經學會編：《第六屆詩經國
　　　　際學術研討會論文集》（北京：學苑出版社，2005 年 7 月），頁 504
　　　　～511。

方玉潤（1811～1883）

黃師忠慎：〈方玉潤《詩經原始》析評：以方法論爲核心的考察〉，《中國學術
　　　　年刊》第 32 期（春季號，2010 年 3 月），頁 1～28。

簡澤峰：〈方玉潤《詩經原始》詮釋觀及其相關問題探析——以十五〈國風〉詩
　　　　旨爲例〉，《白沙人文社會學報》第 3 期（2004 年 10 月），頁 189～214。

俞樾（1821～1906）

邱惠芬：〈俞樾的詩經研究〉，《長庚科技學刊》第 8 期（2008 年 6 月），頁 11
　　　　～32。

龍起濤（1832～1900）

林秉正：《龍起濤《毛詩補正》研究》（臺中：東海大學中國文學系碩士論文，
　　　　2013 年 8 月）。

王先謙（1842～1917）

吳佳芳：〈論王先謙對《詩經‧國風》今古文四家詩旨取捨之態度與方法〉，《世
　　　　新中文研究集刊》第 3 期（2007 年 6 月），頁 237～269。

竺靜華：《王先謙經學之研究》（臺北：國立臺灣大學中國文學研究所博士論文，2009 年 6 月）。

皮錫瑞（1850～1908）

夏鄉：〈皮錫瑞《經學歷史》之作意——由「通經」而「致用」之津梁〉，《孔孟月刊》第 41 卷第 9 期（2003 年 5 月），頁 1～7。

廖平（1852～1932）

陳文采：〈從析分禮制到孔經天學——試論廖平《詩經》研究的轉折〉，收入楊晉龍主編：《變動時代的經學與經學家——民國時期（1912～1949）經學研究》（臺北：萬卷樓圖書股份有限公司，2014 年 11 月），第二冊，頁 141～175。

馬其昶（1855～1930）

呂珍玉：〈馬其昶《毛詩學》研究〉，《興大中文學報》第 25 期（2009 年 6 月），頁 281～313。

龔橙（生卒年不詳，1840 年序《詩本誼》）

楊瑞嘉：《龔橙《詩本誼》研究》（彰化：國立彰化師範大學國文研究所碩士論文，1999 年 6 月）。

康有為（1858～1927）

賀廣如：〈「詩經說義」與「詩古微」——論康有為的「詩經」學（上）〉，《大陸雜誌》第 104 卷第 2 期（2002 年 2 月），頁 36～48。

賀廣如：〈「詩經說義」與「詩古微」——論康有為的「詩經」學（下）〉，《大陸雜誌》第 104 卷第 3 期（2002 年 3 月），頁 11～21。

陳文采：〈康有為《毛詩》辨偽學之淵源及其內容與方法〉，《東華漢學》第 17 期（2013 年 6 月），頁 171～211。

吳闓生（1878～1949）

黃智明：〈吳闓生《詩義會通》對《詩序》的詮解〉，《樹人學報》第 8 期（2010 年 7 月），頁 161～172。

林淑貞：〈吳闓生《詩義會通》對《詩經》學之演繹、收攝與發皇——兼論與桐城之關涉及解詩觀點〉，收入張曉生主編：《儒學研究論叢》第三輯（臺北：臺北市立教育大學人文藝術學院儒學中心，2010 年 12 月），頁 143～167。

呂珍玉：〈吳闓生《詩義會通》研究〉，《東海中文學報》第 26 期（2013 年 12
　　　月），頁 89～141，收入楊晉龍主編：《變動時代的經學與經學家——
　　　民國時期（1912～1949）經學研究》（臺北：萬卷樓圖書股份有限公
　　　司，2014 年 11 月），第二冊，頁 177～235。

毛奇齡（1623～1716）、李光地（1642～1718）比較

張政偉：〈清初《詩經》學研究的觀點與方法論問題：以毛奇齡與李光地為例〉，
　　　收入東海大學中國文學系主編：《語言文字與文學詮釋國際學術研討
　　　會論文集》（臺中：東海大學中國文學系，2011 年），頁 121～135。

姚際恆（1647～1715）、崔述（1740～1816）、方玉潤（1811～1883）

黃師忠慎：〈姚際恆、崔述、方玉潤的說《詩》取向及其在學術史上的意義〉，
　　　收入龐君豪總編輯：《臺灣學術新視野：經學之部》（臺北：五南圖
　　　書出版股份有限公司，2007 年 6 月），頁 172～194。

黃師忠慎：〈典範的選擇——以民國學者評論清代獨立治《詩》三大家為例〉，
　　　《經學研究集刊》第 6 期（2009 年 5 月），頁 41～54。

黃師忠慎：〈傳統與變異——論姚際恆、崔述、方玉潤的解《詩》基調〉，《東
　　　海中文學報》第 21 期（2009 年 7 月），頁 37～66。

黃師忠慎：〈論「涵泳、玩味」的讀《詩》法——以姚際恆、崔述與方玉潤的
　　　相關論述為評析對象〉，《文與哲》第 12 期（2008 年 6 月），頁 529
　　　～578。

黃師忠慎：《清代獨立治《詩》三大家研究——姚際恆、崔述、方玉潤》（臺
　　　北：五南圖書出版股份有限公司，2012 年 7 月）。

林義光（？～1932）

邱惠芬：〈林義光《詩經通解》研究〉，《輔仁國文學報》32 期（2011 年 4 月），
　　　頁 105～133，收入楊晉龍主編：《變動時代的經學與經學家——民國
　　　時期（1912～1949）經學研究》（臺北：萬卷樓圖書股份有限公司，
　　　2014 年 11 月），第二冊，頁 421～455。

黃智明：《林義光《詩經通解》研究》（臺北：東吳大學中國文學系博士論文，
　　　2014 年 7 月）。

胡承珙（1776～1832）、馬瑞辰（1782～1853）、陳奐（1786～1863）

邱惠芬：《胡承珙馬瑞辰陳奐三家詩經學研究》（臺北：國立臺灣師範大學國
　　　文研究所博士論文，2003 年 6 月）。

戴震（1724～1777）、段玉裁（1735～1815）、陳奐（1786～1863）

張政偉：《戴震、段玉裁、陳奐〈周南〉、〈召南〉論述辨異》（南投：國立暨
　　　南國際大學中國語文學系碩士論文，2001 年 6 月）。

江永（1681～1762）、戴震比較

蔡根祥：〈江永與戴震學術關係研究──以《詩經》學說爲討論範圍〉，《經學
　　　研究集刊》第 14 期（2013 年 5 月），頁 91～125。

跨代《詩經》學比較

先秦、兩漢

謝奇懿：《先秦兩漢天人意識與《詩經》學之研究》（臺北：國立臺灣師範大
　　　學國文研究所博士論文，2004 年）。

謝奇懿：《先秦兩漢天人意識與《詩經》學之研究》（臺北縣永和市：花木蘭
　　　文化出版社，2009 年 3 月）。

先秦、宋

彭維杰：〈孔子與朱子的詩教思想比較──兼及對現代詩歌教育的啓示〉，《國
　　　文學誌》6 期（2002 年 12 月），頁 53～76。

漢、唐

張寶三：〈《毛詩‧關雎》篇《序》、《傳》、《箋》、《疏》之詮解及其解經性格〉，
　　　收入龍宇純先生七秩晉五壽慶論文集編輯委員會編：《龍宇純先生七
　　　秩晉五壽慶論文集》（臺北：臺灣學生書局，2002 年 11 月），頁 17
　　　～44。

漢、宋

陳明義：《朱熹《詩經》學與《詩經》漢學傳統異同之研究》（臺北縣永和市：
　　　花木蘭文化出版社，2008 年 9 月，《中國學術思想研究輯刊》初編第
　　　九冊、第十冊）。

李時銘：〈「鄭聲淫」在經學上的糾葛及其音樂問題〉，《逢甲人文社會學報》
　　　第 2 期（2001 年 5 月），頁 39～71。

林怡芬：《《四庫全書》的《詩經》學觀點研究》（雲林縣斗六市：國立雲林科
　　　技大學漢學資料整理研究所碩士論文，2009 年 6 月），另由花木蘭文
　　　化出版社於 2011 年 3 月出版（《古典文獻研究輯刊》第十二編第三
　　　冊）。

鄭逢炫：《《詩經・國風》毛傳朱注「興詩」辨異》（臺北：國立臺灣師範大學
　　　國文學系碩士論文，2013 年）。

宋、清

車行健：《詩本義析論：以歐陽修與龔橙詩義論述爲中心》（臺北：里仁書局，
　　　2002 年 2 月）。

黃師忠愼：〈論宋儒與清儒對詩旨的解放——從朱子到姚際恒、崔述、方玉
　　　潤〉，《興大中文學報》第 22 期（2007 年 12 月），頁 125～158。

元、明

丁威仁：〈元末明初詩學的《詩經》詮釋〉，《興大中文學報》第 33 期（2013
　　　年 6 月），頁 77～120。

明、清

伍純嫻：〈《詩傳大全》與《詩經傳說彙纂》關係探論：簡析明代《詩經》官
　　　學的延續與發展〉，《中山人文學報》第 20 期（2005 年 6 月），頁 81
　　　～118。

伍純嫻：《《詩傳大全》與《詩經傳說彙纂》比較研究》（臺北：中國文化大學
　　　中國文學研究所碩士論文，2000 年 6 月）。

伍純嫻：《明代《詩經》專著與《詩傳大全》關係之研究》（臺北：中國文化
　　　大學中國文學系博士論文，2014 年 6 月）。

漢、宋、清

陳志信：〈未歇的風化力量，未竭的經典意涵——論《毛詩鄭箋》、《詩集傳》
　　　與《呆溪詩經補注》的〈二南〉注釋〉，《鵝湖學誌》第 47 期（2011
　　　年 12 月），頁 41～70。

林葉連：〈試論〈邶風・燕燕〉的主旨〉，收入國立雲林科技大學漢學資料整
　　　理研究所編輯：《漢學研究國際學術研討會論文集》（雲林：國立雲
　　　林科技大學，2003 年），頁 61～118。

沈加佳：《《詩經》繫年之研究》（雲林：國立雲林科技大學漢學資料整理研究所碩士論文，2011 年）。

楊晉龍：〈《詩經》學之刪《詩》問題述評〉，收入張曉生主編：《儒學研究論叢》第四輯（臺北：臺北市立教育大學人文藝術學院儒學中心，2011 年 12 月），頁 65～83。

清、民

林慶彰：〈姚際恆與顧頡剛〉，《中國文哲研究集刊》第 15 期（1999 年 9 月），頁 431～458。

黃師忠慎：〈貫通與整合：王先謙與王禮卿之《詩經》學比較研究〉，收入陳器文主編：《王禮卿教授百年誕辰紀念文集》（臺中：國立中興大學中國文學系，2011 年 12 月），頁 133～163。

陳文采：《清末民初《詩經》學史論》（臺北：東吳大學中國文學博士論文，2003 年 10 月）收入林慶彰主編：《古典文獻研究叢刊》（臺北縣永和市：花木蘭文化出版社，2007 年 9 月），第五編第十六冊。

漢、宋、民國

翁燕玲：《從引詩賦詩到詩本義探求的詮釋轉向——《詩經》詮釋典範轉移中的文化意識、文本觀及存在闡釋的界域》（花蓮：國立東華大學中國語文學系博士論文，2013 年），另由花木蘭文化出版社於 2015 年 3 月出版（《中國學術思想研究輯刊》第二十編第五冊）。

臺灣《詩經》學研究發展

林偉雄：〈近四十年（一九六九～二○○七）臺灣詩經學博碩士學位論文研究概述〉，《孔孟月刊》第 49 卷第 1、2 期（2010 年 10 月），頁 36～47。

馮曉庭：〈臺灣研究宋代經學概況〉，《中國文哲研究通訊》第 12 卷第 3 期（2002 年 9 月），頁 7～46。

楊晉龍：〈臺灣近五十年詩經學研究概述一九四九～一九九八〉，《漢學研究通訊》第 20 卷第 3 期（2001 年 8 月），頁 28～50。

楊晉龍：〈《詩經》學研究概述〉，收入林慶彰主編：《五十年來的經學研究》（臺北：臺灣學生書局，2003 年 5 月），頁 91～159。

楊晉龍：〈臺灣《詩經》研究的反思：淵源與議題析論〉，收入吳文璋主編：《儒學與社會實踐：第三屆臺灣儒學研究國際學術研討會論文集》（臺南：國立成功大學中國文學系，2003 年 2 月），頁 473～514。

李名媛：《臺灣地區 1999 至 2012 年《詩經》學研究探論》（彰化：國立彰化師範大學臺灣文學研究所碩士論文，2014 年 6 月）。

郭怡君：《當代《詩經》數位化研究》（臺中：逢甲大學中國文學系碩士論文，2015 年 6 月）。

今人

近人《詩經》研究綜論

呂珍玉：〈新中國時期（1950～1970）《詩經》研究現象探討〉，《經學研究集刊》第 14 期（2013 年 5 月），頁 53～90。

陳文采：〈《續修四庫全書總目提要（稿本）》「詩經類」之分析研究〉，收入楊晉龍主編：《變動時代的經學與經學家——民國時期（1912～1949）經學研究》（臺北：萬卷樓圖書股份有限公司，2014 年 11 月），第二冊，頁 1～33。

邱惠芬：〈民國學者以古文字訓詁《詩經》的實際情形〉，收入楊晉龍主編：《變動時代的經學與經學家——民國時期（1912～1949）經學研究》（臺北：萬卷樓圖書股份有限公司，2014 年 11 月），第二冊，頁 49～109。

翁麗雪：《詩經問答》（臺北：里仁書局，2010 年 9 月）。

洪棄生（1866～1929）

馮曉庭：〈臺儒洪棄生論《詩》、《書》〉，收入葉純芳、張曉生主編：《儒學研究論叢：日據時期臺灣儒學研究專號》（臺北：臺北市立教育大學人文藝術學院儒學中心，2008 年 12 月），頁 13～29。

劉師培（1884～1919）

陳冠甫（慶煌）：《劉申叔先生之經學》（臺北縣永和市：花木蘭文化出版社，2010 年 3 月，《中國學術思想研究輯刊》第七編第二四冊）。

熊十力（1885～1968）

廖崇斐：《熊十力經學思想研究》（臺中：國立中興大學中國文學研究所博士論文，2009 年 1 月）。

胡適（1891～1962）

李威熊：〈胡適的經學觀〉，《逢甲人文社會學報》第 4 期（2002 年 5 月），頁
　　　1～14。

朱孟庭：〈先大膽假設，再求證刪改——論胡適〈談談詩經〉的易稿異版〉，《書
　　　目季刊》第 46 卷第 1 期（2012 年 6 月），頁 15～33。

陳文采：〈談談胡適與郭沫若的《詩經》新解〉，《國文天地》第 22 卷第 10 期
　　　（2007 年 3 月），頁 37～44。

郭沫若（1892～1978）

邱惠芬：〈郭沫若《詩經》研究〉，收入楊晉龍主編：《變動時代的經學與經學
　　　家——民國時期（1912～1949）經學研究》（臺北：萬卷樓圖書股份
　　　有限公司，2014 年 11 月），第二冊，頁 507～604。

顧頡剛（1893～1980）

林慶彰：〈顧頡剛論《詩序》〉，《應用語文學報》第 3 期（2001 年 6 月），頁
　　　77～86。

胡婉庭（胡幸玟）：《顧頡剛詮釋《詩經》的淵源及其意義》（南投縣埔里鎮：
　　　國立暨南國際大學中國語文學系碩士論文，2000 年 6 月）。

陳子展（1898～1990）

史甄陶：〈陳子展研究《詩經》方法述評〉，《中國學術年刊》第 34 期（2012
　　　年 9 月），頁 165～190。

朱東潤（1896～1988）

鄭月梅：〈朱東潤《詩三百篇探故》的特色〉，收入楊晉龍主編：《變動時代的
　　　經學與經學家——民國時期（1912～1949）經學研究》（臺北：萬卷
　　　樓圖書股份有限公司，2014 年 11 月），第二冊，頁 605～633。

蔣善國（1898～1986）

邱惠芬：〈二十世紀二、三〇年代詩經學的接受與影響——以蔣善國《三百篇
　　　演論》爲考察中心〉，收入楊晉龍主編：《變動時代的經學與經學家
　　　——民國時期（1912～1949）經學研究》（臺北：萬卷樓圖書股份有
　　　限公司，2014 年 11 月），第二冊，頁 635～671。

聞一多（1899～1946）

許瑞誠：《聞一多《詩經》詮釋研究》（臺南：國立成功大學中國文學系碩士
　　　論文，2008 年 6 月）。

呂珍玉：〈聞一多《詩經詞類》刊誤〉，收入東海大學中國文學系主編：《語言文字與文學詮釋國際學術研討會論文集》（臺中：東海大學中國文學系，2011 年），頁 343～372。

呂珍玉：〈聞一多說《詩》中的原始社會與生殖文化〉，《臺北大學中文學報》13 期（2013 年 3 月），頁 33～63，收入楊晉龍主編：《變動時代的經學與經學家——民國時期（1912～1949）經學研究》（臺北：萬卷樓圖書股份有限公司，2014 年 11 月），第二冊，頁 359～401。

朱孟庭：〈民國初期《詩經》民俗文化研究——以聞一多《詩經》婚嫁民俗闡釋爲例〉，收入楊晉龍主編：《變動時代的經學與經學家——民國時期（1912～1949）經學研究》（臺北：萬卷樓圖書股份有限公司，2014 年 11 月），第二冊，頁 319～358。

侯美珍：《聞一多《詩經》學研究》（新北：花木蘭文化出版社，2010 年 9 月，《中國學術思想研究輯刊》第九編第十四冊）。

高亨（1900～1986）

蔡敏琳：〈高亨《詩經今注》的缺失探討〉，《板中學報》第 5 期（2006 年 5 月），頁 49～72。

蔡敏琳：《高亨《詩經今注》研究》（彰化：國立彰化師範大學國文學系碩士論文，2003 年 6 月），另由花木蘭文化出版社於 2008 年 9 月出版（《古典文獻研究輯刊》七編，第六冊）。

張西堂（1901～1960）

鄭月梅：〈從《詩經六論》看張西堂對《詩經》的見解〉，收入楊晉龍主編：《變動時代的經學與經學家——民國時期（1912～1949）經學研究》（臺北：萬卷樓圖書股份有限公司，2014 年 11 月），第二冊，頁 685～712。

程俊英（1901～1993）

陳明義：〈程俊英《詩經注析》略論〉，《修平人文社會學報》第 18 期（2012 年 3 月），頁 57～86。

屈萬里（1907～1979）

吳淑銘：《屈萬里《詩經詮釋》研究》（彰化：國立彰化師範大學國文學系碩士論文，2006 年 8 月）。

蕭怡君：《屈萬里之《詩經》古史學》（臺北：世新大學中國文學系碩士論文，
　　　　2013 年 7 月）。

張壽林（1907～？）

陳文采：〈張壽林《詩經》學研究〉，收入楊晉龍主編：《變動時代的經學與經
　　　　學家──民國時期（1912～1949）經學研究》（臺北：萬卷樓圖書股
　　　　份有限公司，2014 年 11 月），第二冊，頁 469～505。

王禮卿（1908～1997）

洪春音：〈王禮卿《詩經》學舉要〉，收入陳器文主編：《王禮卿教授百年誕辰
　　　　紀念文集》（臺中：國立中興大學中國文學系，2011 年 12 月），頁
　　　　245～280。

陳瑩珍：〈王禮卿先生之「興」義研究〉，《先秦兩漢學術》第 9 期（2008 年 3
　　　　月），頁 157～208。

陳瑩珍：〈《四家詩恉會歸》對《詩序》的闡揚〉，收入陳器文主編：《王禮卿
　　　　教授百年誕辰紀念文集》（臺中：國立中興大學中國文學系，2011 年
　　　　12 月），頁 207～244。

陳瑩珍：《王禮卿先生《四家詩恉會歸》研究》（雲林：國立雲林科技大學漢
　　　　學資料整理研究所碩士論文，2008 年），另由花木蘭文化出版社於
　　　　2011 年 3 月出版，《中國學術思想研究輯刊》第十一編第五冊）。

林葉連：〈《四家詩恉會歸》所論《詩經》篇章作者之研究〉，《漢學研究集刊》
　　　　第 2 期（2006 年 6 月），頁 49～98。

林葉連：〈《四家詩恉會歸》不贊同《毛詩》爲本義之篇旨探析〉，收入陳器文
　　　　主編：《王禮卿教授百年誕辰紀念文集》（臺中：國立中興大學中國
　　　　文學系，2011 年 12 月），頁 165～206。

楊伯峻（1909～1992）

張淑惠：〈淺述楊伯峻先生之經學〉，《東吳中文研究集刊》第 7 期（2000 年 6
　　　　月），頁 21～44。

錢鍾書（1910～1998）

張惠婷：《錢鍾書的《詩經》研究探析》（臺中：東海大學中國文學系碩士論
　　　　文，2007 年 6 月）

何定生（1911～1970）

張慧美：〈評介「詩經今論」〉，《興大中文學報》第 12 期（1999 年 6 月），頁
　　　　97～115。

車行健：〈何定生與《古史辨》的《詩經》研究〉，《中國文哲研究通訊》第 24
　　　　卷第 1 期（2014 年 3 月），頁 107～132。

裴普賢

林宜鈴：《裴普賢的《詩經》研究探討》（臺中：東海大學中國文學系碩士論
　　　　文，2008 年 1 月）。

夏傳才

陳文采：〈夏傳才對現代《詩經》學的思考與貢獻〉，《國文天地》第 22 卷第 2
　　　　期（2006 年 7 月），頁 102～106。

黃師忠慎

張政偉：〈黃忠慎教授《詩經》研究之路〉，《國文天地》第 24 卷第 7 期（2008
　　　　年 12 月），頁 98～102，收入林慶彰主編、何淑蘋編輯：《當代臺灣
　　　　經學人物第一輯》（臺北：萬卷樓圖書股份有限公司，2015 年 8 月），
　　　　頁 167～173。

李家樹

陳文采：〈李家樹教授《詩經》研究的歷程〉，《國文天地》第 24 卷第 2 期（2008
　　　　年 7 月），頁 4～9。

注釋

呂珍玉：《《詩經》詳析》（臺北：五南圖書出版股份有限公司，2010 年 11 月）

黃師忠慎：《《詩經》選注》（臺北：五南圖書出版股份有限公司，2002 年 9 月）

黃師忠慎：《《詩經》全注》（臺北：五南圖書出版股份有限公司，2008 年 9 月）

朱孟庭：〈民初《詩經》白話譯註的形成與發展──以疑古思潮的影響為論〉，
　　　　收入楊晉龍主編：《變動時代的經學與經學家──民國時期（1912～
　　　　1949）經學研究》（臺北：萬卷樓圖書股份有限公司，2014 年 11 月），
　　　　第二冊，頁 253～317。

評介

趙制陽：《詩經名著評介》（第三集）（臺北：萬卷樓圖書有限公司，1999 年 11 月）。

《詩經》與宗教

陳思葦：《《詩經》與《舊約聖經》的比較——以上帝屬性、民族遷徙、愛情詩、箴言爲考察》（臺中：東海大學中國文學系碩士論文，2013 年 6 月）。

楊晉龍：〈臺灣地區光復前基督徒的儒家經學傳播一斑——李春生著作中的詩經學訊息〉，《文與哲》第 24 期（2014 年 6 月），頁 153～192。

楊晉龍：〈臺灣光復前竹塹地區詩文應用《詩經》探論——以現存古典詩集和鸞書爲對象的觀察〉，《東吳中文學報》第 28 期（2014 年 11 月），頁 271～306。

楊晉龍：〈民國肇建前新竹地區鸞書使用《詩經》表現探論〉，《清華中文學報》第 13 期（2015 年 6 月），頁 107～152。

考證

吳佳鴻：〈〈小雅・十月之交〉「日有食之」及其相關議題〉，收入國立高雄師範大學國文學系主編：《青年經學學術研討會會後論文集》（高雄：國立高雄師範大學國文系，2009 年）。

林雅淳：〈《詩經・小雅・都人士》疑義辯證〉，收入國立高雄師範大學國文學系主編：《青年經學學術研討會會後論文集》（高雄：國立高雄師範大學國文系，2009 年）。

林宏佳：〈〈汝墳〉詩旨試探〉，《東華漢學》第 16 期（2012 年 12 月），頁 53～88。

林宏佳：〈〈女曰雞鳴〉敘寫異詮〉，《清華學報》第 45 卷第 3 期（2015 年 9 月），頁 343～380。

車行健：〈紅尾魴魚游向那？——論《詩經・汝墳》的歷代詮釋所蘊含的家、國矛盾〉，收入元培科學技術學院國文組主編：《生命的書寫——第二屆主題文學學術研討會論文集》（臺北：萬卷樓圖書股份有限公司，2003 年 8 月），頁 363～384。

洪博昇：〈《詩經・商頌・殷武》之「景山」地望說商榷〉，《世新中文研究集刊》第 9 期（2013 年 7 月），頁 137～157。

圖鑑、目錄

潘富俊等：《詩經植物圖鑑》（臺北：貓頭鷹出版社，2001 年 6 月）。

顏重威等：《《詩經》裡的鳥類》（臺中：鄉宇文化事業，2004 年 9 月）。

林慶彰主編：《經學研究論著目錄（1993～1997）》（臺北：漢學研究中心，2002 年）。

國立編譯館主編：《十三經論著目錄》（臺北：洪葉文化有限公司，2000 年 6 月）。

陳惠美：〈《古今圖書集成·經籍典·詩經部》徵引文獻之探討〉，《遠東通識學報》4 卷 1 期（2010 年 1 月），頁 41～52。

何淑蘋：〈民國以來海峽兩岸《詩經》工具書編纂之回顧與展望〉，《古典文獻與民俗藝術集刊》第 2 期（2013 年 10 月），頁 137～162。

郭明芳：〈彰顯臺港《詩經》研究，填補《詩經》目錄一隅——馬輝宏、寇淑慧著《中國香港、臺灣地區詩經研究文獻目錄（1950～2010）》〉，《東海大學圖書館館訊》第 154 期（2014 年 7 月），頁 64～69。

域外漢學

呂珍玉：《高本漢《詩經注釋》研究》（臺北縣永和市：花木蘭文化工作坊，2005 年 12 月，《古典文獻研究輯刊》初編第二七冊）。

杜欣欣：〈馬若瑟《詩經》翻譯初探〉，《中國文哲研究通訊》第 22 卷第 1 期（2012 年 3 月），頁 43～71。

杜欣欣：〈索隱翻譯：清初耶穌會士馬若瑟的譯想世界〉，《翻譯學研究集刊》第 17 期（2014 年 6 月），頁 199～224。

杜欣欣：《探賾索隱，鉤深致遠：論馬若瑟法譯《詩經》八首》（臺北：國立臺灣師範大學翻譯研究所博士論文，2015 年 7 月）。

林葉連：〈理雅各英譯《詩經》對詩篇的解題——以〈周南〉至〈衛風〉為探討範圍〉，《漢學論壇》第 2 期（2003 年 6 月），頁 29～66。

林葉連：〈高田眞治《詩經》初探——以〈周南〉至〈鄭風〉為範圍〉，《漢學論壇》第 3 期（2003 年 12 月），頁 19～52。

田紓凡：《高田眞治《詩經·國風》之《詩序》研究》（雲林：國立雲林科技大學漢學應用研究所碩士論文，2015 年 7 月）。

金培懿：〈「義理人情」的詩教觀——江戶古學派的《詩序》觀研究〉，《臺灣東亞文明研究學刊》第 5 卷第 2 期（2008 年 12 月），頁 173～210。

張寶三：〈清原宣賢《毛詩抄》研究：以和《毛詩注疏》之關係爲中心〉，《臺灣東亞文明研究學刊》第 1 卷第 2 期（2004 年 12 月），頁 159～198。

張寶三：〈吉川幸次郎之《詩經》研究方法〉，《臺灣東亞文明研究學刊》第 2 卷第 2 期（2005 年 12 月），頁 47～75。

張寶三：《東亞《詩經》學論集》（臺北：國立臺灣大學出版中心，2009 年 7 月）。

張文朝：〈以不錄批朱——試就〈二南〉論赤松太庾《詩經述》對朱熹《詩集傳》的無言批判〉，《中國文哲研究通訊》第 25 卷第 4 期（2015 年 12 月），頁 111～136。

張文朝：〈仁井田好古的《詩經》觀及其對朱熹之批評〉，《中國文哲研究集刊》第 47 期（2015 年 9 月），頁 173～216。

張文朝：〈渡邊蒙菴《詩傳惡石》對朱熹《詩集傳》之批判——兼論其對古文辭學派《詩經》觀之繼承〉，《漢學研究》第 32 卷第 1 期（2014 年 3 月），頁 173～208。

張文朝：〈朱熹《詩集傳》在日本江戶時代（1603～1868）的流傳〉，《漢學研究通訊》第 32 卷第 1 期（2013 年 2 月），頁 9～22。

陳韋縉：《西文參考資料對理雅各英譯《詩經》之影響研究》（新竹：國立清華大學中國文學系碩士論文，2010 年 8 月）。

賈福相：《《詩經‧國風》英文白話新譯》（臺北：書林出版社，2008 年 5 月）。

名物詁訓

江雅茹：〈《詩經‧王風‧丘中有麻》毛傳、鄭箋訓釋商榷〉，《東華中國文學研究》第 7 期（2009 年 7 月），頁 25～47。

江雅茹：《《詩經》飲食品類研究》（花蓮：國立東華大學中國語文學系碩士論文，2009 年），另由花木蘭文化出版社於 2012 年 3 月出版（《中國學術思想研究輯刊》第十三編第二冊）。

呂珍玉：〈讀屈萬里先生《詩經詮釋》（國風）疑義〉，原發表於第五屆中國訓詁學會全國學術研討會（2000 年 12 月 16 日），收入龍宇純先生七秩晉五壽慶論文集編輯委員會編：《龍宇純先生七秩晉五壽慶論文集》（臺北：臺灣學生書局，2002 年 11 月），頁 57～78。

呂珍玉：〈讀屈萬里先生《詩經詮釋・雅頌》疑義〉，《東海大學文學院學報》
　　　第 43 期（2002 年 7 月），頁 1～22。

呂珍玉：〈《詩經》「烝」字釋義〉，《興大人文學報》第 37 期（2006 年 9 月），
　　　頁 47～66。

呂珍玉：《《詩經》訓詁研究》（臺北：文津出版社，2007 年 3 月）。

呂珍玉：〈《詩經》「維」字用法與詞義研究〉，《興大人文學報》第 38 期（2007
　　　年 3 月），頁 33～72。

呂珍玉：〈《詩經》詞句訓解困難舉隅〉，《東海中文學報》第 19 期（2007 年 7
　　　月），頁 13～36。

呂珍玉：〈《詩經》疑難詞語辨析（1）〉，《東海中文學報》第 24 期（2012 年 7
　　　月），頁 1～50。

呂珍玉：〈《詩經》疑難詞語辨析（2）〉，《東海中文學報》第 25 期（2013 年 6
　　　月），頁 27～78。

呂珍玉：〈《詩經》疑難詞語辨析（3）〉，《東海中文學報》第 27 期（2014 年 6
　　　月），頁 1～48。

呂珍玉：〈訓詁考據之外——《詩》義解釋背後的一些問題〉，《興大中文學報》
　　　第 37 期（2015 年 6 月），頁 1～29。

沈文珍：《《詩經》女性角色及其婚姻研究》（臺北縣石碇鄉：華梵大學東方人
　　　文思想研究所碩士論文，2008 年）。

何石松：〈從客語詞彙看君子「好」述〉，《應用語文學報》第 5 期（2003 年 6
　　　月），頁 85～102。

李添富：〈「思無邪」申議〉，收入慶祝黃錦鋐教授九秩嵩慶論文集編輯委員會
　　　主編：《慶祝黃錦鋐教授九秩嵩慶論文集》（臺北：洪葉文化事業有
　　　限公司，2011 年 6 月），頁 49～70。

李純祺：〈《詩經》〈江漢〉「浮浮」、「滔滔」詞義解析〉，《新生學報》第 14 期
　　　（2014 年 9 月），頁 69～77。

邱德修：〈如何利用「據借字求本字明本義」——揭開《毛詩》詞義之謎〉，《中
　　　等教育》第 51 卷第 4 期（2000 年 8 月），頁 106～126。

邱靜子：《《詩經》蟲魚意象研究》（新竹：玄奘大學中國語文學系碩士論文，
　　　2005 年）。

林慧雯：《以皮爾士記號學方法探討《詩經》中常見花果植物字彙名物及其意義》（高雄：東方設計學院文化創意設計研究所碩士論文，2012 年 1月）。

林文華：〈《詩經》文字考釋五則〉，《文與哲》第 12 期（2008 年 6 月），頁 1～20。

林治廷：〈論《詩經》中植物的象徵——品德美、婚戀美及女性美之詮釋（上）〉，《中國語文》第 115 卷第 4 期，總號 688 期（2014 年 10 月），頁 97～102。

林治廷：〈論《詩經》中植物的象徵——品德美、婚戀美及女性美之詮釋（下）〉，《中國語文》第 115 卷第 5 期，總號 689 期（2014 年 11 月），頁 107～118。

林治廷：《《詩經》中植物的象徵美學研究》（臺北：臺北市立大學中國語文學系碩士論文，2015 年 1 月）。

姚芝祺：《《詩經·頌》動植物隱喻認知詮釋》（花蓮：國立東華大學中國語文學系碩士論文，2014 年）。

侯潔之：〈〈衛風·有狐〉中「狐」字確義〉，《中國語文》第 92 卷第 4 期（2003年 4 月），頁 61～66。

施淑婷：〈《詩·周南·葛覃》之「師氏」義解探析〉，《中國學術年刊》第 24期（2003 年 6 月），頁 21～38、380。

施湘靈：〈《詩經》「言」字解析〉，《東華中國文學研究》第 4 期（2006 年 9 月），頁 51～75。

洪章夫：〈從昆蟲學角度平議各家注疏《詩經》「蜉蝣掘閱」一詞之得失〉，《國文學報》第 37 期（2005 年 6 月），頁 1～20。

姜龍翔：〈《詩經》詁訓疑義探析三則〉，《東吳中文學報》第 20 期（2010 年 11月），頁 1～22。

徐宗潔：〈試論「詩經」中「狐」的意涵〉，《孔孟月刊》第 37 卷第 11 期（1999年 7 月），頁 1～8。

徐俐琪：《《詩經》及漢魏的棄婦詩研究》（高雄：國立高雄師範大學國文學系國文教學碩士論文，2015 年 1 月）。

高以璇：《《詩經》玉器研究》（臺北：國立臺灣師範大學國文學系碩士論文，2011 年 6 月）。

陳正平：〈〈關雎〉寤寐「思」「服」之義試析〉，《東海中文學報》第 14 期（2002
　　　年 7 月），頁 25～46。

陳怡芬：〈「詩經」中的「壹」──以「一」爲比較〉，《人文及社會學科教學
　　　通訊》第 13 卷第 5 期（2003 年 2 月），頁 202～208。

陳清茂：〈《詩經·小雅·采薇》重要詩句考論〉，《人文研究期刊》第 2 期（2007
　　　年 1 月），頁 185～204。

陳宜青：〈舞動人生──論《詩經》中的「舞」〉，收入國立高雄師範大學國文
　　　所研究生學會編輯組編輯：《謙謙君子──紀念林耀曾教授學術研討
　　　會會後論文集》（高雄：國立高雄師範大學國文學系，2009 年 12 月），
　　　頁 187～215。

張婉瑤：《《詩經》衣飾文化及華語文教學之應用》（臺北：國立政治大學華語
　　　文教學碩士論文，2014 年 7 月）。

張宗揚：《《詩經·國風》「君子」研究》（新竹：國立清華大學中國文學系碩
　　　士論文，2015 年 6 月）。

張淑惠：《《詩經》動植物意象的隱喻認知詮釋》（臺中：東海大學中國文學系
　　　碩士論文，2005 年）。

莊惠茹：〈《詩經·國風》「以」字析論〉，收入國立高雄師範大學經學研究所
　　　主編：《第二屆青年經學學術研討會會議論文集》（高雄：國立高雄
　　　師範大學經學研究所，2006 年 11 月），頁 25～40。

彭美玲：〈〈豳風·七月〉「女心傷悲」解──《詩經》詮釋史的個案考察〉，《臺
　　　大中文學報》第 36 期（2012 年 3 月），頁 65～116。

黃忠天：〈《易經》《詩經》動植物象徵義涵與兩書互動關係比較研究〉，《文與
　　　哲》第 23 期（2013 年 12 月），頁 1～39。

黃麒羽：《《詩經·國風》中的自然意象》（高雄：國立高雄師範大學國文教學
　　　碩士論文，2014 年）。

葉煬彬：〈「菁莪」考〉，《菁莪季刊》第 13 卷第 2 期（2001 年 7 月），頁 7～
　　　10。

楊明璋：〈論《詩經》中的瓜類名物及其比興義〉，《先秦兩漢學術》第 10 期
　　　（2008 年 9 月），頁 1～16。

趙中偉：〈天生烝民，有物有則──由《詩經》及《周易》探析「天」之本體詮
　　　釋的發展歷程〉，《先秦兩漢學術》第 9 期（2008 年 3 月），頁 1～31。

劉奇慧：〈試探《詩經》中「碩人」一詞的意蘊〉，《中國語文》第 101 卷第 5 期（2007 年 11 月），頁 27～43。

劉正國：〈《詩經》「誰謂雀無角」「角」義舊解析評〉，《東吳中文學報》第 24 期（2012 年 11 月），頁 1～22。

劉玉國：〈「士曰既且」、「洵美且仁」新解〉，收入第四屆全國訓詁學學術研討會編委會主編：《訓詁論叢第四輯》（臺北：文史哲出版社，1999 年 9 月），頁 159～168。

劉玉國：〈《詩經》「湜恤我後」「湜」義舊解析評〉，《東吳中文學報》第 26 期（2013 年 11 月），頁 1～10。

劉玉國：〈《詩經》「我心匪鑒，不可以茹」「茹」字舊解述評〉，《東吳中文學報》第 29 期（2015 年 5 月），頁 1～13。

譚澎蘭：〈《詩經》中「孝」字的意涵〉，《箕橋學報》第 6 期（1999 年 9 月），頁 71～84。

譚莊蘭：《《詩經》男性人物形象研究》（臺中：東海大學中國文學系碩士論文，2008 年），另由花木蘭文化出版社於 2011 年 9 月出版（《中國學術思想研究輯刊》第十二編第八冊、第九冊）。

蘇建洲：〈也談「輔車相依」——兼論〈小雅・正月〉的「輔」〉，《國文天地》第 16 卷第 4 期（2000 年 9 月），頁 34～38。

蘇芳萩：《《詩經》之女性研究》（臺北：中國文化大學中國文學系碩士論文，2005 年）。

陳志峰：〈段玉裁與高郵王氏父子《詩經》訓詁之比較研究——兼論其訓詁原理之差異性〉，《興大中文學報》第 35 期（2014 年 6 月），頁 209～245。

鄭玉姍：〈〈小雅・漸漸之石〉「有豕白蹢，烝涉波矣」雨兆探源〉，《彰化師大文學院學報》第 11 期（2015 年 3 月），頁 55～78。

蔡宗陽：〈《詩經》互文補義與互文見義的辨析〉，《臺北大學中文學報》第 17 期（2015 年 3 月），頁 1～11。

范麗梅：〈閱讀「鶉之奔奔」：《詩經》引用與注解的多層詮釋〉，《中國文化研究所學報》第 58 期（2014 年 1 月），頁 1～39。

詩篇分章

余培林：〈從《孔子詩論》引〈關雎〉詩文看〈關雎〉篇分章〉，收入慶祝黃
　　　　錦鋐教授九秩嵩慶論文集編輯委員會主編：《慶祝黃錦鋐教授九秩嵩
　　　　慶論文集》（臺北：洪葉文化事業有限公司，2011 年 6 月），頁 9～
　　　　20。

蔡宗陽：〈《詩經・周南・關雎》分章與詮詁的辨析〉，《中國語文》第 667 期
　　　　（2013 年 1 月），頁 23～32。

蔡宗陽：〈《詩經・周南・關雎》分章與詮詁的辨析〉，《國文天地》第 29 卷第
　　　　2 期（2013 年 7 月），頁 33～37。